100个汉语词汇中的古代风俗史

许晖 著

广西师范大学出版社
· 桂林 ·

目录

仪礼·人称

衣食·住行

◆生死·鬼神

◆ 庙堂·江湖

男·女

博物

仪礼·人称

“八拜之交”到底指拜几拜

“八拜之交”是指有世交的两家子弟拜见对方长辈时的礼节，异姓兄弟结拜也称为“八拜之交”。其实古时并没有八拜之礼。

《说文解字》：“拜，首至地也。”许慎的解释不完全准确，因为还有“拜首，首至手”的说法，不一定非要拜到头顶到地的程度，要根据不同等级来定“拜”的礼节。需要说明的是，古人日常生活都呈跪姿，因此才会有“拜”礼。

对古人而言，寻常的礼节也就是一拜而已，两拜已经属于非常隆重和尊敬的礼节，比如《史记·苏秦列传》载：“苏秦见齐王，再拜。”臣对君无非也就两拜。至于三拜、四拜，都属于极为特殊情况下的礼节，比如据《战国策·秦策》记载，苏秦在赵国为相，路过家乡时，曾经看不起他的嫂嫂“蛇形匍伏，四拜自跪而谢”，这是表示谢罪的加拜，并非常礼。

明末清初学者顾炎武在《日知录》中辨析道：“自唐以下即有四拜。《大明会典》：‘四拜者，百官见东宫亲王之礼。见其父母亦行四拜礼。其余官长及亲戚朋友相见止行两拜礼。’是四拜唯于父母得行之。”

虽然古代没有八拜之礼，但“八拜”之礼的出处却真的是拜了八拜。

宋人邵伯温所著《邵氏闻见录》中讲了一个有趣的故事：“韩魏公留守北京，李稷以国子博士为漕，颇慢公。公不为较，待之甚礼。俄潞公代魏公为留守，未至，扬言云：‘李稷之父绚，我门下士也。闻稷敢慢魏公，必以父死失教至此。吾视稷犹子也，果不悛，将庭训之。’公至北京，李稷谒见，坐客次，久之，公着道服出，语之曰：‘而父吾客也，只八拜。’稷不获已，如数拜之。”

韩魏公即韩琦，乃是北宋重臣，国子博士出身的李稷居然对他轻慢无礼。潞公即另一名相文彦博，李稷的父亲李绚出自文彦博门下，文彦博听说李稷的言行举止后，决定好好教训一下这个后生小子。

文彦博担任北京守备后，按照礼节，李稷应当前来庆贺。等李稷来了，文彦博故意不出来接待，让李稷在客厅里干等了很久很久，这才穿着道服出来待客。李稷行礼时，文彦博坐在那里，大剌剌地说："你爹是我的门客，你就对我拜八拜吧。"李稷只好如数拜了八拜。

本来是出于惩戒目的的"八拜"，流传到后世，竟然演变为"八拜之交"这句俗语，也算一桩趣事。至于异姓兄弟结拜，其实也只是互相四拜，如同是拜对方的父母，正如顾炎武所言"四拜唯于父母得行之"。比如《水浒传》第二十九回"施恩重霸孟州道　武松醉打蒋门神"中描绘的施恩和武松结拜的场景："当下饮过酒，施恩纳头便拜了四拜。武松连忙答礼，结为弟兄。"互相四拜，共八拜，这才是"八拜之交"的真正语源。

《新刊校正古本大字音释三国志通俗演义》卷一插图『祭天地桃园结义』，明万历十九年（1591）书林周日校刊本。

此图描绘了刘关张三人在张飞庄后桃园中结为异姓兄弟的场景。书中言道：“次日，于桃园中，备下乌牛白马祭礼等项，三人焚香，再拜而设誓曰：‘念刘备、关羽、张飞，虽然异姓，既结为兄弟，则同心协力，救困扶危；上报国家，下安黎庶；不求同年同月同日生，但愿同年同月同日死。皇天后土，实鉴此心。背义忘恩，天人共戮。’誓毕，拜玄德为兄，关羽次之，张飞为弟。祭罢天地，复宰牛设酒，聚乡中勇士，得三百余人，就桃园中痛饮一醉。”

画中左首设香案，下陈乌牛、白马等祭礼，三兄弟在右侧桃树下行礼，“再拜”而已。画面与文字扣合紧密，桃花喜鹊，风日清朗，预示着一场风云际会的传奇即将展开。

“分庭抗礼”为何形容平等相待

“分庭抗礼”这个成语常被人误解之处有二：一是它事实上只能用于上对下，而不是相反，试想，也只有居高位者方能对居低位者平等相待；二是“抗礼”的“抗”总给人一种对抗的感觉，其实不然，“抗”是对等的意思。

“分庭”，宾主分处庭院两边，主人居东，客人居西；“抗礼”，又写作“亢礼”“伉礼”，以对等的礼节相互行礼。

《礼记·燕义》中详细描述了宾主宴饮时的情形：“设宾主，饮酒之礼也。使宰夫为献主，臣莫敢与君亢礼也。”不设宾、主无以成席，这是饮酒之礼。最尊贵的客人称“宾”，只能设一人。按照道理来说，“宾”只能由地位仅次于国君的卿担任，但是如此一来，作为主人的国君就要处处与卿“分庭抗礼”，未免麻烦。于是就采取了一种变通的方法：让掌管膳食的宰夫担任主人，称作“献主”，以表示臣不敢与国君“亢礼”；选一位大夫担任“宾”。整个宴饮期间，礼节的周旋揖让都由这二人完成，国君和卿就不必为礼所缚，只顾喝酒行乐就行了。

庄子在《渔父》篇中借子路之口描述孔子：“万乘之主，千乘之君，见夫子未尝不分庭伉礼，夫子犹有倨傲之容。”可见天子和诸侯对孔子的尊重。《史记·货殖列传》则写道：“子贡结驷连骑，束帛之币以聘享诸侯，所至，国君无不分庭与之抗礼。”结驷，四马并驾一车；连骑，骑从相连；束帛之币，捆为一束的五匹帛。子贡是孔子的得意门生，他带着如此大阵仗的随从和礼物前去聘问诸侯的时候，诸侯都不敢以君臣之礼相待，而是以宾主之礼相待，“分庭与之抗礼”。

“分庭抗礼”一词，今天只用其比喻义，比喻平起平坐或势力相当，到底何为“分庭”，何为“抗礼”，人们早已经不清楚其原委了。

孟德煮酒奸謀不亞宴鴻門

《新刊校正古本大字音释三国志通俗演义》卷三插图「青梅煮酒论英雄」，明万历十九年（1591）书林周曰校刊本。

“青梅煮酒”是《三国演义》中颇具戏剧性的一幕。当其时，刘备恐曹操疑己，每天学圃。曹操闻知后，请来刘备，设樽俎，盘置青梅，一樽煮酒。二人对坐畅饮，议论天下英雄。操以手指玄德，后自指，曰：“今天下英雄，惟使君与操耳！”刘备大惊失箸。恰好天雨将至，雷声大作，刘备以胆小怕雷掩饰过去。图中所绘，正是风雷滚动，曹操指论英雄之时。当时曹操对刘备十分礼遇，二人对坐，宾主分庭抗礼，然而在气势上强弱分明。

“无它”原来是古人相见的问候语

“无它”一词，今天更多地写作“无他”，而且口语中极少使用，多用于书面语，意思是“没有别的”，或者表示没有二心，专一。但是在古代，这个“它”字可是大有讲究。

《说文解字》:“它，虫也。从虫而长，象冤曲垂尾形。上古草居患它，故相问无它乎。”其实，“它”就是“蛇”的本字，从“它”的甲骨文字形可以看得非常清楚。已故的著名文字学家徐中舒先生在《甲骨文字典》中解释说:“象蛇之头、身、尾形。”上古时期，人们或穴居或草居，每以蛇多为患，因此人们见面时，总是心有余悸地来上一句:“无它乎？”亲爱的，你家里有蛇出没吗？你最近被蛇咬过吗？后来“它”从对蛇的称谓引申为第三人称代词，人们就再也不知道这个称呼的本源了。

关于“它”和“他”的区别以及演变，张舜徽先生在《说文解字约注》一书中总结得很清楚:“上世居处草野，虫蛇为患，人恒苦之，故相见之顷，辄以有无蛇为问。人情于所畏忌，不敢直呼其名，常以彼物为称，遂引申它为称彼之词矣。古无他字，假它为之。后增人旁为佗，而隶变为他耳。蛇本它之后起增偏旁体。今读蛇为市遮切，与它分为二字，非古意也。”其义甚明。

继“无它”之后，还有一个通行的问候语:别来无恙。朋友们相见或者写信时通常总会来上一句“别来无恙”，表示问候。同蛇患一样，上古时期，“恙”也是一种常见的疾患。东汉学者应劭在《风俗通义》（佚文）中解释说："无恙。俗说：恙，病也。凡人相见，及通书问，皆曰'无恙'。谨案：《易传》：'上古之世，草居露宿。'多被此毒。恙，噬人虫也，善入人腹，食人心，人每患苦之，故俗相劳问者云无恙，非为病也。"按照这种说法，"恙"是一种在草丛中聚居的虫子，这种虫子的特点是"善食人心"，简直像食人虫，而不是一种疾病。

中国第一部词书《尔雅·释诂》中则解释说："恙，忧也。"意思是忧心，因此"恙"从心。唐代学者颜师古据此在《匡谬正俗》一书中辨析道："凡言无恙，谓无忧耳，安得食人之虫总名恙乎？"

还有一种解释更有趣，出自托名西汉滑稽大师东方朔所著的《神异经》。该书《中荒经》中写道："北方有兽焉，其状如狮子，食人，吹人则病，名曰㺊。恒近人村里，入人居室，百姓患苦。天帝徙之北方荒中。"据此则"㺊"为一种猛兽。王利器先生在《风俗通义校注》中认为"㺊与恙为二字，合而一之，《神异经》诞矣"。

综上所述，针对"恙"这个字，古代学者共有三种观点：或为虫，或为忧，或为兽。不过，从医学上来说，"恙"其实就是恙虫，又称恙螨，可引起恙螨皮炎。恙虫病就是感染后的恙螨幼虫叮咬人体所引起的一种急性传染病，临床特征为起病急骤、持续高热、起皮疹、皮肤受刺叮处有焦痂和溃疡、局部或全身浅表淋巴结肿大等。恙螨寄生的地方通常是杂草丛生的野外环境，上古时期卫生条件差，人们露宿野外，因此常常会患上恙虫病。

恙虫病既然是一种急性传染病，古人见面的时候，生怕传染给自己，于是先互相问一句："别来无恙？"亲爱的，您身上到底有没有恙虫啊？如果有的话可得说实话，千万别传染给我啊！久而久之，"别来无恙"失去了最原始的含义，由生怕传染的担心询问变成了一句透着亲热和关切的问候语。

"别来无恙？"跟"无它乎？"的语气几乎一模一样，胆战心惊的样子如在眼前，十分有趣；也由此可见上古时期，食物的匮乏并不是人们日常生活中第一位的担忧，最切近的威胁倒是蛇患和恙患。至于今天人们见面的问候语“吃了吗？”，是后来荒年日多，或者战乱越来越多，食物匮乏所导致的。

歌川国贞（歌川国貞，1786—1865），江户时期浮世绘画家，又称三代歌川丰国，以画色情画闻名。这是一组三联画之右，描绘了江户时期女子过端午节的习俗。

与中国将五月称为“恶月”相似，日本也有“五月忌”，此时气候潮湿多雨，易发霉，易滋生蛇虫。为祓除污秽，洁净身心，家家采集菖蒲，各处悬挂装饰，尤其女子要洗菖蒲浴，饮菖蒲酒，换上以青色为主的“唐衣”（以燕子花汁染成的布料，颜色是被视为“祓除邪气之色”的青色），大约与中国挂艾草菖蒲、饮雄黄酒等效。图中，一女浸浴，一女提水，屋顶地面处处菖蒲，注意提水女子头上钗簪，也是用菖蒲装饰。对蛇虫邪祟的忧惧，形成了种种美好习俗，让五月特别丰富多彩，这也是先民不曾料到的吧。

《五节句之内 皋月》（『五節句ノ内 皐月』），歌川国贞绘。

香蝶楼
國貞画
佐野喜

“叨陪末座”竟然跟饕餮有关

在现代汉语中，“叨”字有两个读音：一读 tāo，用作谦辞，接受别人的恩惠或礼物后表示感谢，比如“叨教”，因受到教诲而感谢；“叨光”，意同沾光，因受到好处而感谢；“叨扰”，受到别人款待后表示打扰；又如“叨陪末座”，谦称自己叨光陪侍客人而坐在最末的席位。一读 dāo，形容话多，比如“唠叨”“絮叨”，说话啰唆冗长；比如“叨念”，因为思念而常常谈起，或者没完没了地喃喃自语，等等。

不过，需要说明的是，在古汉语中，“叨”字只有一个读音，即用作谦辞的 tāo。

像很多汉语词汇一样，起初我对“叨”这个字为什么会成为自谦之词也是百思不得其解，直到明白“叨”原来是“饕”的俗字之后，才恍然大悟，一切疑问也就迎刃而解。

所谓“俗字”，又称“俗体字”，是相对于“正字”而言的。南北朝时期的学者颜之推在著名的《颜氏家训·杂艺》篇中写道：“晋宋以来，多能书者，故其时俗，递相染尚，所有部帙，楷正可观，不无俗字，非为大损。”“楷正”指字体的书写端正工整。按照颜之推的观点，偶尔出现一些字形不合规范的俗体字，也没有什么大害。

不过，颜之推所谓“晋宋以来”才“不无俗字”是不准确的，俗体字作为异体字的一种，很早就已经出现了，“叨”就是一例。

《说文解字》：“饕，贪也。从食，號声。叨，饕或从口，刀声。”也就是说，“叨”就是“饕”的俗体字，读音也相同。张舜徽先生在《说文解字约注》一书中辨析得非常清楚：“古人所谓俗，言其为当时通用之简体，约定俗成者也。《方言》二：‘叨，残也。’残与贪，义实相因。今语犹称贪食不止为残，古遗言也。《广韵》饕训贪财，叨训滥，分为二字二义，至今沿之。饕字从食，自以贪食为本义。盖饕之言本也，谓其进食之疾而不止也。”

《广韵》是北宋韵书，从北宋之后，“饕”和“叨”才分为二字二义，之前都是一个字，写法不同而已。

据《左传·文公十八年》载：“缙云氏有不才子，贪于饮食，冒于货贿，侵欲崇侈，不可盈厌，聚敛积实，不知纪极，不分孤寡，不恤穷匮，天下之民以比三凶，谓之饕餮。”上古时期有“四凶”，除了饕餮（tāo tiè）之外，其他三凶分别是：结交匪类、好行凶德的浑敦，散布谣言、诬陷忠良的穷奇，独断专行、傲慢无礼的梼杌（táo wù）。

西晋学者杜预注解说：“贪财为饕，贪食为餮。”针对这一注解，张舜徽先生辨析道：“饕餮为双声连语，自以贪食为本义。古人亦称贪食恶兽为饕餮，故铸造饮食之器，多琢其形以示戒。”

饕餮作为“贪食恶兽”，《吕氏春秋·先识》篇中载：“周鼎著饕餮，有首无身，食人未咽，害及其身，以言报更也。”这就是著名的“饕餮纹”，周鼎上就已经出现了，有头无身，相貌凶恶，为的是警诫人们不要贪食。

“叨”作为“饕”的俗字，《庄子·渔父》篇中早已使用：“好经大事，变更易常，以挂功名，谓之叨。”喜欢管理大事，变更常规，以捞取功名，称作“叨”。很显然，这种行为就是贪婪，符合“饕”的本义。《后汉书·卢植传》中也有“岂横叨天功以为己力”的说法，意思是贪天之功以为己有。

辨析至此就明白了，“叨”作为谦词，正是由饕餮这种贪食恶兽而来。所谓“叨陪”“叨扰”，其实就是“饕陪”“饕扰”，古人讲究“贬己尊人”，陪人饮食时，把自己贬为饕餮这种恶兽，不仅仅“贬己”，同时还含有警告自己千万不要贪食之意。这种含义也与古时参加宴饮时的礼仪相符，比如《礼记·曲礼上》篇中规定：进食时“毋抟饭”，取饭时不要团饭，团饭容易团得多，好像争着比别人吃得多一样；“毋流歠”，“歠（chuò）”是喝的意思，“流歠”指张开口大喝特喝，好像自己要把所有的羹汤都赶紧喝完一样，可想而知显得多么贪婪；“毋扬饭”，不要嫌饭热而扬去热气，显得自己急着吃一样。

即使是形容话多的“唠叨”“絮叨”等词，也是由此引申而来，因为话多也是一种贪婪，好像要争着说更多的话一样。

就像古人讲究“无一字无来历”一样，哪怕是一句日常俗语，也一定有自己的源头，绝不可能存在无源之水、无本之木。“叨”这个字是一个非常典型的案例。

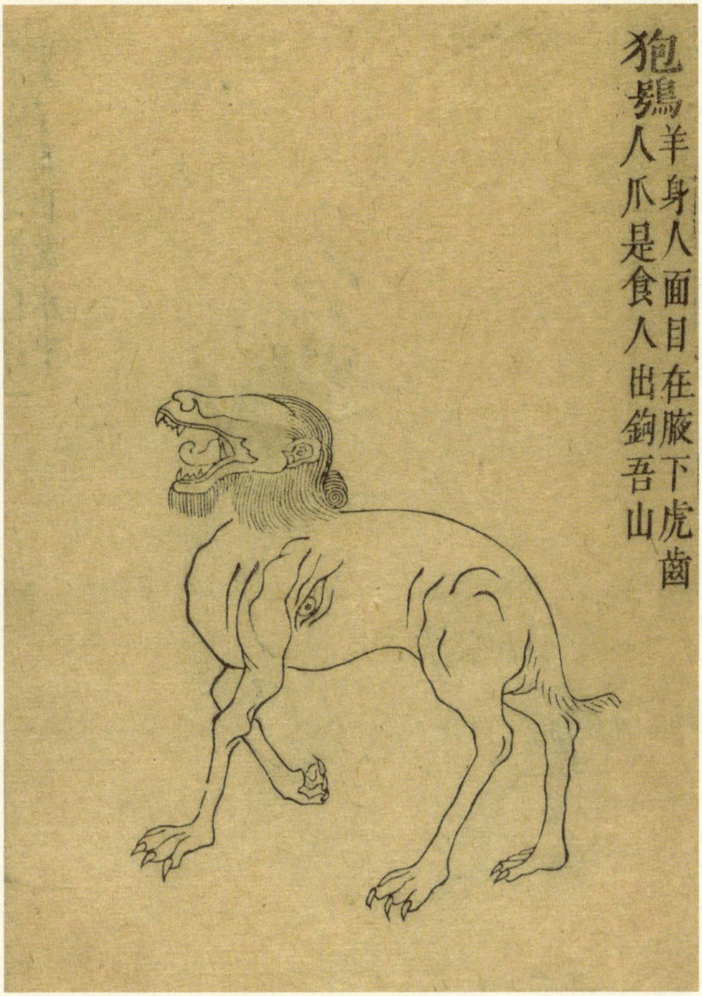

《山海经广注》卷三插图「狍鸮」，清代吴任臣注，金阊书业堂藏板，清乾隆五十一年（1786）刊本。

《山海经·北山经》云："钩吾之山，其上多玉，其下多铜。有兽焉，其状如羊身人面，其目在腋下，虎齿人爪，其音如婴儿，名曰狍鸮，是食人。"据晋代郭璞注解，这里说的"狍鸮"即饕餮。由于太贪吃，饕餮最后连自己的身体都吃掉了，因此其图案往往只有一个大头和一张大嘴。

古代青铜器上的饕餮纹布局一般为：以鼻梁为中线，两侧作对称排列，大眼，有鼻，双角，通常没有下唇，双目炯炯，十分狰狞可怖。后来饕餮纹越来越被抽象化平面化为温和的兽面纹，不复狞厉之美，"戒贪食"的效果大概也大打折扣了吧。

“名”“字”原来是两回事

除了老派的长辈，今天人的名字就只有一个，见面互相询问、介绍的时候，无非多说一个姓而已。但是在古代，“名”和“字”却完全是两个不同的概念。

《礼记·檀弓上》规定：“幼名，冠字。”孔颖达注解说：“名以名质，生若无名，不可分别，故始生三月而加名，故云‘幼名’也。‘冠字’者，人年二十，有为人父之道，朋友等类，不可复呼其名，故冠而加字。”其义甚明。

《说文解字》：“名，自命也。从口从夕。夕者，冥也。冥不相见，故以口自名。”许慎说的是已经取好“名”之后的情形：晚上相见，看不清楚，因此自称“名”，生怕别人把自己当鬼，吓着了别人。人出生三个月，父母就要给他取个名字，以分别于他人。

等长到了二十岁，要举行成年礼，这个成年礼称作“冠礼”，挽起头发，戴上帽子，表示成人了，这时还要再取一个“字”，此“字”由冠礼的正宾所取。《仪礼·士冠礼》解释说：“冠而字之，敬其名也。”意思是尊重父母为他取的“名”。因此“君父之前称名，至于他人称字”。这个“字”又称作“表字”，意思是用这个“字”来表其德行，凡人相敬而呼，必称其表德之字。这就是所谓“名以正体，字以表德”。

由此可见，平辈之间甚至一般关系的尊长对晚辈都必须以“字”来称呼对方，以示尊重，自称则必须用“名”。比如诸葛亮字孔明，别人称呼他时，必须称“孔明”，他自称时，必须称“亮”，绝对不能反其道而行之。由此也可见“指名道姓”即是不尊重对方的表现。

“名”和“字”之间有着非常有趣的关联。《白虎通义》说：“闻名即知其字，闻字即知其名，盖名之与字相比附故。”“名”和“字”的含义绝非毫无联系，而是有着相同、相近、相反、相承、相补、相延等关系，这就是“名之与字相比附”。举例而言：岳飞，字鹏举，“飞”和“举”含义相同；杜甫，字子美，“甫”是对男子的美称，和“美”含义相近；韩愈，字退之，“愈”是“进”的意思，刚好和“退”含义相反；于谦，字廷益，“满招损，谦受益”，“谦”和“益”是相承关系；孔丘，字仲尼，孔子生于山东曲阜附近的尼山，又称尼丘，“丘”和“尼”是相补关系，“仲”又点出了孔子排行第二；杜牧，字牧之，这是相延关系。

最奇特的是，竟然还有“名”和“字”完全相同的！顾炎武《日知录》有“字同其名”一条，其中说：“名、字相同，起于晋、宋之间。史之所载：晋安帝讳德宗，字德宗；恭帝讳德文，字德文；会稽王道子，字道子；殷仲文，字仲文；宋蔡兴宗，字兴宗；齐颜见远，字见远；梁王僧孺，字僧孺；刘孝绰，字孝绰……之类，至唐时尤多。”真乃特立独行！

大明集禮卷二十四

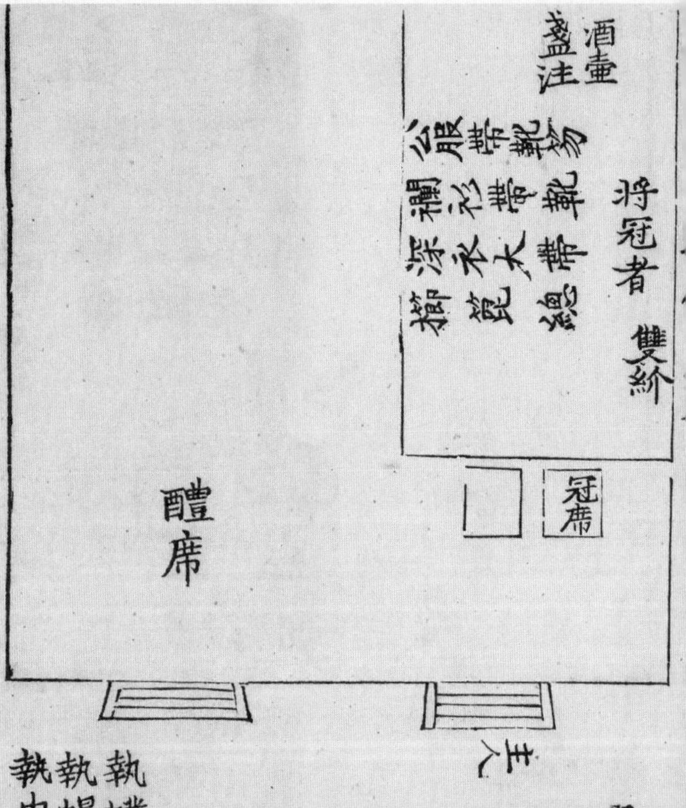
酒壺
盞注
將冠者 雙紒
公服帶靴笏
襴衫帶靴
深衣大帶
櫛屨總
冠席
醴席
主人
盥盆
子弟親戚
擯者
執幞頭者
執帽者
執巾者
賓

士庶冠禮圖

集禮卷二十四 二十七

《大明集礼》卷二十四『士庶冠礼图』，明嘉靖九年（1530）内府刊本。

《大明集礼》由徐一夔等奉敕撰，明洪武三年（1370）书修成，配有大量版画插图，是有关明朝礼仪制度的重要参考书。

这是一幅明代士庶人家少年行冠礼时的仪制示意图，指示行礼如仪时，主人在何处，将冠者在何处，亲戚宾客各在何处，执巾执帽执幞头者在何处，陈设何种“道具”等等，秩序井然，可以想象那种又亲切又肃穆的场景。行过冠礼后，少年子弟就成人了，会由主宾、正宾为其取与本名含义相关的“字”。从此不再直呼其名，改称其“字”以表其德，所以又称为“表字”。

“指名道姓”为何是不礼貌的行为

在中国人的日常口语中，“指名道姓”是一种非常严重的挑衅行为，甚至还会被视为一种攻击行为。这个词的含义尽人皆知，但“指名道姓”的行为为什么会如此严重，相信大多数人都是知其然而不知其所以然。

先说“指名”。古人有名有字，《礼记·檀弓上》篇中规定：“幼名，冠字。”孔颖达注解说：“名以名质，生若无名，不可分别，故始生三月而加名，故云‘幼名’也。”“质”指取一个与其人正相当的“名”，以便区别于他人。人出生三个月，由他的父亲在祖庙中取名。

孔颖达又说：“人年二十，有为人父之道，朋友等类，不可复呼其名，故冠而加字。”等长到二十岁，要举行成年礼，这个成年礼称作“冠礼”，挽起头发，戴上帽子，表示成人了。成人之后就要受到尊敬，不能再直呼其“名”，因此要取一个“字”，此“字”由参加冠礼的正宾所取。

《礼记·曲礼上》篇中又规定：“男子二十，冠而字。父前子名，君前臣名。女子许嫁，笄而字。”父亲和国君都是尊长，在他们面前都要称“名”。女性则是十五岁举行名为“笄（jī）礼”的成年礼时取“字”。

《左传·桓公六年》中记载了古人取“名”的五条原则：“名有五，有信，有义，有象，有假，有类。以名生为信，以德命为义，以类命为象，取于物为假，取于父为类。”

“以名生为信”，以出生时的某些生理特征取名，“信”指天生的神秘符信，比如晋国的始祖叔虞，出生时掌心有个像“虞”字的纹路，故名“虞”；

“以德命为义”，以出生时的祥瑞、德行取名，“义”指合宜的道德，比如周文王姬昌的父亲见儿子有昌盛周室的圣瑞，故名“昌”；

“以类命为象”，以出生时的相貌特点取名，比如孔子的头顶有一个凹坑，很像曲阜郊外的尼丘山，故名“丘”；

“取于物为假”，以出生时可资纪念的事物假借取名，比如孔子的儿子孔鲤出生时，鲁昭公以鲤鱼相贺，故名“鲤”；

“取于父为类”，以出生时与父亲相类似的特征取名，比如鲁桓公的太子与他同一生日，故名“同”。

《仪礼·士冠礼》中说：“冠而字之，敬其名也。”唐代学者贾公彦注解说：“故君父之前称名，至于他人称字也，是敬定名也。”意思是尊重父母为他取的“名”，因此只能在尊长之前称“名”，其他人则要称“字”。这就是著名的《颜氏家训》总结的“名以正体，字以表德”，因此“字”又称“表字”，意思是用这个“字”来表其德行，凡人相敬而呼，必称其表德之字。

由此可知，平辈之间甚至一般关系的尊长对晚辈都必须以“字”来称呼，以示尊重，自称则必须用“名”。《论语·公冶长》篇中记孔子的话说：“子曰：‘十室之邑，必有忠信如丘者焉，不如丘之好学也。’”意思是说：有十家人的小邑里，一定有像我这样忠信的人，但不如我这样好学。这是孔子的自称“丘”（名），而别人称呼他时，则必须称“仲尼”（字），绝对不能反其道而行之。因此，“指名”即为不礼貌的行为。

再说“道姓”。《说文解字》：“姓，人所生也。古之神圣母，感天而生子，故称天子。从女从生，生亦声。”可见“姓”本来是代表有共同血缘、血统、血族关系的族号。张舜徽先生在《说文解字约注》一书中写道：“古之所谓姓，即近世史家所称原始氏族制也。而母系氏族为最先，每一母系氏族，皆必有名号以相区别，此乃姓之所由兴，故姓字从女也。”

进入父系氏族社会之后，“姓”一转而为父系的名号，直呼其“姓”即是不尊重对方父亲的无礼行为，因此向别人询问“姓”时，要用“尊姓”“贵姓”的敬语，以示对对方父辈的尊重，而绝不能直接“道姓”。

这就是之所以不能“指名道姓”的由来。但进入现代社会后，中国人废弃了取“字”这一美好的传统，因此称呼时也就只能称“名”了。

《本草蒙筌》是明代早期的中药学入门书，卷首列历代名医图十四幅，系转绘自《医学源流》。上古八姓姜、姬、妫、姒、嬴、姞、姚、妘，是中国最古老的姓氏，其中姬姓源于黄帝。黄帝被尊奉为“中华始祖”，本姓公孙，因居轩辕之丘，故号轩辕，长居姬水，后改姬姓，国于有熊（今河南新郑），又称有熊氏。黄帝共有二十五个儿子，其中十四人被分封得姓。少昊、颛顼、帝喾、唐尧、虞舜，以及夏朝、商朝、周朝的君主，都是黄帝的子孙。

《本草蒙筌》卷首历代名医图之一『轩辕黄帝』像，明代陈嘉谟撰，明万历刊本。

軒轅黃帝

“拾级而上”到底怎样“拾级”

“拾级而上”的意思是沿着台阶一步一步地往上登。有人写文章的时候，想当然地以为既然可以“拾级而上”，那么也就可以“拾级而下”，这种用法是错误的，“拾级”只能和“而上”连用。

《礼记·曲礼上》中有这样的规定：“主人与客让登，主人先登，客从之，拾级聚足，连步以上。”这是客人拜访主人，主客相互揖让的登堂之礼。郑玄解释说：“‘拾’当为‘涉’，声之误也。级，等也。涉等聚足，谓前足蹑一等，后足从之并。”按照郑玄的解释，“拾”应该写作“涉”，“涉”是蹑足而登之意，两字读音相近才造成这样的错误。所谓“拾级聚足”即“涉等聚足”，前脚踏上一级台阶，后脚跟着也踏上同一级台阶，两脚相并；所谓“连步以上”，是指后脚紧随前脚，不能超过前脚，如此一级一级上堂。

不过，唐代学者颜师古并不认同郑玄的解释，他在《匡谬正俗》一书中写道：“拾者，犹言一一拾取，而郑康成（郑玄，字康成，作者注）读‘拾’为‘涉’，近乎穿凿。”颜师古的解释非常合理，所谓“拾级”，就是将面前所登的台阶一级一级地拾取，没有必要多此一举地读“拾”为“涉”，非要强调蹑足而登。

由于“拾级”是古时特有的登阶之礼，因此只能说“拾级而上”，不能说“拾级而下”。

《忍恋》，铃木春信绘，约1770年。

铃木春信（鈴木春信，约1724—1770），浮世绘早期代表画师，致力于锦绘创作，以美人画最著名。

“忍恋”的意思是隐藏的恋情。画中男子拉开纸障，倾身向外；女子手拿一盏罩灯，赤足站在台阶上，扭身回头，与男子对视，两人脉脉含情，有一种无声的默契。女子正在拾级而上，左足在上，右足尚未来得及与之“相并”，也许正在此时，她听到了心上人的低唤，或拉开纸障的声音，忙把灯盏照过去，又惊又喜，一袖掩口，只顾贪看对方，姿势也来不及调整，就那样一足上一足下保持着“拾级”的姿势。

“令堂”为何是对别人母亲的尊称

“令”当作敬辞，由美、善的本义引申而来，用于赞美与对方有关的人。以“令”敬称的称谓，只有“令堂”一词较为费解。那么，“令堂”为什么用来尊称对方的母亲呢？

古代的建筑物面南背北，内部分为三个部分：堂，室，房。最前面是“堂”，“堂”不住人，是家族举行祭祀或者接待宾客等礼仪活动的处所。“堂”建在一个高台上面，台前有台阶，或为三阶，或更多阶。之所以建在台上，是为了防潮。“登堂”一词，就是指必须登上台阶才能进到堂内。

“堂”后面（也就是北面）的建筑，正中的一间叫“室”，因此，所谓“登堂入室”，就是指登上“堂”，然后穿过“堂”，才能进入后面的正室。“室”两侧的建筑叫“房”，东边的叫“东房”，西边的叫“西房”。正中的“室”为主人所居，两侧的“房”则为晚辈所居。

“堂”高大轩敞，又是祭祀的重要之地，后来引申用来泛指房屋的正厅，因此古人就把一家之主的父母尊称为“高堂”。举行祭祀之礼的时候，一家的主妇也就是母亲通常活动于东房的北部，因此用“北堂”来指代母亲。

《仪礼·士昏礼》中规定：“妇洗在北堂。”“洗”是盥洗用的器皿，主妇盥洗都在北堂，故又称“北洗”，有小门和台阶通户外。《诗经·国风·伯兮》中有“焉得谖草？言树之背”的诗句，“谖草”即萱草，又称忘忧草。《毛传》说：“谖草令人善忘；背，北堂也。”

古人认为萱草可以使人忘忧，游子出门远行的时候，常常要在母亲居住的北堂台阶下种上几株萱草，以免母亲惦念游子，同时让母亲忘记忧愁，因此就将母亲的居处称为“萱堂”。唐代诗人聂夷中有诗《游子行》：“萱草生堂阶，游子行天涯。慈亲倚门望，不见萱草花。”

这就是将对方的母亲尊称为“令堂”的来历。“北堂”或“萱堂”用来作为对自己母亲的代称；“令堂”则只能尊称对方的母亲，如果称自己的母亲为“令堂”，就会让人笑掉大牙！

古诗中常常出现“椿萱”一词，比如唐代诗人牟融《送徐浩》：“知君此去情偏切，堂上椿萱雪满头。”“椿”是一种多年生落叶乔木，庄子在《逍遥游》中说：“上古有大椿者，以八千岁为春，八千岁为秋。”可见它有多么长寿。因此古人就把它拿来比喻父亲，盼望父亲像大椿一样长生不老；后来为一切男性长辈祝寿，都尊称对方为“椿寿”。又因为当年孔子的儿子孔鲤怕打扰父亲思考问题，“趋庭而过”，即快步走过自家的庭院，因此古人就把“椿”和“庭”合起来，称父亲为“椿庭”。

“椿萱”合称即代指父母，父母都健在称为“椿萱并茂”，前引“堂上椿萱雪满头”的诗句就是形容父母都老了，头发都白了。

靈椿壽及八千歲萱草同生
壽亦同白髮高堂進春酒
鳳皇飛下采雲中
沈周

《椿萱图》，明代沈周绘，绢本设色，藏安徽博物馆。

沈周（1427—1509），字启南，号石田、白石翁、玉田生、有竹居主人等，吴门画派创始人，明四家之一，长洲（今苏州）人。一生家居读书作画，优游林泉，未应科举。沈周侍父母极孝，照顾母亲也是他多次婉辞出仕的理由，创作过不少椿萱题材作品。

图中右侧一株椿树，挺拔繁茂；树下一块玲珑太湖石，石边萱草一丛，正在盛开。草叶嫩绿舒展，花朵清柔妍美，向左探出，姿态婀娜中有挺秀之意。右上角行书自题七律一首："灵椿寿及八千岁，萱草同生寿亦同。白发高堂进春酒，凤凰飞下影云中。"画面工整端凝，设色妍丽古雅。椿萱相映而并茂，寄寓着对父母安康长寿的祝愿。

“公主”的称谓是怎么来的

“公主”就是皇帝的女儿，尽人皆知，可是为什么称“公主”？

周代的时候，周天子的女儿称王姬，周的国姓为“姬”，故称“王姬”。《诗经·国风·何彼襛矣》是一首描写周天子之女嫁与齐侯之子，车驾盛大的诗篇，“襛（nóng）”形容出嫁的衣服穿得厚。《毛传》：“《何彼襛矣》，美王姬也。虽则王姬亦下嫁于诸侯。”郑玄注解说：“王姬，武王女。姬，周姓也。”孔颖达解释得更清楚：“王姬者，王女而姬姓。”

据《春秋公羊传·庄公元年》载：“天子嫁女乎诸侯，必使诸侯同姓者主之；诸侯嫁女于大夫，必使大夫同姓者主之。”天子下嫁自己的女儿，贵为至尊，不能亲自主婚，只能由同姓的诸侯主婚，诸侯国的国君的爵位是“公”，“公”来主婚，故称“公主”。

不过，春秋时期还没有“公主”之称，“公主”的称谓是从战国时期开始使用的。《史记·孙子吴起列传》载：“公叔为相，尚魏公主。”战国时期魏国大臣公叔痤（cuó）担任国相，娶魏武侯的女儿为妻。凡娶国君之女都称“尚”，尚者，上也，尊也。魏武侯的爵位为“侯”，按照礼制，“诸侯嫁女于大夫，必使大夫同姓者主之”，不能称“公主”，因此北宋高承在《事物纪原》一书中评价这件事说：“僭天子之女也。”即僭越天子之女的称号。此时周王室的地位早已衰落，因此各诸侯国才敢于僭越，诸侯的女儿也可以称作“公主”了。

从汉代开始，“公主”只能用于皇帝的女儿。五代后蜀学者马鉴的《续

《千秋绝艳图》之「乐昌公主」像，明代佚名仿仇英绘。

《千秋绝艳图》为绢本设色长卷，在六米多长的画卷上，绘写了从秦汉到明代的著名仕女约六十人，工细秾艳。藏中国历史博物馆（现并入中国国家博物馆）。

乐昌公主，正史不载，唐代韦述《两京新记》与孟棨《本事诗》中描述她为陈朝太子舍人徐德言之妻，后主陈叔宝之妹，封乐昌公主，才色冠绝，陈亡，为隋所俘，隋文帝把她赐给越公杨素，由此引出成语“破镜重圆”的故事。图中女子身形纤瘦，手持半边铜镜，愁眉不展，似在思念故夫。昔日之公主，国破后沦为姬妾，好在杨素成人之美，离散夫妻终得偕老江南。乐昌公主作为普通女子得到了善终，已经胜过历史上很多公主的境遇了。

事始》中说："自古天子之女未有封邑，至周中叶，天子嫁女于诸侯，天子至尊，不自主婚，使同姓诸侯主之，始谓之'公主'。汉制，天子女为公主，姊妹曰长公主，帝姑为大长公主。后汉诸王女封县主。"皇帝的姐妹称"长公主"，姑母称"大长公主"。汉代诸王的女儿则称作"翁主"。《史记·大宛列传》载："乌孙以千匹马聘汉女，汉遣宗室女江都翁主往妻乌孙，乌孙王昆莫以为右夫人。""江都翁主"指江都王刘建的女儿。

《汉书·高帝纪》载，汉高祖十二年，刘邦下诏："重臣之亲，或为列侯，皆令自置吏，得赋敛，女子公主。"汉初制度宽松，爵位最高的列侯几乎等同于坐拥诸侯国，而且僭越天子之制，可以自行置备官吏、收税，列侯的女儿也可以称"公主"。颜师古注解说："天子不亲主婚，故谓之公主。诸王即自主婚，故其女曰翁主。翁者，父也，言父主其婚也。亦曰王主，言王自主其婚也。"这才是"翁主"称谓的常例，因此后来诸王的女儿都只能称"翁主"或"王主"。

到了东汉和晋代，"公主"也称"县主"或"郡主"，因为不像以前的公主"未有封邑"，这时候的公主则都有封地，公主封号之前都是县名或郡名，比如汉武帝的姑母刘嫖称馆陶公主，馆陶在河北，现在还叫馆陶县。晋武帝的女儿称平阳公主，平阳为郡名。

隋唐时期，太子的女儿称"郡主"，诸王的女儿称"县主"，都不能称"公主"。有关清代的电视剧里充斥的"格格"的称呼，其实是一种不十分严谨的称谓，起源于清朝的前身后金时期，国君和诸王的女儿都称"格格"，有时未嫁的普通女子也可以称"格格"，并没有严格的等级区分。

关于公主的出嫁，唐高宗曾经专门下诏，称"出降"或"下降"，娶公主称"尚公主"。公主出嫁时，皇帝都赐给华丽的甲第、山庄、园林，还允许设府自置官吏。这都是公主的特权。

“内人”原本就是指妻子

当一个中国男人说出“内人”这个称谓的时候，他的头脑中一定会闪现出“男主外女主内”这个标准的社会分工模式。因此，“内人”不仅仅是对妻子的谦称，还反映了古代中国的这种分工模式。

不过，有人不同意这个谦称所蕴含的分工模式，这个人就是台湾著名作家李敖先生。李敖先生在1979年所写的《且从青史看青楼》一文中说：“现在人称自己太太作‘内人’，如果这位太太是‘从良’了的，倒真名副其实。原来唐朝称妓女叫‘内人’。《教坊记》里说：‘妓女入宜春院，谓之内人。’张祜的诗说：‘内人已唱春莺啭，花下傞傞轻舞来。’都特指妓女。”

他又说：“现代人向人介绍自己老婆是‘内人’的时候，无异同时告诉人自己是‘龟公’，是‘大茶壶’。两位男士互相介绍自己内人的时候，就同时是两只‘龟公’，两把‘大茶壶’。三人四人，五人六人，自然依此类推，不在话下。这些谑话，都因为古人将妓女‘以充家用’。”

河北大学教授刘玉凯先生在《出口成错》一书中据此得出结论：“这样说来，如今还有人故作高雅地称自己的夫人为‘内人’，真是天大的笑话！”

汉语词汇都有一个演变的过程，唐朝称妓女为“内人”确实不错，但最初“内人”也确实用来称呼自己的妻妾。《荀子·法行》篇中说：“曾子曰：‘无内人之疏而外人之亲。’”“内人”和“外人”对举，很显然，“内人”指家人。这是“内人”的本义，妻妾也是家人，正是由此引申，“内人”才用来指妻妾。

《礼记·檀弓下》载："文伯之丧，敬姜据其床而不哭，曰：'昔者吾有斯子也，吾以将为贤人也，吾未尝以就公室。今及其死也，朋友诸臣未有出涕者，而内人皆行哭失声。斯子也，必多旷于礼矣夫。'"

敬姜是鲁国大夫文伯的母亲。文伯死后，朋友和臣僚还没有痛哭流涕呢，他的"内人"倒放声大哭起来，敬姜因此判断儿子生前一定薄于宾客朋友之礼。郑玄注解说："内人，妻妾。"《孔子家语·曲礼子夏问》中的记载则更直截："公父文伯卒，其妻妾皆行哭失声。"《孔丛子·记义》则如此记载敬姜的评价："今死而内人从死者二人焉，若此，于长者薄，于妇人厚也。"由此可知，"内人"的称谓最初就是指妻妾。

唐朝称妓女为"内人"固然有之，但同时唐朝也称妻子为"内人"。《全唐诗》中录有黄滔《喜侯舍人蜀中新命三首（之三）》，尾句为："内人未识江淹笔，竟问当时不早求。"黄滔赞扬侯舍人的文采堪比南朝著名文学家江淹，以至于妻子埋怨他为何"当时不早求"。这里的"内人"即指妻子，而不可能指妓女。

清代仍然用"内人"来称呼妻子。《清诗别裁集》中录有吴嘉纪《内人生日》一诗："潦倒丘园二十秋，亲炊葵藿慰余愁。绝无暇日临青镜，频过凶年到白头。海气荒凉门有燕，溪光摇荡屋如舟。不能沽酒持相祝，依旧归来向尔谋。"虽然生活艰苦但夫妻情深，描写十分感人。赵翼有《观家人腌菜戏成四十韵》一诗，其中吟咏道："茹蔬贫宦惯，蓄旨内人工。""旨"是美味的食品，这句诗夸赞自己的妻子擅长制作并储存美味的食品。

综上所述，把自己的妻子称作"内人"一点儿错都没有，而且不仅不是"故作高雅"，相反倒确实是古意盎然。李敖先生只知其流不知其源，口出谰言，以至于闹出了"龟公"的笑话；而刘玉凯先生则人云亦云，错上加错，那才真是天大的笑话呢！

《唐诗画谱》卷一李白《赠内》诗意图，明代黄凤池辑，集雅斋藏板，日本唐本屋太兵卫宽文十二年（1672）刊本。

《唐诗画谱》诗选唐人名篇佳什，书求名公董其昌、陈继儒等为之挥毫，画请名笔蔡冲寰、唐世贞为之染翰，刻版出自徽派名工刘次泉等之手，被时人誉为“诗诗锦绣，字字珠玑，画画神奇”。

《赠内》是一首五言绝句，顾名思义，就是写给妻子的诗，又名《示家人》。诗云：“三百六十日，日日醉如泥。虽为李白妇，何异太常妻。”李白一生不羁，魏颢在《李翰林集序》中记录了他的四段婚姻：“白始娶于许，生一女一男，（男）曰明月奴，女既嫁而卒。又合于刘，刘诀。次合于鲁一妇人，生子曰颇黎。终娶于宗。”这首诗可能是写给宗氏的。画面上，李白醉卧山石，正对妻摆手。妻作劝解状，想必也是看惯了丈夫的醉态吧。

“拙荆”为何谦称自己的妻子

在关于妻子的谦辞中，有一个称谓最令人费解，就是“拙荆”。拙者，笨拙也，向别人谦称自己的妻子只不过是一位笨手笨脚的家庭主妇，没有任何问题，而且口气中还透露出一股溺爱的味道；那么“荆”指什么？为什么可以指称妻子呢？

这个“荆”字的出处还有一则有趣的公案。

西汉学者刘向所著《列女传》只有七卷，但现在的通行本则有八卷，其中第八卷不知为何人增补。第八卷中载有“梁鸿妻”一篇，全文如下：

梁鸿妻者，右扶风梁伯淳之妻，同郡孟氏之女。其姿貌甚丑，而德行甚修，乡里多求者，而女辄不肯。行年三十，父母问其所欲，对曰：“欲节操如梁鸿者。”

时鸿未娶，扶风世家多愿妻者，亦不许。闻孟氏女言，遂求纳之。孟氏盛饰入门，七日而礼不成。妻跪问曰：“窃闻夫子高义，斥数妻，妾亦已偃蹇数夫。今来而见择，请问其故。”鸿曰：“吾欲得衣裘褐之人，与共遁世避时。今若衣绮绣，傅黛墨，非鸿所愿也。”妻曰：“窃恐夫子不堪。妾幸有隐居之具矣。”乃更粗衣椎髻而前。鸿喜曰：“如此者，诚鸿妻也。”字之曰德曜，名孟光，自名曰运期，字俟光，共遁逃霸陵山中。

此时王莽新败之后也。鸿与妻深隐，耕耘织作，以供衣食，诵书弹琴，忘富贵之乐。后复相将至会稽，赁舂为事。虽杂庸保之中，妻每进食，举案齐眉，不敢正视。以礼修身，所在敬而慕之。君子谓梁鸿妻好道安贫，不汲汲于荣乐。《论语》曰："不义而富且贵，于我如浮云。"此之谓也。

偃蹇（yǎn jiǎn），困顿，此处形容孟氏女婉拒求婚者；裘褐（qiú hè），粗陋的衣服；椎（chuí）髻，将发髻结成一撮，形状如椎，形容不事妆扮；赁舂（chōng），受雇为人舂米；庸保，受雇佣充任杂役的人。

疑难字词既明，那么这个故事就非常容易理解了。值得一提的是，"举案齐眉"这个成语就出自此，形容夫妻相互敬爱。

唐人李翰编著的儿童识字课本《蒙求》中第一次出现了"孟光荆钗"的四字掌故，北宋大型类书《太平御览》引《列女传》曰："梁鸿妻孟光，荆钗布裙。"荆钗布裙，现在的通行本对应的则是"粗衣椎髻"，也就是说，对梁鸿妻孟光"荆钗布裙"的描写直到唐代才出现，比如唐代女诗人葛鸦儿《怀良人》一诗："蓬鬓荆钗世所稀，布裙犹是嫁时衣。胡麻好种无人种，正是归时不见归。"

"荆"就是荆棘，一种小灌木。古今中外的女人都一样爱美，不管是达官贵妇还是贫寒之家的主妇，女人对美的追求都是无法扼杀的。在古代，贫寒之家的女人买不起金钗银钗玉钗，于是聪明的女人们就到家门前的荆棘丛里，摘下一根荆棘的枝条，用它做成一根钗子。因为荆棘的枝条十分坚硬，做成钗子插到头发上不会掉下来。

同"荆钗"一样，贫寒之家的女人也买不起绫罗绸缎，只好用粗布做成裙子，虽然没有绫罗绸缎的裙子那样飘逸，但是也显示了女人的爱美之心。于是，这样的家境就诞生了一个令人心酸的词：荆钗布裙，代指妇女朴素或贫寒的服饰。

"孟光荆钗"的故事实在是太有名了，宋代之后人们就把自己的妻子谦称为“拙荆”或“荆妻”。当然并不是所有男人的妻子都戴着“荆钗”，这个谦称寄寓着对妻子美好品行的向往。按照这个组词方式，今天的女人们应该被称作“金钻”，因为她们结婚时都要多少多少克拉的金钻石。从“拙荆”进化到“金钻”，今天的女人们应该感谢社会的进步。

《高士图》局部，五代卫贤绘，绢本淡设色，藏北京故宫博物院。

卫贤，五代南唐画家，生卒年不详，京兆（今陕西省西安市）人，善画台阁、盘车、水磨、人物等，尤以界画见称于时。

图以“高士”为名，画的是东汉梁鸿、孟光夫妇相敬如宾、偕隐山林的故事。画面以高崖巨石密林为背景，中作瓦屋，梁鸿端坐于榻，竹案上书卷横展，孟光双膝跪地，饮食盘盏高举齐眉。人物神态平和，虽房舍简陋，粗食布衣，却流露出志在山野的高洁意趣。孟光头上“荆钗”清晰可见。梁鸿与孟光志趣相投，相爱相敬，夫隐妇随，堪称中国历史上一对千古佳偶。

“良人”只能用于妻子对丈夫的称呼

“良人”的称谓，在今天的日常生活中已经不再使用，但文学作品中还常常可以见到。有些辞典把这个称谓解释为古代夫妻之间的互相称呼，只是后来才多用于妻子对丈夫的称呼。这种释义是错误的，“良人”绝不能用作丈夫称呼妻子，而只能是妻子对丈夫的专属称谓。

发生这种错误的原因在于不了解“良”的本义。徐中舒先生在《甲骨文字典》中认为“良”是“廊”的本字：“廊为堂下周屋，今称堂边屋檐下四周为走廊，其地位恰与穴居侧出之孔道（严廊）相当。良为穴居四周之严廊，也是穴居最高处，故从良之字，有明朗高爽之义。”

这段话中的“严廊”又称“岩廊”，是指高耸的廊庑。廊庑是堂前的廊屋，即所谓“堂下周屋”，走廊都有顶，故称“屋”。不过“严廊”既然高耸，很难想象可以建在穴居之处，因此“良”的本义应该是指宫殿中供出入的廊庑。那么“良”为什么能够引申为善良之意呢？这是一个有趣的演变过程。

《仪礼》在记载士以上阶层婚礼的《士昏礼》中载有这样的礼仪：“御衽于奥，媵衽良席在东，皆有枕，北止。”“御”是夫家的女仆，“衽”是卧席，“奥”是西南角，“媵（yìng）”是女方陪嫁过来的女人，“止”通“趾”。

这段话的意思是：夫家的女仆在西南角为新娘铺设卧席，女方的陪嫁女在东边为新郎铺设卧席，卧席都有枕头，脚朝北睡。其中的“良”字，郑玄注解说：“妇人称夫曰良。”居住在宫殿中的主人一定是男人，因此而引申称丈夫；在男尊女卑的社会，对女人来说，丈夫当然是良善之人，因此又引申为良善。

孟子在《离娄下》篇中讲过一个有趣的故事："齐人有一妻一妾而处室者。其良人出，则必餍酒肉而后反。其妻问所与饮食者，则尽富贵也。其妻告其妾曰：'良人出，则必餍酒肉而后反，问其与饮食者，尽富贵也，而未尝有显者来，吾将瞯良人之所之也。'蚤起，施从良人之所之，遍国中无与立谈者。卒之东郭墦间，之祭者，乞其余，不足，又顾而之他，此其为餍足之道也。其妻归，告其妾，曰：'良人者，所仰望而终身也，今若此。'与其妾讪其良人，而相泣于中庭，而良人未之知也，施施从外来，骄其妻妾。"

瞯（jiàn），窥视，偷看。施（yí），曲折斜行，以免被发现。墦（fán），坟墓。

这个故事讲的是：有一个齐国人，家里有一妻一妾。她们的丈夫出门，一定酒足肉饱然后才回来。妻子问他跟谁一起喝酒吃饭，他说的全是富豪显贵。妻子告诉妾说："咱们丈夫出门，一定酒足肉饱然后才回来，问他跟谁一起喝酒吃饭，全是富豪显贵，可是却从来没有显贵来家里，我要窥探一下丈夫去哪儿。"第二天早起，妻子偷偷跟着丈夫到他去的地方，满城人没有停下来跟他交谈的。最后他到了东郊的墓地，找到祭祀的人讨剩余的酒食，没吃饱，又四处顾盼到别处乞讨，这就是他酒足肉饱的办法。妻子回来，告诉妾说："丈夫是咱们仰望而依靠终身的人，如今却是这个样子。"妻妾二人嘲骂丈夫，在庭中相互哭泣，而丈夫还不知道，得意洋洋地从外面回来，仍然轻视妻妾。

由此可见，"良人"乃是妻子对丈夫的称谓。

在更早的《诗经》诸诗篇中，"良人"一词出现的频率很高，但从来没有一例用于丈夫称呼妻子。比如《小戎》是一首描写妻子怀念出征丈夫的诗篇，其中有“厌厌良人，秩秩德音”的诗句，意思是：我的丈夫温文安静，聪慧明礼有好的声誉。

又比如《绸缪》一诗有“今夕何夕，见此良人”的名句，虽然《毛传》解释说：“良人，美室也”，“美室”指美妻，但这首诗是新婚之夜夫妇交相酬唱之诗，新娘称呼丈夫为“良人”，正对应下文的“今夕何夕，见此粲者”，新郎称呼妻子为“粲者”，即美丽的女子，因此后来就把“粲者”用作丈夫对妻妾的称谓。《毛传》的释义是错误的。

可以作为旁证的是，《诗经》中的“良人”也可指好人、贤良之人，但无一例外都是形容男人，与女人无关。

到了汉代，“良人”方才用来指女人，不过也不能用作丈夫对妻子之称，而是宫中女官的名号。据《汉书·外戚传》载：“汉兴，因秦之称号，帝母称皇太后，祖母称太皇太后，适称皇后，妾皆称夫人。又有美人、良人、八子、七子、长使、少使之号焉……良人视八百石，比左庶长。”“良人”的名号比之于第十等爵位的左庶长之官，从此开启了“良人”亦可指女人的先河，不过乃是形容身家清白的女人，比如良家妇女等称谓。

《开放的中华：一个番鬼在大清国》（*La Chine ouverte : aventures d'un Fan-Kouei dans le pays de Tsin*）插图，1845 年法文版。

这本书记录了法国医生保罗·艾米勒·杜朗·弗尔格（Paul Emile Daurand Forgues，中文名：平西）道光时期在大清国的游历和所见所闻、所感所思，书中插图由法国著名版画家奥古斯特·博尔热（Auguste Borget）绘制。

这幅插图下面的法文意为“选择第二个女人”，也就是娶妾。画面描绘了一个清代官吏家小妾进门的情景。新人盛装打扮，正拜见男主人；男主人一脸欢喜，忍不住身体前倾；而男主人的正妻满脸不高兴，负气扭头不看。不知在两个女子心目中，男主人是良人否？中国古代男子所艳称的“齐人之福”，便来自“齐人有一妻一妾”的故事。至于一个乞丐怎么会妻妾俱全呢？那便不必管它了。

“阁下”为何是敬称

在一些隆重的场合或者问候的书信中，常常尊称对方为“阁下”。不知道这个词来历的人甚至常常误以为这个词是从英语翻译过来的，因为在很多欧美影视剧或者两国的外交场合，这个称谓出现的频率非常之高，比如“总统阁下”“大使阁下”之类。殊不知这是最正宗的古代中国的礼貌用语，而且更加鲜为人知的是，这还是一个误用了两千多年的称谓！

首先需要辨析的是，在古代，“阁”和“閤”是两个完全不同的字，读音相同。

《尔雅·释宫》：“所以止扉谓之阁。”郭璞注解道：“门辟旁长橛也。”《说文解字》：“阁，所以止扉也。”段玉裁注解道：“门开则边旁有两长橛，使其止而不过也。”也就是说，开门之后，为了防止门扇自动合上，把两根长木桩放置到门扇两旁，这两根长木桩就叫“阁”。

张舜徽先生在《说文解字约注》一书中说：“今俗犹用木或石止门之自掩，盖即阁之遗意。”今天的中国农村，大门里侧的两旁仍然还有这样的长木桩或者同样功能的长石条。

“阁”字既明，那么读音相同的“閤”呢？《说文解字》：“閤，门旁户也。”段玉裁注解道：“汉人所谓閤者，皆门旁户也，皆于正门之外为之。”也就是说，大门旁边另开的小门叫“閤”。《玉台新咏》收录的东汉时期的乐府诗歌《上山采蘼芜》中有“新人从门入，故人从閤去”的诗句，意思是新娶的妻子从大门进来，而被抛弃的妻子则从旁边的小门被赶了出去。

张舜徽先生在《说文解字约注》一书中提供了一个佐证："湖湘间造大宅者，多于正中大门之旁，别为小门以通出入，名曰脚门。脚即阁之双声语转也。"今天农村的大宅院或城市的四合院中仍然有这样的小门、偏门。

《尔雅·释宫》又解释了"闱""闺""阁"三个字的区别："宫中之门谓之闱，其小者谓之闺，小闺谓之阁。"闱、闺、阁，三道宫中的门户，一个比一个小。宫门一入深似海，因此"闺闱"和"闺阁"由宫中之门引申而借指内室；后世礼教对女人的束缚越来越严厉，女人被困于家庭之中，大门不出二门不迈，因此"闺闱"和"闺阁"又引申特指女人的卧室。

"阁"和"阁"形近音同，后人不察，一概将"阁"误写作"阁"，将"闺阁"误写作"闺阁"，将"内阁""阁下"误写作"内阁""阁下"。这一误可就误了两千多年！

至于"阁下"的称谓，据唐人赵璘所著《因话录》记载："古者三公开阁，郡守比古之侯伯，亦有阁，所以世之书题有'阁下'之称……今又布衣相呼，尽曰'阁下'，虽出于浮薄相戏，亦是名分大坏矣。"

赵璘所谓的"三公开阁"，《汉书·公孙弘传》中有形象的记载："弘自见为举首，起徒步，数年至宰相封侯，于是起客馆，开东阁以延贤人，与参谋议。"被荐举者中居首位的称"举首"，平民称"徒步"。公孙弘从"徒步"官至宰相，于是建了一座客馆，打开客馆东边的小门招揽贤士。颜师古注解道："阁者，小门也，东向开之，避当庭门而引宾客，以别于掾史官属也。"

为什么要开东边的小门呢？这是因为贤士不是宰相的下属，为示尊重，在正门之外特意开"东阁"延请入内。凡能够进出"东阁"的都是贤士，故以"阁下"敬称。相应地，开阁的宰相被称作"阁老"。唐代时"舍人年深者谓之阁老"，这是对资历深的中书舍人的敬称；"两省相呼为阁老"，这是对中书、门下两省属官的敬称。

《新五代史·杂传》中记载了一则唐代的制度："天子日御殿见群臣，曰常参；朔望荐食诸陵寝，有思慕之心，不能临前殿，则御便殿见群臣，曰入閤。宣政，前殿也，谓之衙，衙有仗。紫宸，便殿也，谓之閤。其不御前殿而御紫宸也，乃自正衙唤仗，由閤门而入，百官俟朝于衙者，因随以入见，故谓之入閤。"

皇帝每天上朝，在宣政等前殿见群臣，称作"常参"，即固定时间参拜之意；初一和十五祭祀先帝的陵墓，因为有思慕祖宗之心，不是正式的朝政大事，因此不能在前殿见群臣，而要在旁边的便殿见群臣，称作"入閤"，意思是群臣从便殿进来朝见。宣政殿是前殿，称"衙"，正式的朝见时要有相应的仪仗，以显示皇帝的威仪；而紫宸殿属于便殿，就像正门旁边的小门一样，故称"閤"。皇帝在便殿见群臣，正殿的仪仗队要从便殿的小门进入，百官也跟着进入朝见，因此就叫作"入閤"。后来加以引申，把进入中央官署做官也称作"入閤"。

段玉裁说："凡上书于达官曰'閤下'，犹言执事也。今人乃伪为'阁下'。"赵璘则感叹"今又布衣相呼，尽曰'閤下'"乃"浮薄相戏""名分大坏"，殊不知连"閤下"一词都误为"阁下"了！

这就是"閤下"一词误写作"阁下"的来龙去脉。今天所有带"阁"字的与做官有关的词组，比如"入阁""内阁""组阁"等等，其实都是错误的。虽然早已约定俗成，但是因为将"閤"误为"阁"，人们再也不明白"閤"和"阁"的本义了，甚至有的辞典望文生义，把"阁下"这一尊称解释为"我在您的阁楼之下"，真是令人浩叹！

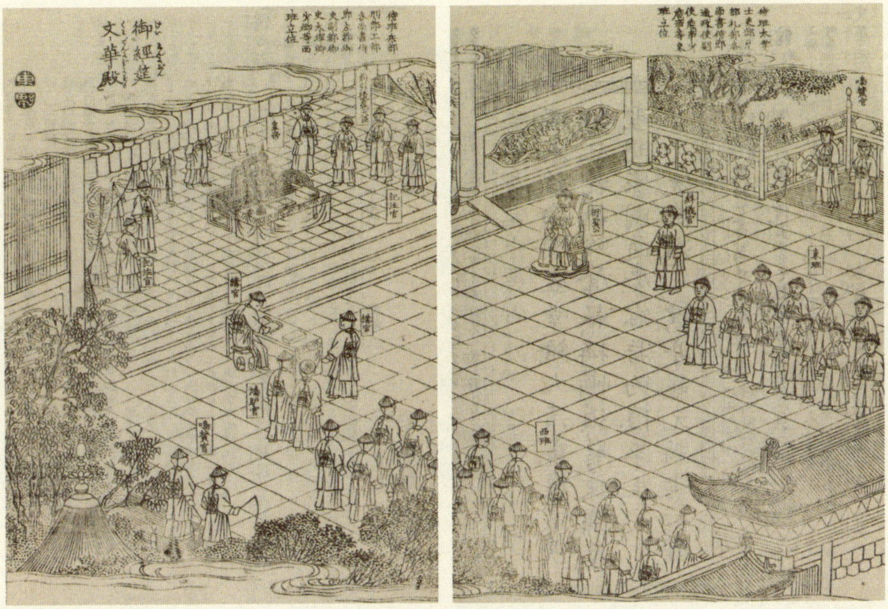

《唐土名胜图会》卷一『大内』插图『御经筵 文华殿』，冈田玉山等编绘，约刊于日本文化二年（1805）。

书中介绍了清乾嘉时都城的繁华、殿宇的宏伟及当时的生活习俗、节日、祭祀、皇家大典等，被称为“中国大清朝的百科全书”。

文华殿始建于明朝初年，位于紫禁城外朝东路、东华门内，明朝为皇帝便殿、太子摄事之所，明清两朝为举行经筵之礼的场所。明朝设“文华殿大学士”一职，辅导太子读书。清朝逐步演变形成“三殿三阁”的内阁制度，文华殿大学士成为“三殿三阁”之一，其职掌变成辅助皇帝处理政务，统辖百官。明清两朝，每年春、秋仲月，均在文华殿举办“经筵之礼”。清朝以大学士、尚书、左都御史、侍郎等人充经筵讲官，每年以满汉各二人分别讲“经”“书”，皇帝撰写御论，阐发讲习“四书五经”之心得，礼毕，赐茶赐座。图中细致描绘了清代“经筵之礼”的场面。在此聚集的可都是名副其实的“阁下”。

“尸位素餐”的“尸”不是指尸体

“尸位素餐”是一个常用的成语，形容空占着职位，空食着俸禄，却什么事也不做。很多人都把“尸位”理解成尸体所占的位置，这是错误的。在古代，“尸”是非常重要的祭祀礼仪。

《说文解字》：“尸，陈也，象卧之形。”这个“尸”的本义可绝对不是尸体，而是“陈也”。尸体之“尸”则必须写作“屍”。什么叫“陈”？段玉裁解释道：“祭祀之尸本象神而陈之。”原来，“尸”的本义是祭祀时代表死者受祭的活人。

据《礼记·曾子问》载，曾子曾经询问孔子：“祭必有尸乎？”孔子回答道：“祭成丧者必有尸，尸必以孙，孙幼则使人抱之；无孙，则取于同姓可也。”古人认为祭祀的目的在于和祖先的灵魂感通，用孙子来代表死去的先祖受祭，可以凝聚先祖之气，这种祭祀称作“尸祭”。

颜师古在为《汉书·朱云传》所作的注中说：“尸位者，不举其事，但主其位而已。”代表先祖受祭的孝孙，在祭祀时仅仅是先祖的替身，是先祖灵魂的附体，自己什么事也不用做，只需要坐在神位上，“但主其位而已”。如果把“尸位”理解成尸体所占的位置，人死不能复活，怎么还能空占着职位呢？

“尸位”一词出自《尚书·五子之歌》：“太康尸位，以逸豫灭厥德，黎民咸贰。”夏朝君主太康空占着国君的位置，却只知道享乐，于是百姓都背叛了他。“素餐”一词出自《诗经》中魏国的民歌《伐檀》：“彼君子兮，

《列女传》卷十五插图『董湄妻』，汉代刘向撰，明代汪道昆增辑，仇英绘图，明万历时期刻，清乾隆四十四年（1779）鲍氏知不足斋刊本。

董湄妻是明代海宁虞氏女，聪慧知书善吟咏，十六岁嫁给董湄，夫妻和美。不料两月后其夫卒，虞氏极为哀恸，刻木为夫像，晨昏事之。如此便过了一生。人死不能复生，木像不能言笑，空占了“夫”之位，蹉跎虞氏一生，枉与他人作笑谈，也算另一种“尸位素餐”了。仇英白描，线条清简流畅，很具表现力。

不素餐兮！”“素”是空的意思。清人陈奂在《毛诗传疏》中解释得最为明白：“今俗以徒食为白餐。餐，犹食也。赵岐注《孟子·尽心篇》云：‘无功而食，谓之素餐。’”有人把“素餐”误解为素食，这也是错误的，正确的解释是“无功而食”，即颜师古所说：“素餐者，德不称官，空当食禄。”

汉代人将这两个词组合在一起，用来比喻居位食禄而不尽职。比如《汉书·朱云传》：“今朝廷大臣上不能匡主，下亡以益民，皆尸位素餐。”

“足下”为何是尊称

“足下”是一个敬辞，下对上或者同辈之间都可以尊称对方为“足下”，意思跟今天的“您”相近。

《战国策·燕策》中收录有投奔赵国的燕国大将乐毅回复燕惠王的一封信，开篇就写道：“臣不佞，不能奉承先王之教，以顺左右之心，恐抵斧质之罪，以伤先王之明，而又害于足下之义，故遁逃奔赵。”“斧质”是古代一种酷刑，将人放到砧板上，用斧头砍死。

这段话的意思是：臣不才，不能遵循燕国先王的教诲，来顺应大王您左右官员之心，恐怕犯下斧质之罪，这样既伤害了先王的英明，又有害于足下您的仁义，因此遁逃投奔了赵国。乐毅是臣，燕惠王是君，这是“足下”之称用于下对上。同辈之间互称“足下”的例子则更多，此不赘言。

人们会觉得这个敬称很奇怪：既然是尊敬的称呼，怎么能把对方称为脚下呢？原来，这个称谓的由来还有一个令人心酸的故事呢。

晋人嵇含所编撰的《南方草木状》中引述了西汉东方朔在《琐语》中的一条记事：“木履起于晋文公时。介之推逃禄自隐，抱树而死。公抚木哀叹，遂以为履。每怀从亡之功，辄俯视其履曰：‘悲乎足下！’足下之称，亦自此始也。”

南朝宋的刘敬叔所著《异苑》卷十中也有类似的记载：“介子推逃禄隐迹，抱树烧死。文公拊木哀嗟，伐而制屐。每怀割股之功，俯视其屐曰：‘悲乎，足下！’足下之称，将起于此。”

再后来，南朝梁文学家殷芸所著《小说》一书中则写道：“介子推不出，晋文公焚林求之，终抱木而死。公抚木哀嗟，伐树制屐。每怀割股之恩，辄潸然流涕视屐曰：‘悲乎足下！’足下之言，将起于此。”

综上所述，这个故事源自晋文公和介子推（也写作“介之推”）。

春秋时期，晋国的公子重耳被逼逃亡国外十九年，颠沛流离，有时候在流亡路上实在没有食物可吃，只好吃野菜。侍从介子推看到这种情形，就不声不响地割下大腿上的一块肉，炖成一锅肉汤，端给重耳吃。

回到晋国之后，重耳当上了国君，即著名的晋文公。刚刚即位，晋文公就开始大行封赏，把逃难时期跟随自己的人都封了大官，这些人也毫无愧色地接受，介子推引以为耻，和母亲二人隐居到了今山西省介休市的绵山里面。

为了逼介子推出山，晋文公下令放火烧山，没想到介子推十分倔强，竟然抱着一棵树活活给烧死了。晋文公非常悲伤，抚摸着这棵树痛哭不止。哭完了，晋文公令人伐下这棵树，让鞋匠做成一双木屐，天天穿在脚上，以此纪念介子推的割股之功，还常常看着脚下的木屐说：“悲乎，足下！”后人因此就把“足下”作为对对方的尊称。

不过，在为《史记·秦始皇本纪》所作的集解中，南朝学者裴骃引述蔡邕的解释说：“群臣士庶相与言，曰殿下、阁下、足下、侍者、执事，皆谦类。”如此说来，“足下”之称意味着不敢直视对方，犹如说：我只敢盯着您的脚下说话。

东方朔《琐语》、刘敬叔《异苑》和殷芸《小说》都是小说家言，更原始的文献《左传》和《史记》中都没有介子推被烧死的记载。因此这个流传久远的故事很可能是杜撰出来的，蔡邕的解释则更为可信。但是不管怎样，“足下”的称谓却就此流传了下来，一直沿用到今天，不过更多是用在书面语或者书信之中。

更有趣的是，清明前一日或二日的寒食节竟然也跟这个莫须有的故事扯上了关系。东汉学者桓谭在《新论·离事》篇中写道："太原郡民，以隆冬不火食五日，虽有疾病缓急，犹不敢犯，为介子推故也。""火食"即吃熟食。这显然是太原郡所辖的介休一带的风俗。

《后汉书·周举传》中也有类似的记载："太原一郡，旧俗以介子推焚骸，有龙忌之禁。至其亡月，咸言神灵不乐举火，由是士民每冬中辄一月寒食，莫敢烟爨，老小不堪，岁多死者。举既到州，乃作吊书以置子推之庙，言盛冬去火，残损民命，非贤者之意，以宣示愚民，使还温食。于是众惑稍解，风俗颇革。"

所谓"龙忌"，"龙"指二十八星宿中的东方青龙七宿，其中的心宿二乃大火星，寒食禁火，故称"龙忌"。"爨（cuàn）"指烧火做饭。根据这则记载，可见东汉时的寒食节在盛冬季节，而且长达一月之久！这一陋俗周举革除之后，久经演变，才最后定型于春季，历代相沿。

不过，据《周礼》载，周代时已有禁火之制："中春，以木铎修火禁于国中。"用木铎警示众人实行火禁，这是因为仲春时节天干物燥的缘故。这才是寒食节的真正起源，晋人将之附会到介子推身上，无非是为了纪念他而已。

介子推的"割股之功"竟然一举敷衍出影响中国两千多年的两大事件——"足下"的敬辞、寒食节的民间习俗——真可以称得上前无古人后无来者！

李唐（1066—1150），字晞古，河阳三城（今河南孟县）人，北宋画院南渡而入南宋画院的画家，精于山水画和人物画。晋文公即重耳，晋献公之子，在位九年，为春秋五霸之一。

这幅长卷分为六段，采用连环绘图形式，描绘了晋文公被父亲放逐在外十九年，最后回国即位的故事。每段都有树石、车马、房屋作配景，并有宋高宗赵构手书的《左传》有关章节。人物各具情态，刻画生动。重耳出奔时，狐偃、赵衰、魏犨、介子推、先轸等随行。此图选取自第二段，重耳一行到郑国。重耳乘车，众臣环护随行，包括介子推，衣衫皆有风尘仆仆之感，脚下鞋履画得分明。

《晋文公复国图》局部，宋代李唐绘，绢本设色长卷，藏美国大都会艺术博物馆。

“孝子”原本不是指孝顺的儿子

在今天的语义中，“孝子”指孝顺的孩子，除此之外再无别的意思。但是这个词最古老的语义却不是这个意思，是孔子把“孝”的内涵扩大了。

《礼记·杂记上》篇中如此定义“孝子”：“祭，称孝子、孝孙；丧，称哀子、哀孙。”父亲或母亲刚去世的时候，非常哀痛，哭得上气不接下气，称作“哀子”；过了一段时间，哀痛慢慢减轻了，哭泣停止了，这时再祭奠去世的父亲或母亲，称作“孝子”。因此，“孝子”是祭奠的时候才使用的称谓。后来把居丧的男子一概称作“孝子”。由此可见，这个词的本义跟“孝顺”没有任何关系。读者也许会问：不孝顺干吗给父母守丧？道理很简单：在古代社会，父母死而不服丧，那是一种犯罪行为，要受到法律的惩罚。

后来从为父母服丧逐渐引申出了“孝顺”的词义。孔子在《论语·为政》篇中阐释了他心目中的“孝”：“无违”，不违背礼；“能养”，供养父母；“敬”，孝敬。孔子的定义也就是今天“孝子”的定义。值得注意的是，孔子所说的“无违”有两层含义：“生，事之以礼；死，葬之以礼，祭之以礼。”第二层意思就是“孝子”最本原的语义。

如果不了解“孝子”的本义，古书中的很多记载就看不懂。比如《世说新语·德行》载：“王仆射在江州，为殷、桓所逐，奔窜豫章，存亡未测。王绥在都，既忧戚在貌，居处饮食，每事有降。时人谓为‘试守孝子’。”

仆射王愉任江州刺史，被殷仲堪、桓玄驱逐，逃亡到了豫章，生死未知。他的儿子王绥在京都，听到消息后，便面容忧戚，起居饮食每一事都降低规格，当时人称他为“试守孝子”。

比如《宋书·后妃列传》载：宋后废帝刘昱性情残暴，“太后赐帝玉柄毛扇，帝嫌其毛柄不华，因此欲加鸩害，已令太医煮药，左右人止之曰：‘若行此事，官便应作孝子，岂复得出入狡狯？’帝曰：‘汝语大有理。’乃止”。要是真的把太后毒死了，刘昱就要做“孝子”为母亲守孝了，还怎能继续到处去游乐？

又比如《南史·周盘龙传》载：北魏和南齐争战，南齐将领成买出战前说：“若不杀贼，便为贼杀。弱息不为世子，便为孝子。”“弱息”是谦称自己的儿子，“世子”指高官贵族的子弟。

此处的“孝子”如果理解成“孝顺的儿子”就解释不通，因为紧接着成买又说：“孝子则门加素垩，世子则门施丹赭。”“素垩（è）”指涂饰墙壁的白土，门上涂白土，比喻服丧，自己如果战死，儿子就要做服丧的“孝子”；而世子则可以在门上涂赤赭色的涂料。

这几个例子使用的都是“孝子”最本原的语义。

《唐土廿四孝 王裒》，歌川国芳绘，1847年。

歌川国芳（1797—1861），号一勇斋、朝樱楼，是浮世绘歌川派晚期大师之一，以大胆的想象力与幽默感著称。

这是一组系列版画，绘制了由中国传入日本的《二十四孝》故事。这幅画的是“闻雷泣墓”，为《二十四孝》中第十六则，讲述了魏晋时孝子王裒的孝行：“王裒，字伟元，事亲至孝。母存日，性畏雷。既卒，葬于山林，每遇风雨闻雷，即奔墓所，拜泣告曰：裒在此，母勿惧。”诗曰：“慈母怕闻雷，冰魂宿夜台。阿香时一震，到墓绕千回。”

国内《二十四孝》图一般画王裒在墓前拜泣的情景，歌川国芳却重点描绘天雷滚滚的可怖画面。电闪雷鸣，如有实质，其下王裒慌乱朝墓地奔走，帽子都飞掉了。但王裒穿红着绿，放到中国就未免有违孝子之意了。

唐土廿四孝
王裒
種員謹記
十七
一勇斎國芳

“千金”本来是比喻男孩子

“千金”本来是一个敬辞，过去只能敬称别人家的娇女为“千金”，可是如今连自己家的娇女竟然都敢称为“千金”了！“千金小姐”特指未婚女子，女子结婚之后，身价立马缩水，不能再被称为“千金”了。

“金”是古代的货币单位，秦始皇统一六国之后，也统一了币制，规定货币分为两种：黄金为上币，计量单位为“镒（yì）”，一镒等于二十两或者二十四两；铜为下币。但是古人却不用“镒”或“两”来称呼货币，而是用“金”称呼，比如“马一匹百金”之类。汉代以一斤黄金为一金。《史记·项羽本纪》载：“项王乃曰：‘吾闻汉购我头千金，邑万户。’”项羽的头值一千斤黄金，可见有多贵重。后来“千金”就引申为贵重的意思，比如“千金之子”即指富贵人家的子孙。与之类似，“千金”作为对人的称谓，最早也是指男孩子，而不是女孩子。

“千金”一词出自《梁书·谢朏传》。南朝梁的著名文学家谢朏（fěi），字敬冲，陈郡阳夏（今河南太康）人，谢庄的儿子。谢朏小时候非常聪明，谢庄很喜欢这个儿子，常常让他跟随左右，外出游玩时也带上他。谢朏十岁就能写一手好文章，有一次谢庄带着他去土山游玩，让谢朏写一篇命题作文，谢朏拿过笔来一气呵成，谢庄看了之后，不由得大喜过望。谢庄的朋友王景文对谢庄说：“贤子足称神童，复为后来特达。”“庄笑，因抚朏背曰：‘真吾家千金。’”真是我家的千金啊！

那时南朝的宋代还没有被齐、梁两个朝代取代，谢朏的名声甚至传到了宋孝武帝的耳朵里。有一次宋孝武帝去姑苏（苏州）游玩，特意命谢庄带上谢朓一起前往，并让谢朓写一篇命题作文《洞井赞》，谢朓随随便便就写完了，宋孝武帝看完之后感叹道："虽小，奇童也。"后来，谢朓果然成了著名文学家，官至尚书令。

稍后的《南史·谢朓传》也有类似记载。从此之后，"千金"这个比喻就流传了下来，但是专指男孩子。

到了元代，"千金"这一称谓方才和"小姐"组合在一起，用来敬称富贵人家的女孩子。比如张国宾所作《薛仁贵荣归故里》一剧中说道："小姐也，我则是个庶民百姓之女，你乃是官宦人家的千金小姐，请自稳便。"显然，在张国宾写作此剧之前，民间已经改换了"千金"一词的原始含义，而用来指称女孩子了，张国宾只是在剧中使用了"千金小姐"这一称谓而已。今天，"千金"一词的含义早已固定下来，专指未婚女子。

李千金月下花前
徽李息斋笔

《元曲选》插图『薛仁贵荣归故里』『李千金月下花前』，明代臧懋循编，明万历刊本。

两幅图分别描绘了两部杂剧。

右图是“三箭成功定太平，官加元帅镇边庭”，投军十年的薛仁贵衣锦而归。薛仁贵有二妻，一个是英国公之女，名副其实的千金小姐，另一个是糟糠之妻农户女。“这一个村庄妇，曾举案齐眉；那一个官宦女，似锦上添花”，后并封辽国夫人。

左图是杂剧《墙头马上》插图。该剧讲述尚书之子裴少俊奉命到洛阳购买花苗，巧遇总管之女李千金，二人一见钟情，私定终身，历经波折终于夫妻团圆。李千金以“千金”为名，既有大家闺秀的一面，又有市井女子的大胆泼辣，是一位十分精彩的“千金”。

“禁脔”原来专指皇帝的女婿

“禁脔”这个词，今天用来比喻那些独自占有而不容别人分享、染指的东西。鲜为人知的是，这个词竟然是皇帝女婿的专用称谓！

“脔（luán）”是什么东西？既然从肉，那么一定跟肉有关系。《说文解字》：“脔，臞也……一曰，切肉脔也。”“臞（qú）”是少肉之意；“肉脔”即切好的肉块，不过这种肉块比较小，正符合“臞”少肉的定义。

“禁脔”的称谓最早出自《世说新语·排调》：“孝武属王珣求女婿，曰：‘王敦、桓温，磊砢之流，既不可复得，且小如意，亦好豫人家事，酷非所须。正如真长、子敬比，最佳。’珣举谢混。后袁山松欲拟谢婚，王曰：‘卿莫近禁脔！’”

王珣，东晋大臣；王敦，东晋初的权臣，娶开国皇帝晋武帝司马炎的女儿襄城公主为妻；桓温，东晋初的权臣，娶晋明帝司马绍的女儿南康公主为妻；磊砢（luǒ），形容人才能卓越；真长，东晋名士刘惔（dàn）字真长，娶晋明帝的女儿庐陵公主为妻；子敬，东晋书法家王献之字子敬，娶东晋简文帝司马昱（yù）的女儿新安公主为妻；谢混，东晋大臣、诗人，号称“风华江左第一”；袁山松，吴郡太守。

这个故事讲的是：晋孝武帝司马曜（yào）嘱托王珣为晋陵公主寻找合适的女婿，说：“王敦和桓温都是才能卓越的人物，不可能再找得到了，而且这种人稍为得意，就喜欢干预别人的家事，绝不是我所需要的人。正像刘惔和王献之这样的人最合适。”于是王珣推荐了谢混。不料婚事还没有成，孝武帝就驾崩了。此后不久，袁山松也看上了谢混，打算把女儿嫁给他，正巧也来征求王珣的意见，王珣嘲谑地说："你不要靠近禁脔！"

那么，王珣为什么会将谢混比作晋孝武帝的"禁脔"呢？《晋书·谢混传》同样记载了这个故事，并解释了这一称谓的原委："初，元帝始镇建业，公私窘罄，每得一豚，以为珍膳，项上一脔尤美，辄以荐帝，群下未尝敢食，于时呼为'禁脔'，故珣因以为戏。"

司马睿是东晋的开国皇帝，西晋灭亡后，他在建业称帝，即晋元帝，改建业为建康（今南京）。国家初建，百废待兴，人们的生活水平极低，连皇帝和大臣们都很少能够吃到肉。每次得到一头小猪，大臣们就把小猪脖子下最肥美的一块献给晋元帝，当时人称之为"禁脔"，即专供皇帝食用的部分，王珣因此以之戏呼谢混为晋孝武帝的心爱之物，旁人不得染指。

"禁脔"如此之肥美，以至于苏东坡在《老饕赋》中情不自禁地流着口水吟咏道："尝项上之一脔，嚼霜前之两螯。"将小猪脖子下那块最肥美的"禁脔"同霜前螃蟹的一对大钳子似的脚相提并论。

谢混后来果然娶了晋陵公主为妻。从此之后，"禁脔"就成为皇帝女婿的专用称谓。晚唐诗人孙元晏在咏史诗中如此吟咏谢混："尚主当初偶未成，此时谁合更关情。可怜谢混风华在，千古翻传禁脔名。"吟咏的就是谢混的这段故事。

唐代学者刘知几在《史通·杂说》中写道："江左皇族，水乡庶姓，若司马、刘、萧、韩、王，或出于亡命，或起自俘囚，一诣桑乾，皆成禁脔。"根据《魏书》的记载，司马、刘、萧、韩、王诸家族降北魏后，家族中的子弟很多都娶了公主，因此皆称"禁脔"。北魏曾迁都平城（今山西大同），桑乾河绕城而过，"一诣桑乾"即指归顺北魏。

唐人张垍（jì）所著《控鹤监秘记》曾记载过一则关于武则天的"禁脔"

故事："天后命将作大匠于峡石为昌宗造园，屋舍皆黄金涂，白玉为阶。后爇奇香，拥真珠帐，幸昌宗。昌宗醉眠，阴软，后与为戏，拉茎上皮覆阴头，头棱高，皮格格不上，俄而挺然，根虽弩健，而头肉肥厚，如绵毬成团，色若芙蓉，捻之类无精管者。后叹曰：'使人之意也消。'婉儿心动，裙下皆湿，不觉手近昌宗。后大怒，取金刀插其髻，曰：'汝敢近禁脔，罪当死！'六郎为哀求，始免，然额有伤痕，故于宫中常戴花钿也。"

张昌宗是武则天的男宠，上官婉儿则是武则天最宠幸的女官。"爇（ruò）"，燃烧。燃奇香而幸昌宗，真是香艳之极。不过上官婉儿被武则天这一刺，虽然经张昌宗求情保住了性命，但额头上却留下了伤痕，于是戴花钿遮掩。"花钿"是用珠玉制成的花形首饰，又称"花子"。唐代博物学家段成式在《酉阳杂俎》中说："今妇人面饰用花子，起自昭容上官氏所制，以掩点迹。"

武则天贵为女皇，非但不按照传统规矩称女婿为"禁脔"，竟然还拿这个皇家的专用称谓来称呼自己的面首！不过谁让她是中国历史上唯一的女皇帝呢，只好作为特例。而上官婉儿胆敢"近禁脔"，虽未得逞，却为中国妇女发明了一种新奇的面饰，亦不失为一桩美谈。

《百美新咏图传》之『武则天像』『上官昭容像』，清代颜希源编，王翙绘图，嘉庆刊本。

《百美新咏图传》图文并茂，收录西施、王昭君、赵飞燕等百位历代名媛的小传及袁枚等学者的咏词，并由当时曾供奉清宫内廷的著名画师王翙追写其容，线条连绵有致，颇传其神，是一部集图像、传记、诗词及书法于一体的文学瑰宝。

武则天盛装，衣饰繁复，作顾盼状，姿态端严。上官婉儿正在评量诗句，随手将不满意的诗笺丢下，随风飘荡。唐中宗时，上官婉儿设立修文馆，广召当朝词学之臣，主持风雅，与学士争务华藻，对文人提拔奖掖。清代陆昶称“昭容才思鲜艳，笔气舒爽，有名士之风”。正史多指责她与武三思、崔湜通奸，但无确凿记载，恐多属臆测。

衣食·住行

“充耳不闻”的“充耳”原来是耳塞

“充耳不闻”这个成语，字面意思是塞住耳朵不听，形容专心致志以至于什么声音都听不见，或者形容故意听不见因而拒绝听取别人的意见。但是鲜为人知的是，“充耳”竟然是古时候耳塞的称谓！

《诗经·国风·淇奥》是卫地赞美男子的诗篇，其中吟咏道：“有匪君子，充耳琇莹，会弁如星。”《毛传》解释说：“充耳谓之瑱。琇莹，美石也。天子玉瑱，诸侯以石。”“瑱（tiàn）”，美玉，用丝带佩在冠冕两旁，下垂到两耳之侧，作用是塞住耳朵避听，故又称“塞耳”。按照礼制，瑱为天子所用，诸侯则用美石，即琇莹。“弁（biàn）”是帽子，“会弁如星”是指帽子的接缝处也镶嵌着美丽的宝石，像星星一样闪闪发亮。这几句诗极言君子服饰之盛。

《诗经·国风·旄丘》是邶地民歌，其中吟咏道：“叔兮伯兮，褎如充耳。”“褎（yòu）”，服饰华美的样子。《毛传》解释说：“褎，盛服也；充耳，盛饰也。大夫褎然有尊盛之服而不能称也。”这句诗是讽刺叔伯虽然衣衫和耳饰华美，但是德行却不能与之相称，正如郑玄所说：“如见塞耳，无闻知也。人之耳聋，恒多笑而已。”这已经是引申义了。

荀子在《礼论》篇中描述人死后的礼仪，其中写道：“充耳而设瑱，饭以生稻，唅以槁骨，反生术矣。”古时，人死后要在其口中填满一些东西，这叫“饭唅”，根据地位高低而不同。荀子描述的显然是士阶层以上的贵族等级：用瑱塞到耳朵里，口中含有生稻和槁骨，“槁（gǎo）”骨就是贝类。

所谓“反生术矣”，是指这样的装饰是模仿他生前的装饰而来，可见这位贵族生前也是“充耳而设瑱”。

“充耳”本来是天子和贵族的玉耳塞，一则起装饰作用，二则在必要的时候塞耳避听，但这些位于等级制顶端的人物往往“褎如充耳”，徒然有服饰之盛，德行却不相配，因此在《旄丘》一诗中，“充耳”就用来讽刺这些大人物塞住耳朵装耳聋。后人早已不懂得“充耳”本来叫“塞耳”，是塞住耳朵的玉耳塞，于是自作聪明地又给加上了“不闻”二字，变成了今天常常使用的“充耳不闻”这一成语，殊不知却是画蛇添足之举。古人用词、达意之简洁，殆非后人所能想象，此为一极好的例证。

《历代帝王图卷》（摹本）之『光武皇帝刘秀像』，唐代阎立本绘，绢本设色，藏美国波士顿美术馆。

史传阎立本善图画，工于写真，凡画人物、冠冕、车服皆神妙。此图中光武帝居中，身材比例约为四头身，着冕服，突出首部，两侍从左右陪衬。在宽松的衣褶处大多施有朱红色晕染，以显示其高低凹凸阴影之感，这就是著名的“凹凸晕染法”。细看刘秀头上所戴冕板，前后各一挂玉旒，长长缨带从两侧垂至腰下，另外冕冠两侧各有一根“纨”，长度正好垂在耳际，下挂“瑱”，这就是所谓“充耳”了。《诗经·卫风·淇奥》赞美卫国一位有才华的君子：“有匪君子，充耳琇莹。”有这样一位君子，他耳边垂挂的玉石充耳多么晶莹。看来用作装饰的话，佩戴充耳与女子佩戴耳坠的效果相仿佛。

“平头百姓”的“平头”原来指一种头巾

“平头百姓”就是指普通百姓。何谓“平头”？“平头”可不是指理发的平头发式。一般的辞典都解释为平等，“平头百姓”即平等的百姓，但“平头”和平等为什么可以等同起来，却又没有更多的解释。况且，男女老少，高矮不等，也不能用齐平的头这样的景象来加以形容。

其实，“平头”乃是一种裹头的头巾，这种头巾至迟到南北朝时期就已经成为巾带制度的一种常服了，而且属仆役专用。梁武帝萧衍有一首《河中之水歌》，收录于《乐府诗集·杂歌谣辞》，全诗为：“河中之水向东流，洛阳女儿名莫愁。莫愁十三能织绮，十四采桑南陌头。十五嫁于卢家妇，十六生儿字阿侯。卢家兰室桂为梁，中有郁金苏合香。头上金钗十二行，足下丝履五文章。珊瑚挂镜烂生光，平头奴子擎履箱。人生富贵何所望，恨不嫁与东家王。”

中国古代把头上戴的东西称作“头衣”，共分四种：冠，冕，弁，帻。前三种是士以上阶层的男子所戴，庶民只能戴“帻（zé）”，这些头衣都是直接戴在头上的。东汉学者蔡邕在《独断》中说：“王莽无发乃施巾。”王莽因为发秃，因此才开始用头巾包头，此后就成为常制，不分官民，都要用头巾裹发，然后再戴上各自等级的帽子。

梁武帝诗中的“平头奴子”之所谓“平头”，即隋唐时期所称的“平头小样巾”。《旧唐书·舆服志》记载了唐代头巾制度的变迁：“武德已来，始有巾子，文官名流，上平头小样者。则天朝，贵臣内赐高头巾子，呼为武家诸王样。中宗景龙四年三月，因内宴赐宰臣已下内样巾子。开元已来，文官士伍多以紫皂官绝（shī，绢）为头巾、平头巾子，相效为雅制。玄宗开元十九年十月，赐供奉官及诸司长官罗头巾及官样巾子，迄今服之也。”

“平头小样巾”是最先流行的头巾，因为只是帽子里面的衬巾，故称“小样”，即小型的帽子；头巾的作用是从前往后把头发裹起来，故称“平头”，意思是与头齐平。因此，“平头小样巾”的样式呈扁平状，而且发髻不分瓣。从武则天之后，头巾的样式越来越高，所谓“高头巾子”“内样巾子”“官样巾子”，不仅高，而且发髻分为左右两瓣，一直到明代发展成高高的乌纱帽。

据《新唐书·车服志》载：“幞头起于后周，便武事者也。”从后周开始，衬巾外面戴的帽子称作“幞（fú）头”或“襆头”，这是一种丝绢裁成的四根带子的方巾，两带系于脑后，两带系于下巴，打仗时方便。唐代承平已久，不仅衬巾的样式越来越高，而且衬巾外面的幞头也越来越高，甚至还出现了“硬脚”的样式，即四脚挺直的头巾。到了宋代，又将四根带子省减为两根，取其方便而已。

这就是中国古代衬巾和幞头的变迁史。据《新唐书·车服志》载：“文官又有平头小样巾，百官常服，同于庶人。”“平头小样巾”本来是南北朝时期仆役所服，到了唐代，也成为百官的常服，就是因为便利的缘故。但正如以上所述，当百官的衬巾变得越来越高之后，“平头小样巾”遂成为只有平民百姓才佩戴的日常头衣，“平头百姓”的称谓即由此而来。

《货郎图》，旧传北宋苏汉臣绘，立轴绢本设色，藏台北故宫博物院。

苏汉臣（1094—1172），北宋画家，擅长画佛像及人物，尤擅童婴，传世作品有《秋庭戏婴图》《杂技戏孩图》等。

宋代百姓所戴幞头巾子常是两条带上举，称为“折上巾”或“交脚幞头”，而画中货郎戴的幞头大约是另一种流行式样，两根带子系在前面，另两根带子系在后面。他正向围拢的儿童比画着什么，巾带散开，四下飞舞。身着短褐，交领束带，脚下是一双皂靴，靴筒里似还插有刀具，他身上累累挂着背着些葫芦之类，货架子上琳琅满目，吃的穿的玩的用的无所不有，细看能找到幞头、头巾、帽子等日常服饰配件。画面活泼动感，细腻写实，设色鲜润，似揭开热闹的市井风俗一角。

“在下”竟然是裹腿布

“在下”是一个直到今天还在使用的自谦之词，但这个词的词源却从未搞清楚过。大部分辞典都解释为古时饮宴等场合的坐席，尊者在上，卑者在下，故用作自谦。有的辞典则解释为“称自己处于下贱的职位”。这些解释都缺乏有力的文献支持，要么属于臆测，要么属于引申义。

其实，“在下”一词出自《诗经》，而且跟古人的一种服饰密切相关。

《诗经·小雅·采菽》是一首赞美诸侯来朝之诗。*

采菽采菽，筐之莒之。君子来朝，何锡予之？虽无予之，路车乘马。又何予之？玄衮及黼。

采了大豆，用筐筥把它盛住。君子来朝，用什么东西赏赐给他们呢？虽然没有赏赐，但是已经给过路车乘马了。另外还给有什么呢？还给过他们以玄衮（gǔn）与黼（fǔ）裳。

觱沸槛泉，言采其芹。君子来朝，言观其旂。其旂淠淠，鸾声嘒嘒。载骖载驷，君子所届。

在涌腾的泉水那边，可以采取芹菜。在君子来朝的时候，可以看见他

* 为便于读者朋友理解“在下”一词的语意，谨将全诗录于下，每节后面的白话译文出自台湾学者马持盈先生所著《诗经今注今译》，为节省篇幅，疑难字词不再另外注释。

们的旗帜。他们的旗帜，淠淠（pèi）的飘动，铃声和谐而合拍。及至看见了两服两骖（cān）的马车，君子便到了。

赤芾在股，邪幅在下。彼交匪纾，天子所予。乐只君子，天子命之。乐只君子，福禄申之。

赤芾蔽于膝股，布幅斜缠着下腿，束扎得紧紧整整的，不敢有一点松懈，因为这些饰物，是天子所赏赐的。和乐的君子，是天子所命令的。和乐的君子，承受了多多的福禄。

维柞之枝，其叶蓬蓬。乐只君子，殿天子之邦。乐只君子，万福攸同。平平左右，亦是率从。

柞树的枝叶，很是茂盛。和乐的君子，能够镇守天子的邦国。和乐的君子，为万福之所同聚。他的左右的干部，也都有治事的才具，恪尽职责。

汎汎杨舟，绋纚维之。乐只君子，天子葵之。乐只君子，福禄膍之。优哉游哉，亦是戾矣。

那飘浮的杨舟，有绋纚（fú lí）来维系。和乐的君子，有天子来节制。和乐的君子，有优厚的福禄。优哉游哉，可算是极人世之幸福了。

此诗的第三章铺排了诸侯朝见天子时的情景："赤芾在股，邪幅在下。彼交匪纾，天子所予。乐只君子，天子命之。乐只君子，福禄申之。"

"芾"通"韨（fú）"，熟皮制成，用于祭祀、朝见等隆重场合，遮在礼服的膝前，故又称"蔽膝"。红色的蔽膝即"赤芾"，乃大夫以上所服，再细分的话，"天子纯朱，诸侯黄朱"。《毛传》称"大夫以上，赤芾乘轩"，

《采菽》一诗中诸侯朝见天子而“赤芾在股”，就是这种礼仪的生动呈现。

“邪”通“斜”，古人用一块布斜着裹在小腿上，这就叫“邪幅”。《毛传》：“邪幅，偪也，偪所以自偪束也。”“邪幅”又称“偪（bī）”，取其紧裹在小腿上，逼束之意。郑玄进一步注解说：“邪幅，如今行縢也，偪束其胫，自足至膝，故曰在下。”汉代时称“行縢（téng）”，也就是后世所说的裹脚布，紧紧裹着脚，以便于腾跳，故称“行縢”。

“在下”一词即出自“邪幅在下”。郑玄说：“彼与人交接，自偪束如此，则非有解怠纾缓之心，天子以是故赐予之。”这是说诸侯与人交接之际，深自约束自己，一切都要按照礼制来行事，不能逾礼，治理政事的时候也就不会有懈怠舒缓之心，因此天子才会赐予“赤芾”和“邪幅”，“彼交匪纾，天子所予”就是这个意思。“在下”因此引申为人际交往时的谦辞，其实本义是像紧紧的裹腿布一样，逼束自己依礼行事，不能失礼。

这就是“在下”这一谦称的词源，后人将其外延扩大，任何人都可自称“在下”，但是天子赏赐诸侯“邪幅在下”的这一礼仪却早已不为人所知了，以至于竟然被今人误解为坐席的尊卑之次，真是令人浩叹！不过由此也可以看出，古人重视礼仪一至于此，是今人所不可想象的。

《慈悲藏 坂东重太郎》(『慈悲藏 坂東重太郎』)，歌川丰国绘，1817年。

歌川丰国（歌川豊國，1769—1825）是歌川派画师，擅长“役者绘”和美人画。这是一幅“役者绘”，即歌舞伎演员画像。画中是江户时代的役者坂东重太郎，上演的剧目是著名的《本朝廿四孝》中的段落，重太郎扮演的角色是“慈悲藏”。《本朝廿四孝》搬演的是日本战国时期武田信玄与上杉谦信之间的故事。日语中也有“行縢 / 行騰”这个词，意思是外出远行、旅行或狩猎时裹在双腿上的布帛或毛皮，尤其是武士骑马远行的必需装备。时逢冬雪，重太郎腿上裹着淡青色“行縢”，足登草鞋，正挥舞手中器械（似是一柄锄头），看起来利落夸张。

“体无完肤”原来是形容身上的刺青

“体无完肤”，遍体上下没有一处完好的皮肤。这个成语的意思从字面上就看得清清楚楚，而且人们多理解为此乃古代酷刑所致，但事实上并非如此。

据《三国志·魏书·邓艾传》载，魏国杰出将领邓艾和其子邓忠灭蜀，师纂是其部将。邓艾居功自傲，野心家钟会趁机向司马昭进谗言，导致邓艾父子被杀。裴松之注引《世语》曰：“师纂亦与艾俱死。纂性急少恩，死之日体无完皮。”“性急少恩”，这是形容师纂性格暴躁，对下刻薄寡恩，因此行刑前遭到士卒报复，施以酷刑，以至于“体无完皮”。

从唐代开始，“体无完皮”变化为“体无完肤”，含义却迥然不同。

唐人段成式所著《酉阳杂俎》卷八有“黥”这一条目，“黥（qíng）”本是古代一种肉刑，在犯人脸上刻字，用墨涂黑，以防止犯人逃跑，后来引申把人体上的刺青也称为“黥”。这一条目记载的全是各种各样的人体刺青，其中“体无完肤”一词凡两见。

“荆州街子葛清，勇不肤挠，自颈已下，遍刺白居易舍人诗。成式常与荆客陈至呼观之，令其自解，背上亦能暗记。反手指其劄处，至‘不是此花偏爱菊’，则有一人持杯临菊丛；又‘黄夹缬林寒有叶’，则指一树，树上挂缬，缬窠锁胜绝细。凡刻三十余处，首体无完肤，陈至呼为‘白舍人行诗图’也。”

“街子”即街卒，掌管街道治安、扫除等事的差役；“肤挠”指肌肤被刺而屈服；“劄（zhā）”，针刺。唐代真是一个不可思议的时代，连一个街卒都对白居易的诗爱不释手，竟至于将白诗浑身刺青、“首体无完肤”的地步！

“杨虞卿为京兆尹，时市里有三王子，力能揭巨石，遍身图刺，体无完肤。前后合抵死数四，皆匿军以免。一日有过，杨令五百人捕获，闭门杖杀之，判云：‘錾刺四支，只称王子，何须讯问，便合当辜。’”

“錾（zàn）”，雕刻。杨虞卿在唐文宗时任京兆尹，即京师的最高长官，他杀三王子的判词非常有趣：四肢刺青就能称“王子”，还用讯问什么，一定有罪！

这就是“体无完肤”这个成语的原始含义，指浑身上下没有一处皮肤不刺青。不过，后人使用这个成语的时候，又返回到“体无完皮”的最初形态，用来形容酷刑所致的后果。随着肉刑的消亡，今天的“体无完肤”一词只用于比喻，比如辩论时被驳得体无完肤，或者文章被删改得体无完肤，等等。

《通俗水浒传豪杰百八人之一个 浪子燕青》（『通俗水滸伝豪傑百八人之一個 浪子燕青』），歌川国芳绘，约1827—1830年，『武者绘』。

燕青自幼孤苦，流浪街头，被卢俊义带回家中收为家仆，虽为家仆，却极得卢俊义宠爱。书中写道："为见他一身雪练也似白肉，卢员外叫一个高手匠人，与他刺了这身遍体花绣，却似玉亭柱上铺着软翠。若赛锦体，由你是谁，都输与他。"泰山争交一段，他甫一脱衣，万众喝彩，连那贪官也起了爱才之意。

国芳笔下的燕青伸展裸身以整个背部面对观者，一脚踩着被征服的敌人擎天柱的脸，两手扛起巨柱，虽然脸容清秀，但显得十分孔武有力。画面聚焦于背部刺青，周遭浓重花纹与之呼应。肌肉线条与花绣共同表现出燕青的力与美。相比之下，明末清初陈洪绶的版画纸牌《水浒叶子》中的燕青，却是一身得体华服，簪花，吹笛，一派儒雅，花绣一丝不露，"体有完肤"极了。

浪子燕青
一勇齋

“抓髻”原来是“髽髻”之误

清末刘鹗所著的著名小说《老残游记》第二回“历山山下古帝遗踪 明湖湖边美人绝调”中，如此描写唱曲的黑妞：“停了数分钟时，帘子里面出来一个姑娘，约有十六七岁，长长鸭蛋脸儿，梳了一个抓髻，戴了一副银耳环，穿了一件蓝布外褂儿，一条蓝布裤子，都是黑布镶滚的。”

“抓髻”今天仍然很流行，但主要是小女孩儿所梳，头发上拢，绾在头顶或两旁，如果梳两髻，也称“双抓髻”。为何称“抓”？有的辞典解释为形如握拳，但其实这是逆向推理所得的解释，因为称“抓”，才释为像抓拳。

原来，“抓髻”乃是“髽髻”的误写。“髽（zhuā）”是一种非常古老的发式，《说文解字》：“髽，丧结。”办丧事时所结的发式。据《左传·襄公四年》载，这一发式起源于鲁国：“冬十月，邾人、莒人伐鄫。臧纥救鄫，侵邾，败于狐骀。国人逆丧者皆髽，鲁于是乎始髽。”

这一年冬十月，邾人、莒人征伐鲁国的附属国鄫国，鲁国大夫臧孙纥率兵救援，侵入邾国境内，结果在狐骀这个地方打了败仗，回国后，阵亡将士的家属和有关官员迎丧时都结成“髽”这种发式。杜预注解说：“髽，麻发合结也。遭丧者多，故不能备凶服，髽而已。”用麻布编发而成髻。因为死者太多，来不及备办丧服，就用这种可以就地取材的简易方式迎丧，此后即成为定例。

从这一记载也可看出，迎丧者不仅女人，而且男人也“髽”。为什么这样说呢？因为按照《礼记·丧服小记》的规定，“髽”为妇人之发式：“为男子则免，为妇人则髽。”“免”在这里读 wèn，男子摘去帽子；“括发”，把头发束起来，用麻布缠头，今天还能够看到这种戴孝的样式。妇人之“髽”则有三种形式：一是“麻髽”，用麻和头发各半相结；二是“布髽”，用宽布屈折缠发于额头上；第三种称“露紒髽”，“紒（jì）”是束发之意，“露紒髽”指不用束发之物，不用簪子，仅仅用麻结发。

鲁国之所以“国人逆丧者皆髽”，还是因为死者太多的缘故，但“髽”乃是妇人服丧时的发式，权且用之而已。

《仪礼·丧服》篇中又规定：“女子子在室为父，布总，箭笄，髽，衰，三年。”“在室”指已经许配人家但尚未出嫁；“总”是束发之意，“布总”即用布束发；“箭笄”指竹制的簪子；“衰（cuī）”是用粗麻布制成的毛边丧服。

这段话讲的是尚未出嫁的女子为父亲服丧时的礼制规定，因此后来就把未婚女子所梳的“髽”称作“髽髻”，并不专指服丧的发式了。“髽”字过于难写，于是顺理成章地，更易写易认的“抓”取代了“髽”，“髽髻”这一古雅的称谓从此就让位于“抓髻”，而这种发式所包含的古老含义也就再不为人所知了。

《汉钟离像》局部，明代赵麒绘，绢本设色，藏美国克里夫兰艺术博物馆。

赵麒，画史无传，生平不详。明代画家曾创作许多道释画，“八仙”是当时道教画最风行的题材。钟离权，姓钟离，名权，字云房，一字寂道，号正阳子，又号和谷子，汉咸阳人，吕纯阳之师，道教八仙之一，全真道五阳祖师之一。因原型为东汉大将，故又被称作汉钟离。他身长八尺，道成，束双髽髻，衣槲叶，自称“天下都散汉钟离权”（意为“我钟离权乃是天下最大闲散之人”），在八仙中名气仅次于铁拐李。他样貌魁梧，着青色道袍，“丫头坦腹，手摇棕扇自若，赤面伟体，龙眼虬髯”。此图绘汉钟离于波浪翻滚的海面，衣裳潇洒，笔致诙谐，特征明显，尤其一双“龙眼”十分突出，惟头上的双“髽髻”小得有点滑稽。驻颜有术，蓄发无门乎？

“愁眉”竟然是女子美丽的眉妆

汉语词汇库中有愁眉苦脸、愁眉不展、愁眉泪眼、愁眉蹙额、愁容惨淡等等形容忧愁表现在脸上的成语或词汇。不过，在中古之前，“愁”字从来没有用于直接形容面部表情的忧愁，这和“愁”从心的造字法相一致，形容的是“心”中忧愁。

魏晋南北朝以迄隋唐的中古时期，“愁”字开始作为面部表情的修饰，最早的就是“愁眉”一词。今天的各种辞典都把“愁眉”解释为眉头紧皱或者紧锁，这一解释固然不错，但是我们知道，眉头即眉尖，是指双眉中间的部分，紧皱或者紧锁的只能是这个部位，而不是两条眉毛。“愁”既然用来修饰“眉”，最初修饰的当然就是两条眉毛，那么，到底什么才叫作“愁眉”呢？

鲜为人知的是，“愁眉”这个词的语源，竟然是指女子的眉妆，而且还是一种非常美丽的眉妆！

东晋干宝所著《搜神记》中完整地记载了“愁眉”这种眉妆：“汉桓帝元嘉中，京都妇女作愁眉、啼妆、堕马髻、折腰步、龋齿笑。愁眉者，细而曲折。啼妆者，薄拭目下，若啼处。堕马髻者，作一边。折腰步者，足不在下体。龋齿笑者，若齿痛，乐不欣欣。始自大将军梁冀妻孙寿所为，京都翕然，诸夏效之。天戒若曰：‘兵马将往收捕，妇女忧愁，踧眉啼哭，吏卒掣顿，折其腰脊，令髻邪倾，虽强语笑，无复气味也。’到延熹二年，冀举宗合诛。”

《后汉书·五行志》在重复了上述记载后评价道："此近服妖也。"古人把奇装异服和怪异的妆饰视为"服妖"。"啼妆"指用粉在眼睛下面薄薄地涂拭一层，看起来就像啼痕；"堕马髻"也称"坠马髻"，将发髻偏于一侧，就像骑马时从一侧坠落的样子；"折腰步"是形容走路时腰肢扭捏，好像双脚撑不住身体一样；"龋齿笑"是故意模仿牙痛而笑的样子。

这些妆饰的发明者乃是东汉外戚、权臣梁冀的妻子孙寿，《后汉书》形容她"色美而善为妖态"。汉桓帝延熹二年（159），梁冀全族被诛，因此干宝将孙寿的这些妖态发明称为"天戒"，上天的警诫。

至于"愁眉"，李贤注引《风俗通》的解释："愁眉者，细而曲折。"这个解释很奇怪，干宝明明说梁冀家族被捕的时候"妇女忧愁"，对应"愁眉"的谶语，但是"细而曲折"的眉妆跟忧愁有什么关系呢？

原来，"愁眉"之"愁"，和忧愁毫无关系！

我们来看看《礼记·乡饮酒义》中关于"愁"字的描述："西方者秋，秋之为言愁也，愁之以时察，守义者也。"在五行体系中，西方是秋天的位置，秋天万物肃杀，因此要体察时令，这就叫守义（守节）。郑玄注解说："愁，读为'揫'，揫，敛也。""愁"通"揫（jiū）"，聚敛、收敛之意，秋天是收敛的季节，紧接着冬天就是蛰伏的季节，此之谓"秋收冬藏"。

西汉学者扬雄在《方言》一书中写道："敛物而细谓之揫。"凡物体收缩则为小为细，因此，"愁眉"实为"揫眉"，样式乃是剃去多余的眉毛，眉梢上勾，眉形细而曲折。这就是"愁眉"的来历，直到唐代仍然流行，白居易有诗"风流夸堕髻，时世斗愁眉"，权德舆有诗"丛鬓愁眉时势新，初笄绝代北方人"，牛峤有诗"绿云鬓上飞金雀，愁眉敛翠春烟薄"，吟咏的都是这种眉妆，哪里有半点忧愁的意思！

干宝虽然知道"愁眉者，细而曲折"的样式，但却没有深究"细而曲折”的眉妆与忧愁能扯上什么关系，因而妄作解语，将“愁眉”望文生义地解释作“妇女忧愁”，从而开启了忧愁之“愁”修饰面部表情的先河，“愁眉”也就顺理成章地用来形容眉头紧皱的忧愁之态，真是可惜了这种美丽的眉妆！

喜多川歌麿（1753—1806），浮世绘三大家之一，擅长美人画，“大首绘”创始人。

《妇人相学拾体》系列美人画观察描绘了十种女子日常情态。喜多川歌麿最擅长捕捉描摹不同性格、身份的女子流露出的各样风情意态。这幅画的是一个正在修饰眉毛的女子。她对着镜子，把脸侧过来，一手扶额，一手拿剃刀小心地修理眉形，红唇微张，可能因为专心，或有点疼痛，舌尖轻吐。

浮世绘师笔下的美人都把眉毛修得弯弯细细，黑而浓。歌麿喜欢画女子面部特写，他的美人眉毛更加清晰真切，眉梢略扬，也许同中国历史上的“愁眉妆”有几分相似？江户时代，未婚女子才需要修眉画眉，已婚女子会直接剃光眉毛（以及染黑牙齿），这属于现代人难以理解的审美吧。

《妇人相学拾体 修眉》（『婦人相学拾躰 眉そり』），喜多川歌麿绘，约1802—1803年。

婦人相學拾躰
觀相歌麿

“秀眉”本来是形容老年男性的长眉

今天称赞女人秀美的眉毛为“秀眉”，如果一个男人胆敢声称自己的眉毛为“秀眉”，他一定会遭到耻笑。殊不知这个称谓在古代绝不能用来称呼女人的眉毛，只能用来称呼老年男性的眉毛。

《诗经·小雅·南山有台》是一首颂德祝寿的宴饮诗，其中有“乐只君子，遐不眉寿”的诗句。《毛传》：“眉寿，秀眉也。”《诗经》中屡屡出现“眉寿”一词，比如《七月》：“十月获稻，为此春酒，以介眉寿。”《毛传》：“眉寿，豪眉也。”孔颖达进一步解释说：“人年老者，必有豪毛秀出者，故知眉谓豪眉也。”据此则“秀眉”等同于“豪眉”。

“秀”的本义是谷物抽穗扬花。南唐学者徐锴解释说：“秀，禾实也。有实之象，下垂也。”三国字书《广雅》则解释说：“秀，出也。”老人的眉毛中有特出的长眉，长则下垂，因此就把老人之眉称作“秀眉”或“豪眉”，并用“眉寿”来形容老人长寿。

西汉学者桓宽所著《盐铁论·散不足》篇中说：“古圣人劳躬养神，节欲适情，尊天敬地，履德行仁。是以上天歆焉，永其世而丰其年。故尧秀眉高彩，享国百载。”这是称赞帝尧没有那么多欲望，又以德行治国，因此得以长寿。帝尧不仅“秀眉”，而且“高彩”，《淮南子·修务训》称“尧眉八彩”，高诱注解说：“（尧母庆都）年二十无夫，出观于河，有赤龙负图而至……与庆都合而生尧，视如图。故眉有八彩之色……”这当然是对帝尧的神化，但也可从中看出古人对老人的尊敬。

“秀眉”只能用于形容老年男性，还有一个例证。汉献帝建安二年（197），袁绍为大将军，有一次大宴宾客，经学大师郑玄也应邀出席并上坐，《后汉书·郑玄传》形容他“身长八尺，饮酒一斛，秀眉明目，容仪温伟”。郑玄这一年已经七十岁，因此才用“秀眉”来称赞他的仪容。

到了唐代，“秀眉”一词才从老年男性的专用称谓扩展开去，但也绝不能用于女人，而是专门形容年轻男性。《新唐书·杨元琰列传》形容唐代名臣杨元琰“及长，秀眉美须髯，崇肩博颐”。“崇肩”指肩膀高，“博颐”指下巴宽。“秀眉”一词则指杨元琰成年后眉目清秀，此处的“秀”已经失去了本义，只是当作形容词来使用了。

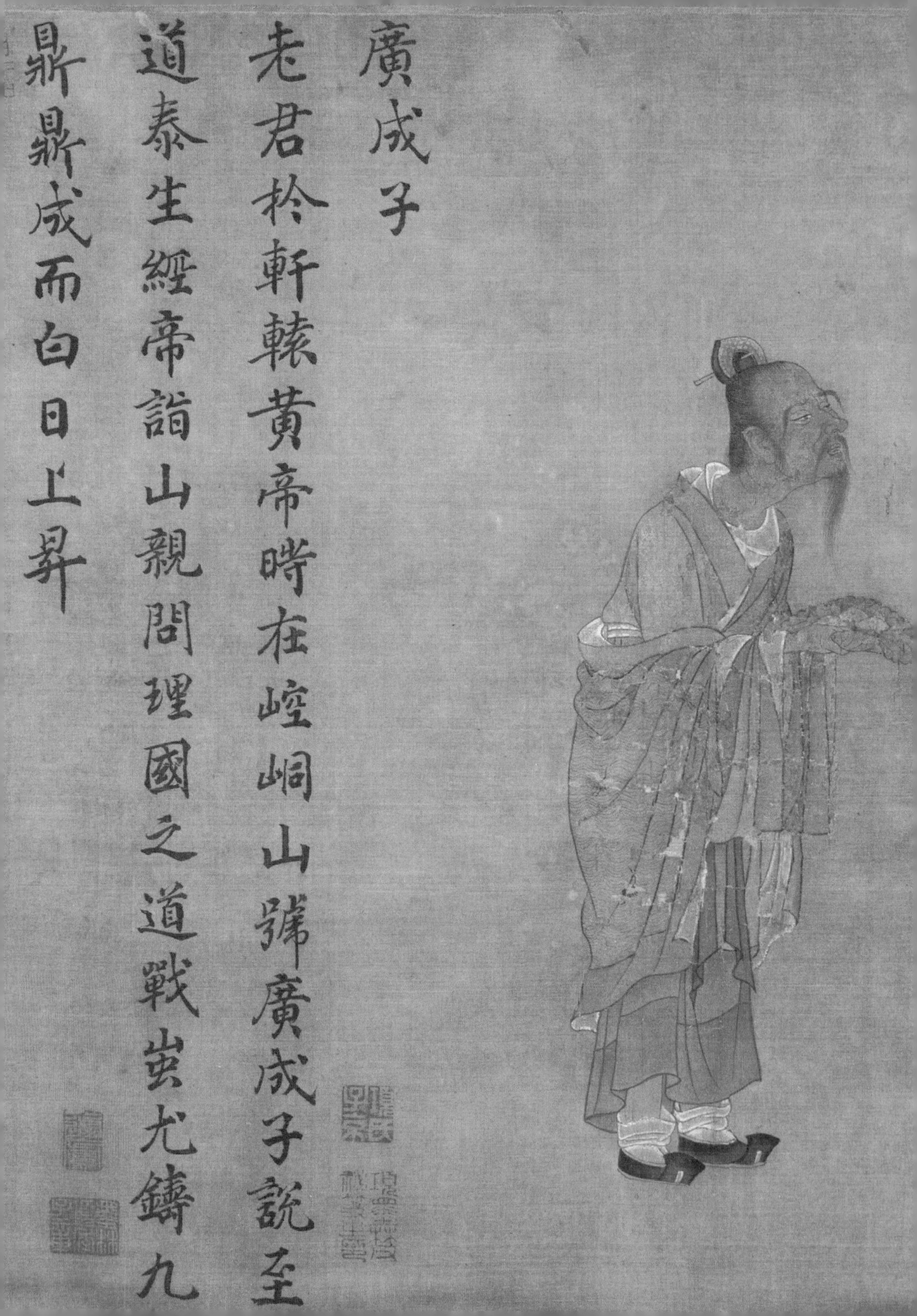
廣成子
老君扵軒轅黃帝時在崆峒山號廣成子說至
道泰生經帝詣山親問理國之道戰蚩尤鑄九
鼎鼎成而白日上昇

《老君别号事实图卷》之『广成子』，传南宋王利用绘，绢本设色，藏美国纳尔逊美术馆。

王利用（活动于1120—1145年），字宾王，潼州（今四川绵阳）人，书画皆能，高宗颇爱其书。广成子，上古黄帝时候的道家人物。《庄子·在宥篇》载："黄帝闻广成子在空同之上，故往见之，问以至道之要。"据正统道教说法，广成子为太上老君化身之一。《太上老君开天经》曰："黄帝之时，老君下为师，号曰广成子。消自阴阳，作道戒经道经。黄帝以来，始有君臣父子，尊卑以别，贵贱有殊。"在《封神演义》里，广成子是元始天尊的徒弟，阐教十二金仙之首。广成子自谓活了一千二百岁："我守其一，以处其和，故千二百年，而形未尝衰。"如此长寿，有两道下垂的"秀眉"自是题中应有之义了。

“大快朵颐”为何形容大饱口福

“大快朵颐”的意思是大饱口福。这是一个相当奇特的汉语词汇，没有收录进任何成语辞典，但日常俗语中却经常使用。“大快”形容非常痛快，其义甚明；但“朵”和“颐”分别是什么意思？又是怎么组合在一起的呢？相信很多人都不清楚。

先说“朵”。“朵”是个后起的字，是一个象形字，下面是“木”，上面像花朵的形状。《说文解字》：“朵，树木垂朵朵也。”段玉裁解释说：“凡枝叶花实之垂者皆曰朵朵。今人但谓一花为一朵。”既然是花实下垂的形状，那么花儿当然就可以称为“花朵”了。

至于“耳朵”这一称谓，可作两种解释：一是耳垂下坠的形状跟花实下垂的形状相似，“树木垂朵朵”的说法可以径自改为“耳垂朵朵”，故称“耳朵”；一是花实下垂在树木旁边，因此“朵”字引申出两旁的意思，比如古人将正楼两侧的楼唤作“朵楼”，大殿的左右走廊唤作“朵廊”，均属这样的用法。耳朵刚好位于头部两旁，故称“耳朵”。

“朵”还可以引申用作动词，意思是“动”，这是因为花实累累下垂，轻风一吹就会随风拂动的缘故。我们知道有些人生具异能，能够让两只耳朵轻轻摆动，像用微型的扇子扇风一样，对这样的人来说，估计他的耳朵本身就是动词，因为耳朵确实动起来了嘛！

长沙马王堆汉墓出土的帛书中有《黄帝四经》一书，其中《十六经·正乱》一文中写道：“我将观其往事之卒而朵焉，待其来事之遂形而私焉。”

这两句话的意思是：我将要考察蚩尤过去的所作所为而采取行动，静待蚩尤将来坏事做尽再配合采取行动。这里的“朵”就是动词。

再说“颐”。“颐”的古字写作“𦣝”，也就是“颐”字的左边一半，本义指下巴。东汉学者刘熙所著《释名·释形体》中解释说：“颐，养也。动于下，止于上，上下咀物以养人也。”嘴巴张开，最原始的功能当然就是咀嚼，因此“颐”训为“养”，咀嚼食物以养人。

有一个成语叫“颐指气使”，意思是不说话，光用下巴示意对方或下属如何如何做，傲慢的样子多么形象！还有“解颐”，意思是开颜欢笑，高兴得下巴都张开了。不过需要注意的是，古时下巴包括口腔上下两部分，即上颌和下颌，而今天更多的仅仅指下颌。咀嚼食物的时候，上下颌要共同运动，因此“颐”这个字就跟饮食发生了关系。

“朵颐”第一次连用，出自《易经》。《易经》第二十七卦叫“颐”卦，通篇讲的就是饮食营养的养生之道，其中出现了“朵颐”一词：“初九，舍尔灵龟，观我朵颐，凶。”灵龟用于占卜，因此非常珍贵，用来比喻财宝。三国时期学者王弼注解说：“朵颐者，嚼也。”孔颖达进一步解释说：“朵颐谓朵动之颐以嚼物，喻贪婪以求食也……朵是动义，如手之捉物谓之朵也。今动其颐，故知嚼也。”“朵颐”即鼓动下巴或腮颊咀嚼食物。这一卦是劝谕之辞，意思是你不爱惜自己最珍贵的东西，反而舍弃自己的财富，艳羡地来看我鼓着腮帮子吃东西，这就十分凶险了！

柳宗元有诗：“朵颐进芰实，擢手持蟹螯。”“芰（jì）实”就是菱角。不张开下巴和嘴巴，菱角怎么能够吃进嘴里？这几乎是量身定做，专门用来解释“朵颐”的一句诗！鼓着腮帮子大嚼特嚼的必定是美食，因此“朵颐”一词又引申为向往、馋羡的意思。明代文学家沈德符在《万历野获编》一书中曾经描述过一个官位空缺的有趣场景：“辛丑年，浙江吏部缺出，朵颐者凡数人。”用“朵颐”来形容觊觎官位的猴急模样，实在是太形象了！

仅仅“朵颐”还不过瘾，古人又在前面加上了一个程度更深的“大快”，非常快活，那么这顿盛宴一定是大饱口福了！

画面上，席坐鼓腹的达摩大师正在路边荞麦面店大口吃面，吃的是江户时代著名的蒸笼荞麦面。大师右手持箸，左手持蘸料杯，张大嘴，露出两排牙齿，朵动下颌，神情专注，吃相急切，目光盯着身前一摞十盒面条，略带贪婪——无乃太多乎？木曾街道是自东至西通过本洲中央山脉的一条大驿路，歌川广重也曾绘制过这条驿路沿途的风景。吃面达摩像似于此仅见。至于为何达摩要到守山吃荞麦面，大约是画师顽皮吧。总之画面生动展示了“大快朵颐”的要诀——旁若无人。

《木曾街道六十九次之内 守山 达摩大师》(『木曾街道六十九次之内 守山 達磨大師』)，歌川国芳绘，1852年，『名所绘』。

木曾街道六十九次之内
守山
達磨大師
一勇斎國芳画

“脍炙人口”的“脍炙”到底是什么东西

“脍炙人口”是一个使用频率非常高的成语，今天已经只具备比喻义了，如比喻好的诗文为众人所称美。那么，“脍炙”到底是什么东西？

《说文解字》：“脍，细切肉也。”切得细细的肉叫“脍”。“炙，炮肉也。”“炮肉”就是烤肉，烤熟的肉叫“炙”。因此，“脍炙”分别指细切的肉和烤熟的肉。

《孟子·尽心下》篇中记载了一则关于“脍炙”的有趣故事：“曾皙嗜羊枣，而曾子不忍食羊枣。公孙丑问曰：‘脍炙与羊枣孰美？’孟子曰：‘脍炙哉！’公孙丑曰：‘然则曾子何为食脍炙而不食羊枣？’曰：‘脍炙所同也，羊枣所独也。讳名不讳姓，姓所同也，名所独也。’”

父亲曾皙和儿子曾参（即曾子）都是孔子的学生，公孙丑则是孟子的学生。“羊枣”又称羊矢枣，顾名思义，长得像羊拉的屎。

曾皙喜欢吃羊枣，曾皙死后，他的儿子曾参不忍心再吃羊枣。

公孙丑问老师：“切细的肉、烤熟的肉和羊枣哪个味道更好？”

孟子回答说：“切细的肉和烤熟的肉味道更好！”

公孙丑又问：“那么曾参为什么吃切细的肉和烤熟的肉，却不吃羊枣呢？”意思是说：既然当爹的喜欢吃羊枣，那么儿子为了纪念父亲，也应该吃羊枣才对。

孟子回答说：“切细的肉和烤熟的肉是人人都喜欢的，羊枣却只有曾皙一个人喜欢吃。就像避讳是避讳名而不避讳姓，姓是人人都有的，而名是一个人独有的。”古时候，遇到和父亲的“名”相同的字时，就要避讳这个字，或者有意缺笔，或者用同音字替代，但是却不用避讳姓，这是因为“姓”是人人都有的，而“名”则是一个人独有的。“脍炙所同也”，脍炙就像“姓”，是人人都喜欢的；“羊枣所独也”，羊枣就像“名”，只有曾皙一个人喜欢吃。因此曾参就像避讳独有的“名”一样，避讳父亲爱吃的羊枣。

听了老师这番深入浅出的解释，公孙丑恍然大悟，我们也恍然大悟。

孟子所说的“脍炙所同也”，即人人口中都能品尝出脍炙的美味，但浓缩为“脍炙人口”这一成语，还要后延到五代时期王定保所著《唐摭言》一书。“摭（zhí）”是有选择地拾取之意，《唐摭言》一书即记载了大量的唐代诗人文士的趣闻逸事。

书中写道：“李涛，长沙人也，篇咏甚著，如‘水声长在耳，山色不离门’，又‘帚地树留影，拂床琴有声’，又‘落日长安道，秋槐满地花’，皆脍炙人口。”由人的口福引申而比喻好的诗文如同人人都喜欢吃的脍炙，以至于今人虽然会熟练地使用这个成语，却不知“脍炙”为何物了！

《磨萝卜泥的美人》（『大根を卸す美人』），喜多川歌麿绘，约1798—1799年。

画上是两个正在准备刺身的女子。盘中已摆满切好的生鱼片，前面的女子俯身，正在研磨配生鱼片吃的萝卜泥，后面的女子（从剃掉的眉毛和染黑的牙齿来看是已婚妇人）在擦拭什么器物。

生鱼片，又称“鱼生”，古称“鱼脍”，包含在“脍炙人口”的“脍”之中。中国早在周朝就有吃鱼脍的记载。《礼记》云：“脍，春用葱，秋用芥”，《论语》中说脍“不得其酱不食”，故先秦之时生鱼脍应用加葱、芥的酱来调味。南北朝时出现了鼎鼎大名的“金齑玉脍”，被载入北魏贾思勰所著《齐民要术》中。一直到明清以后，国人食用鱼脍的习俗才渐渐少见。

哥ゝ麿筆

“电光石火”的“石火”乃是取火之法

“电光石火”这个成语比喻稍纵即逝。“电光”即闪电之光，闪电之光一闪即逝，因此可以用来比喻时间短暂，一刹那而已。但什么是“石火”？如果没有详细的了解，很容易将“电光石火”误读成“电光火石”，事实上日常生活中就经常有人这样读。

“石火”当然是敲击石头迸发出来的火花，那么为什么非要用敲击石头所迸发出来的火花来比喻时间短暂呢？原来，“石火”乃是古人取火方法之一种，与古人日常生活息息相关，因此才拿来作比。

在西洋火柴于清末传入中国之前，中国人一直采用独特的取火之法，共分为三种，一为“木燧”，一为“金燧”，一为“石火”。

《礼记·内则》：“右佩木燧。”古人随身携带着木燧。所谓“木燧”，即钻木取火，不过古时钻木，要随着四季的变更而换用不同的木材，这叫“改火”或“改木”。东汉学者马融解释说：“春取榆柳之火，夏取枣杏之火，季夏取桑柘之火，秋取柞楢之火，冬取槐檀之火。一年之中，钻火各异木，故曰改火也。”

为什么要“改火”呢？《周礼》中有司爟（guàn）一职，“掌行火之政令，四时变国火，以救时疾”。唐代学者贾公彦注解说：“火虽是一，四时以木为变，所以禳去时气之疾也。”“禳（ráng）”，去除。之所以换用不同的木材，是为了去除时疾，比如春天用榆木和柳木，夏天再用就会有毒，因此要换用适合夏日所用的枣木和杏木。

《礼记·内则》:“左佩金燧。”“金燧”因为从太阳取火，故又称“阳燧”。唐人苏鹗所著《苏氏演义》中记载了取火之法：“阳燧以铜为之，形如镜，照物则影倒，向日则火生，以艾承之，则得火也。”“艾”是艾蒿制成的艾绒，遇火即燃。

第三种就是“石火”，敲石取火，魏晋时始用，唐时盛行。柳宗元有诗：“夜发敲石火，山林如昼明。”李贺有诗：“沙头敲石火，烧竹照渔船。”白居易有诗：“小盏吹醅尝冷酒，深炉敲火炙新茶。”“石火”取火之法一直延续到清末，火镰、火石、火绒等装备至为烦琐。

“电光石火”因其稍纵即逝的特性，也被佛教拿来作譬喻。《五灯会元》记漳州保福院从展禅师禅语：“此事如击石火，似闪电光，构得构不得，未免丧身失命。”

《樱下之笼》(『桜下の籠』)，铃木春信绘，约1767—1768年。

铃木春信笔下的女性几乎都是少女模样，纤弱天真，脸颊饱满，眉目细细，一派娇憨。正是春天，一株盛开的樱花树下，一个女子在肩舆内休息，似赏花赏得倦了。她手持一根细长黑色烟管（吸烟管是江户时代流行的消遣），一旁蹲着的侍女递上刚刚点燃的类似火绳的火引子，以供女子取火点烟。侍女应当随身携带着打火石或荷包式火镰吧。画面色调柔和淡雅，十分悦目。

鈴木春信画

“灯红酒绿”的酒真的是绿的

“灯红酒绿”也可以写作“绿酒红灯”，这个形容奢侈豪华、纸醉金迷的享乐生活的成语让很多人困惑不已：灯当然是红的，但是酒为什么用“绿”来形容呢？

让我们重温一下白居易的著名诗篇《问刘十九》：“绿蚁新醅酒，红泥小火炉。晚来天欲雪，能饮一杯无。”很显然，诗中的“绿蚁”指美酒。为什么叫“绿蚁”？有的学者认为这是用各种青色的草药兑制而成的酒，呈绿色。这种理解是错误的。刚刚酿出来、还没有过滤掉酒糟的酒称“醅（pēi）”，白居易明明说饮的是“新醅酒”，而草药泡酒是需要一定时间的，将各种草药兑制的酒调到一起，绝对不能称之为“新醅酒”。

明代著名医药学家李时珍在《本草纲目》中认为蒸馏酒“自元时始创其法”，在没有蒸馏技术的中古时期，新酒酿熟，饮用时要将酒糟分离。李白《金陵酒肆留别》一诗中的名句“风吹柳花满店香，吴姬压酒劝客尝”中，所谓“压酒”，就是指吴姬压糟而取酒，李白所饮的，也正是“新醅酒”。

相对于“新醅酒”，久放的酒称“旧醅”。杜甫《客至》一诗中有“樽酒家贫只旧醅”的诗句，提到的就是久放的酒。毫无疑问，这种酒的味道比不上“新醅酒”，才会让杜甫感叹乃是“家贫”的缘故。

“绿蚁”之“蚁”字也可以说明白居易饮的是“新醅酒”。用“蚁”字来形容酒，始出东汉学者张衡的《南都赋》，其中有“醪敷径寸，浮蚁若萍”的句子，这是形容用米酿制而成的酒，“醪（láo）”即指尚未滤去酒糟，想一想我们都吃过的醪糟就明白了。尚未滤去的酒糟很稠，浮在酒面上，同时还生成了许许多多的泡沫，这些泡沫就被古人风雅地以“浮蚁”相称，因为看起来就像一只只蚂蚁的形状。只有新酿的酒才会产生“浮蚁”。

据《周礼》记载，周代酒分五等，第一等叫“泛齐”，郑玄注解说：“泛者，成而滓浮泛泛然，如今宜成醪矣。”贾公彦则进一步解释说：“言泛者，谓此齐熟时，滓浮在上，泛泛然。”东汉学者刘熙在《释名·释饮食》中也同样写道：“泛齐，浮蚁在上，泛泛然也。”

由以上这些解释可知，“浮蚁”乃是“新醅酒”产生的特有现象。

那么，蚂蚁明明是黑色的，为什么称之为“绿蚁”呢？这是因为古人只取了蚂蚁的形状来形容新酒的泡沫，而新酿的酒则呈绿色，张衡用“浮蚁若萍”的比喻，不仅形容新酒的泡沫像浮蚁，像浮萍，而且用“萍”字点明了新酒的颜色，即绿色。

古代真的有绿色的酒吗？答案是：有。这种酒有一个极其美丽的名字“醽醁（líng lù）”。据南朝宋的文学家盛弘之所著《荆州记》载：“长沙郡有酃湖，取湖水为酒，极甘美。渌水出豫章康乐县，其间乌程县有井，官取水为酒，与湘东酃酒常年献之。”所谓“醽醁”，即这两种酒的合称，不过将“酃”“渌”二字都改为了“酉”字旁而已。

盛弘之并没有记载醽醁酒的颜色。酿制醽醁酒的水好，用黍米刚刚酿制出来的时候，酒的颜色呈淡淡的碧绿色，因此醽醁又称“醽绿”“绿酒”“碧酒”，正符合张衡“浮蚁若萍”的形容。

从魏晋开始，文人的诗词中屡屡出现绿酒的倩影。比如陶渊明《诸人共游周家墓柏下》：“清歌散新声，绿酒开芳颜。”杜甫《送率府程录事还乡》：“素丝挈长鱼，碧酒随玉粒。”最为雄辩的描述分别出自杜甫和唐末诗人李咸用之手。杜甫《宴戎州杨使君东楼》：“重碧拈春酒，轻红擘荔枝。”“重碧”与荔枝的“轻红”对举，即为酒的绿色的写照。李咸用《短歌行》：“一樽绿酒绿于染，拍手高歌天地险。”绿酒的碧绿之色竟至于“绿于染”！

除此之外，绿酒的别名还有很多，无一不是用“绿”来比喻的：绿杯，绿樽，绿觞素蚁，绿酎（zhòu），绿醅，绿醑（xǔ），绿醪，碧香，碧醪……

李时珍在《本草纲目》中总结了各种颜色的酒的称法：“红曰醍，绿曰醽，白曰醝。”浅红色的酒称“醍（tǐ）”，绿色的酒称“醽”，白色的酒称“醝（cuō）”。

以上就是“绿酒”的出处。酒的蒸馏技法发明之后，酒呈白色，人们再也喝不到“绿蚁新醅”和吴姬现场所压的绿酒，因此也就完全不理解“灯红酒绿”这个成语对美酒的形容了。

《二十四好今样美人 酒好》（『二五五四好今様美人 酒好』），歌川国贞绘，1863年。

歌川国贞美人画中的女人多颓废好色，忧郁倦怠。这幅图是系列作品《二十四好今样美人》之一，组画模仿《二十四孝》范式，描绘了当时美人的二十四种喜好，这一幅画的是喜欢饮酒的女子。画中美人着黑色衣裳，一边读信（也许是情人寄来的），一边自斟自饮。酒壶、酒杯、碗箸，是一色蓝花瓷器。杯中满满的酒，略呈黄色，像陆游诗句“酒似鹅儿破壳黄”——应该是清酒，讲究生鲜香的米酒。清酒的酿造与饮用方式保留了唐代遗韵。旅日作家李长声曾说：“有人来日本寻觅唐朝遗风，那就喝清酒罢。”

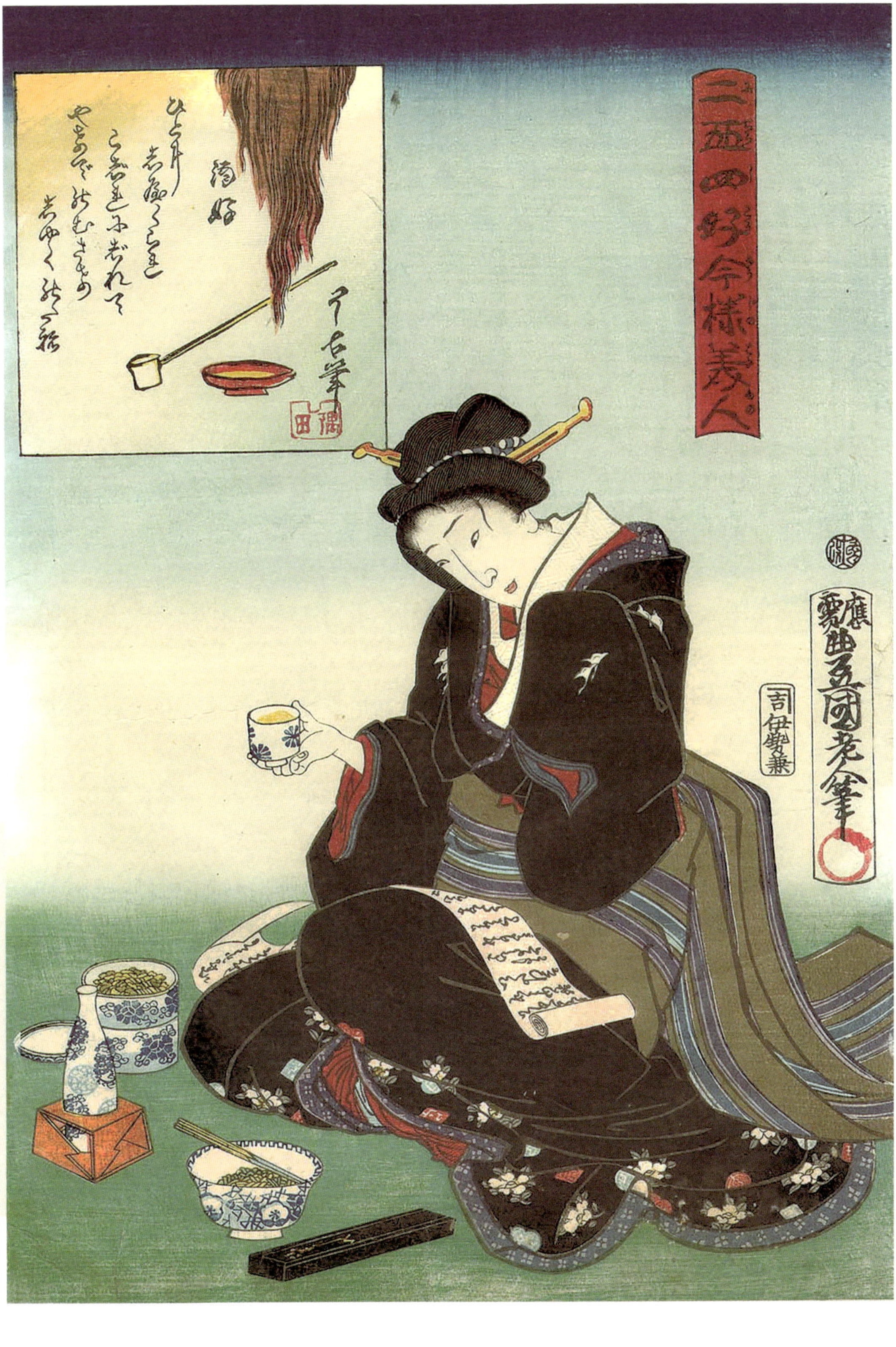
二五四好今様美人
酒好
應需豊国老人筆

“雅量”原来是形容酒量大

宏大宽容的气度称作“雅量”，《世说新语》中“雅量”这一篇目，就是记述当时人的这种气度。最能说明这种气度的是嵇康：“嵇中散临刑东市，神气不变，索琴弹之，奏《广陵散》。曲终，曰：‘袁孝尼尝请学此散，吾靳固不与，《广陵散》于今绝矣！’”然后从容就死。这就叫“雅量”。

“雅”的本义是一种鸟类。《说文解字》：“雅，楚乌也。一名鸒，一名卑居。秦谓之雅。”段玉裁辨析道：“楚乌，乌属，其名楚乌，非荆楚之楚也。”这种鸟儿还有两个别名，一名“鸒（yù）”，一名“卑居”。

“雅”既为鸟类，于是古人顺理成章地就把酒器制成“雅”的样子，就像“爵”是模仿“雀”的形状而制一样。

魏文帝曹丕所著《典论》中说：“刘表子弟有三雅之爵。”《太平御览》卷八百四十五引《典论》佚文：“刘表有酒爵三：大曰伯雅，次曰仲雅，小曰季雅。伯雅容七升，仲雅六升，季雅五升。”卷四百九十七引《史典论》曰：“荆州牧刘表跨有南土，子弟骄贵，并好酒，为三爵：大曰伯雅，次曰仲雅，小曰季雅。伯受七升，仲受六升，季受五升。”

伯、仲、叔、季是古人兄弟间的排行，次序从大到小，刘表及其子弟将酒器按照容量大小依次分为伯雅、仲雅、季雅三种，此之谓“三雅”。据北宋学者温革所著《隐窟杂志》载：“阆州有三雅池，古有修此池者，得三铜器，状如酒杯，各有二篆，曰伯雅、仲雅、季雅。或谓刘表一子好酒，常制三爵，大受一斗，次受七升，小受五升。赵德麟云恐是盛酒器，非饮器也。”可见宋代时今四川阆中尚有“三雅池”的名胜。

《太平御览》卷四百二十七引《东观汉记》，记载了东汉大臣吴良的事迹。吴良是齐国临淄人，任郡吏，这一年正月初一，众官员去向太守庆贺新年，有一位叫王望的官员大拍太守的马屁：“齐郡败乱，遭离盗贼，人民饥饿，不闻鸡鸣狗吠之音。明府视事五年，土地开辟，盗贼灭息，五谷丰熟，家给人足。今日岁首，诚上雅寿。”

“明府”是对太守的尊称。这一番话说完，众官员“皆称万岁”。吴良一听大怒，指出“盗贼未弭，人民困乏，不能家给人足”的现实，要求太守“无受其觞”。太守听从了吴良的进谏，“遂不举觞”。

王望口称的“雅寿”一词，是指举起叫“雅”的酒杯祝寿；太守“不举觞”，也证明“雅”就是一种酒器。清代学者袁枚所著《随园随笔》中有一则《雅量之讹》，就对此进行了辨析：“《汉志》：‘请上雅寿。’注：雅，酒閜也。即刘表酒器三雅之‘雅’。盖群臣上雅爵以介寿耳，非云酒量大也，今称人善饮为雅量，误矣。”大杯称“閜（xiǎ）”，可见“雅”的容量确实很大。

清人翟灏所著《通俗编》中写道：“世称雅量，谓能饮此器中酒，不及醉也。”可见清代时人们已经把善饮、酒量大称作“雅量”了。虽然袁枚纠正说“今称人善饮为雅量，误矣”，但早已约定俗成。由酒量大引申而为气度宽宏，乃属顺理成章之事。

知章騎馬佀乘船眼華落井水中眠
廣澤知慎書
飲中八仙

《饮中八仙 其一 贺知章》(『飲中八仙 其一 賀知章』)
胜川春章绘，1770年代。

胜川春章（勝川春章，1726—1792），江户时代中期的代表性浮世绘师，留下了精确把握人物特点的逼真“役者绘”，晚年又涉猎“肉笔美人画”（亲笔绘制的浮世绘），以细腻优雅著称。

此画中穿锦袍的贺知章骑马走在桃花盛开的春天郊野，被随从扶着，醉态可掬。史载贺知章为人旷达不羁，清谈风流，好酒如命，晚年更甚，自号“四明狂客”。画上题词出自杜甫《饮中八仙歌》：“知章骑马似乘船，眼花落井水底眠。”贺知章年长，饮中八仙排第一。他初见李白，后者虽是小他一半的后生，他却亲到馆舍拜谒；读李白的《蜀道难》，四次停下赞叹，呼其为“谪仙人”；兴之所至，就解下代表官职的金龟，换酒而饮。对待晚辈如此磊落大度，足见其为人之雅量深致。他擅书法，每兴酣落笔，好书大字，龙蛇飞舞，神采奕奕。可以说是得魏晋风度真传的一位饮者。

“滑稽”竟然是一种流酒器

如果我再跟读者朋友们解释什么叫“滑稽”，相信一定会被骂作神经病。不过，鲜为人知的是，今天形容言语、动作令人发笑的“滑稽”一词，在古代可完全不是这个意思，而是指一种盛酒器。

屈原所作《楚辞·卜居》中就已经使用了“滑稽”一词，其中如此控诉这个黑暗的世道：“将突梯滑稽，如脂如韦，以洁楹乎？”“突梯”是形容圆滑的样子；“滑稽”是形容圆滑随俗的样子；“脂”指动植物的油脂，“韦”指动物的软皮，油脂和软皮可想而知也都非常圆滑；“楹”是厅堂前部的柱子；“洁楹”有两说，一说“楹”为圆柱，要用脂、韦来打磨清洁，一说“洁”通“絜（xié）”，用绳子来度量粗细，“洁楹”即意为用绳子将屋柱围起来，度量粗细，引申而为善于揣度权贵者之所好。

因此，这句诗是指责贵族大臣们就像油滑的脂韦一样，对国君婉转顺从，阿谀奉承，而自己决不能也像他们一样。

《史记》有《滑稽列传》，专门记载诙谐之人，司马贞索隐：“滑，乱也；稽，同也。言辨捷之人言非若是，说是若非，言能乱异同也。”

“滑稽”为什么会有这样的含义呢？屈原和司马迁都没有给出解释。西汉学者扬雄写有一篇《酒箴》，收录于《汉书·陈遵传》，其中有“鸱夷滑稽，腹大如壶，尽日盛酒，人复借酤”的句子，“鸱夷”和“滑稽”都是盛酒器，不过“鸱夷”是皮革所做的皮袋子，用以盛酒。这几句话是说人们常常从这两种盛酒器中取酒饮用。

司马贞索隐同时引用了北魏学者崔浩的解释："崔浩云：滑音骨。滑稽，流酒器也，转注吐酒，终日不已。言出口成章，词不穷竭，若滑稽之吐酒。故杨雄酒赋云'鸱夷滑稽，腹大如壶，尽日盛酒，人复藉沽'是也。"北宋大型类书《太平御览》卷七百六十一引述崔浩的话稍有不同："崔浩《汉记音义》曰：'滑稽，酒器也，转注吐酒，终日不已，若今之阳燧樽。'"

原来，"滑稽"这种酒器是一种流酒器，里面装有虹吸管，利用虹吸现象将酒倒出。虹吸管通称"过山龙"。清人文康所著《儿女英雄传》第三十回"开菊宴双美激新郎　聆兰言一心攻旧业"中写道："这滑稽是件东西，就是掣酒的那个酒掣子，俗名叫作'过山龙'，又叫'倒流儿'。因这件东西从那头把酒掣出来，绕个弯儿注到这头儿去，如同人的滑串流口，虽是无稽之谈，可以从他口里绕着弯儿说到人心里去，所以叫作'滑稽'，又有个'乘滑稽留'的意思。"

古代中国早就发明了虹吸管，称作"渴乌"。在为《周礼》所作的注中，郑玄写道："益之者，以饮诸臣，若今常满尊也。""常满尊"中之所以酒常满，就是因为里面装了类似"渴乌"的虹吸管。唐代大型类书《艺文类聚》引东晋诗人孙绰《樽铭》："晋孙绰《樽铭》曰……详观兹器，妙巧奇绝，酌焉则注，受满则侧，吐写适会，未见其竭。"这件酒器就是《太平御览》所称的"阳燧尊"。"阳燧"是利用日光取火的凹面铜镜，"阳燧尊"则为模仿阳燧的形状而制，腹部向内凹，故有此称。

综上所述，"滑稽"这种盛酒器又称常满尊、阳燧尊，后世则称酒过龙、倒流儿、酒注子、执壶、公道杯等。而且正如崔浩所言："滑音骨。"作为盛酒器的"滑稽"之"滑"读作 gǔ，而不能读作 huá。

那么，"滑稽"又为什么用作盛酒器之名呢？"滑"的本义是"通利往来"，因此可以"调和四味"，正符合酒器中虹吸管的工作原理；"稽"的本义是停留、贮滞，用以形容酒器中酒常满的状态。《儿女英雄传》上述引文中的“乘滑稽留”是最好的描述。正是因为“滑稽”的这种特性，崔浩才把诙谐之人形容为“出口成章，词不穷竭，若滑稽之吐酒”。

不知道是哪位天才的古人用“滑稽”这两个字为带有虹吸管的盛酒器命名，真该向他致敬！

画中一文士坐于榻上，执笔凝神似欲书写。旁设琴、棋、书、画、饮馔，一垂髫童子在旁斟酒。前有鲜花一大瓶，榻后屏风上悬挂着主人的写真画轴。南宋流行的“烧香、点茶、挂画、插花”之文人雅趣，在这幅画上已可见一斑。唐人的壶器还很原始，一般凸肚大口，“流”装在肩上，很短；宋代的酒壶就发展得很成熟了，宋人明白了虹吸原理，“流”变得越来越长，越来越靠下。这幅画中童子所执的“酒注子”，造型优美而实用，与今天的酒壶已经十分相似了。宋人重瓷器，这只壶不知是什么窑出品的？

《人物图》，宋代佚名绘，绢本设色，藏台北故宫博物院。

“食指大动”为何形容口福

日常生活中，人们经常用“食指大动”来预示将有口福，好东西快要送到嘴边了。为什么偏偏用“食指”来指代，而不是其他四根指头呢？而且，第二根指头为什么命名为“食指”呢？

这个来源可就太早了，可以一直追溯到春秋时期。《左传·宣公四年》讲述了一个非常有趣的故事：“楚人献鼋于郑灵公。公子宋与子家将见。子公之食指动，以示子家，曰：‘他日我如此，必尝异味。’”

“鼋（yuán）”是大鳖，俗称团鱼。楚国人献给郑灵公一只团鱼，郑国的大夫公子宋和子家将要进见，公子宋的食指忽然自己动了起来，他就把它给子家看，说：“以往我出现这种情况，一定会尝到珍异的美味。”

“及入，宰夫将解鼋，相视而笑。公问之，子家以告。及食大夫鼋，召子公而弗与也。子公怒，染指于鼎，尝之而出。公怒，欲杀子公。子公与子家谋先。”

进去时，厨师正准备分解团鱼，二人相视而笑。郑灵公很好奇，问他们为什么这么神秘地笑，子家就把刚才的一番话告诉了郑灵公。等到把团鱼赐给大夫们吃的时候，郑灵公把公子宋召来，但是却不给他吃。公子宋大怒，把手指蘸在鼎里，尝了尝味道就出去了。郑灵公见状也是大怒，欲杀公子宋，公子宋就和子家策划先动手。

“染指于鼎”，公子宋的这个动作诞生了直到今天还在使用的两个日常俗语：“染指”，比喻为了获取不应得的利益而插手某件事；“食指”，因为公子宋“染”的就是第二根指头，故称“食指”。

这个有趣的故事的结局是：“子家曰：‘畜老，犹惮杀之，而况君乎？’反谮子家，子家惧而从之。夏，弑灵公。”“谮（zèn）”是诬陷之意。子家说：“畜牲老了，要杀它尚且有所顾忌，更何况杀国君了。”公子宋就反过来要诬陷子家，子家害怕，只好听从，夏天的时候，杀了郑灵公。

郑灵公因为一个玩笑而丧失了生命，公子宋则因为一个玩笑而创造了“染指”“食指”和“食指大动”这三个俗语。

“子公之食指动”，孔颖达引东汉学者服虔的话说，“俗所谓啑盬指也。”“啑（shà）”和“盬（gǔ）”都是用嘴吸的意思，今天人们用手指品尝食物或者指点某样东西的时候，用的最多的仍然是食指，古今皆然。

“食指”既以“食”为名，古人因此用它来指代家庭人口，比如“食指浩繁”，指家庭中赖以抚养、依之为食的人口众多。

大火場焼

《惠比寿与鲶鱼》，无款，1855年，『鲶绘』。

“鲶绘”是指日本安政江户大地震（1855年）后风行的地震鲶鱼版画，因为当时日本人相信地震是鲶鱼造成的。惠比寿是日本神话中的七福神之一，原是渔民信仰的海上守护神（鲶鱼的看守者），后来由于海运兴起而成了商业神、财神，典型形象是圆圆的脸、大大的耳垂，一团喜气。画面中，圆圆脸的惠比寿扮成露天烧烤摊主的样子，正拿着尖刀处理一条鲶鱼。旁边的妇人拿蒲扇扇着炭火烤鱼，长签上满满一串鱼肉。再旁边的案上，两个食客正在一边喝酒一边吃烧烤。把可恶的鲶鱼做成美食吃掉，也是发泄怒气的办法之一吧。不管初衷如何，深夜街头，看到这样一副冒着烟气的烤鱼摊子，任谁都会“食指大动”吧。

“筷子”的称谓是怎么来的

在官方的称谓谱系中，筷子最初叫“箸（zhù）”，此外还有“梜”“梜提”“筯”等名称。殷纣王已经使用象箸，即象牙所制的筷子，由此可知普通筷子的使用历史更为悠久。

“筷子”的俗称起源于明代，陆容在《菽园杂记》中记载了吴中（今苏州一带）的各种讳称：“民间俗讳，各处有之，而吴中为甚。如舟行讳‘住’，讳‘翻’，以‘箸’为‘快儿’，‘幡布’为‘抹布’；讳‘离’‘散’，以‘梨’为‘圆果’，‘伞’为‘竖笠’；讳‘狼籍’，以‘榔槌’为‘兴哥’；讳‘恼躁’，以‘谢灶’为‘谢欢喜’。此皆俚俗可笑处，今士大夫亦有犯俗称‘快儿’者。”

原来，“箸”和“住”同音，船家最怕船抛锚停住，因此讳称“箸”而改为“快儿”，意为让船快行。这是一种讨口彩、图吉利的常见现象，各地方言中都有类似的忌讳。

明人李豫亨在《推篷寤语》中说得更加明白：“有讳恶字而呼为美字者，如‘伞’讳‘散’，呼为‘聚立（笠）’；‘箸’讳‘滞’，呼为‘快子’；‘灶’讳‘躁’，呼为‘欢喜’之类。今因流传之久，至有士夫间亦呼‘箸’为‘快子’者，忘其始也。”

日本人没有这种忌讳，因此日本现在还把筷子称作“箸”。筷子乃竹子所制，久而久之，后人就把“快”加了个竹字头，称作“筷子”了。

虽然官方并不承认“筷子”的叫法，比如《康熙字典》中居然没有收

《圣谕像解》卷四插图『为婿择女』，清代梁延年编，康熙二十年（1681）承宣堂刊本。

《圣谕像解》源于康熙的“上谕十六条”，太平府黎昌县知县梁延年以“铸词典雅，小民未必周知”，便用浅显语言逐条释义，附以历代史实作例解，每则故事配图一幅，辑成此书。图版繁富，人物生动，刻画工整。

这幅图描述的故事是这样的：唐宣宗开始想让于琮尚永福公主，未几打消此意。宰相请问其故，宣宗说，最近与永福公主共餐，当着朕的面，她折断七箸。如此跋扈的女子，怎么能做士大夫之妻呢？后来宣宗将娴静守礼的广德公主嫁给了于琮。“为婿择女”成为一段美谈。画面上，宣宗与女儿正一起用餐。宣宗居中，公主相陪，内侍络绎不绝上菜。公主的动作神情看起来与贞静柔顺毫不相干，一手捏筷子，一手欲取盏，很是肆意。当时的公主多骄纵横恣，不过一顿饭“折断七箸”也算个中翘楚了。

入“筷”这个字，但是民间流传的速度实在太快，影响实在太大，至清代这个称谓已经广泛使用了。这是一个非常有趣的现象：民间俗称的“筷子”，彻底取代了官方话语中的“箸”，竟然从此成为唯一的称谓。

“不撞南墙不回头”的“南墙”是什么墙

“不撞南墙不回头”是一句日常俗语，比喻认死理，听不进不同意见，同义词还有“不见棺材不掉泪”“不到黄河不死心”“一条道走到黑”，等等。民间智慧擅长用日常生活中的实际经验作比，“棺材”“黄河”“一条道”都容易理解，不过“不撞南墙不回头”这一俗语中的“南墙”到底是指什么墙呢？

古代中国房屋的方向大都是坐北朝南，大门一进来还有一堵墙，叫“照壁”“照墙”或“影壁”，不仅可以遮挡外人的目光，而且风水学上还可以阻拦直来直去的气流。这堵墙就是“南墙”，从正房门出来向外走时，必须避开这堵墙绕着走，否则就会一头撞上。所谓“不撞南墙不回头”，就是讽刺那些不知道绕道而行、认死理的人。

照壁或曰南墙的起源极早，最早的时候称作“萧墙”，这一说法出自孔子之口。《论语·季氏》篇载：“吾恐季孙之忧，不在颛臾，而在萧墙之内也。”“颛（zhuān）臾”是鲁国的附属国。郑玄注解说：“萧之言肃也，墙谓屏也。君臣相见之礼，至屏而加肃敬焉，是以谓之萧墙。”原来“萧”通“肃”，“萧墙”就是国君宫室内作为屏障的矮墙，面对大门，像一扇屏风，因此又称“塞门”和“屏”。臣子到了这堵墙前，一想起将要见到国君，立马肃然起敬，故称“萧墙”（肃墙）。所以孔子所说的“萧墙之内”就是指宫内，当政的季氏打算讨伐颛臾，孔子担忧季氏的祸患不在颛臾，而是在其宫室之内。后人于是就用“祸起萧墙”这个成语比喻内部的祸患。

民间仿照宫内“萧墙”的形式也建起了照壁，不过已经跟“萧墙”的原意大相径庭，“至屏而加肃敬”的含义消失了，而代之以“鬼碰头”的民间禁忌。

《中国建筑彩绘笔记 工具与样式》（*Essai sur l'Architecture Chinoise*）第一册插图『官宦人家照壁』。

该书为十八世纪西方传教士所绘，是一本描绘、介绍中国建筑彩绘的笔记画谱，用法语写成，含中文注解，藏法国国家图书馆。其中“照壁”类绘制了仕庶人家、衙门、宫廷、庙宇等场所的不同式样“南墙”，这一幅画的是普通官宦人家照壁样式：一色清水砖砌成，壁上有彩绘，画一位高官，在一轮红日之下，左手持笏，右手指向太阳，寓意“指日高升”，四角有如意称心纹装饰。这面南墙如此醒目，想来是很难撞上了。

官宦人家照壁

“寿终正寝”的“正寝”是什么地方

“寿终正寝”这个成语形容老年人安然逝世。“寿终”容易理解，《释名·释丧制》：“老死曰寿终。寿，久也；终，尽也。生已久远，气终尽也。”“正寝”则不容易理解，很多人以为就是安然睡去的意思，其实大谬，“正寝”是指具体的处所。

那么，“正寝”究竟是指什么地方呢？这要从古代帝王的宫寝制度说起。古代帝王的宫寝制度称作“六寝”。《礼记·玉藻》中规定：“君日出而视之，退适路寝，听政，使人视大夫，大夫退，然后适小寝，释服。”国君听政要在“路寝”，议事的大夫退下之后，国君才能够回到“小寝”脱下朝服休息。由此可见，路寝是议事的地方，小寝是休息娱乐的地方。路寝只能有一座，小寝则可以有五座，因此合称“六寝”。路寝又叫正寝、大寝，小寝又叫燕寝。这就是“正寝”一词的由来，原指天子、诸侯治事的正厅，后来凡是房屋的正厅或正屋都泛称“正寝”。

因此，“寿终正寝”的正确解释应该是“寿终于正寝”，年老时在家中的正屋安然逝世。

陆游在《老学庵笔记》卷十中曾辨析过为何要“寿终于正寝”：“古所谓路寝，犹今言正厅也。故诸侯将薨，必迁于路寝，不死于妇人之手，非惟不渎，亦以绝妇寺矫命之祸也。”原来，古时诸侯死后，不能停尸于小寝，因为这是休息娱乐的地方，诸侯的妃嫔们都在此地，容易矫诸侯之命以干涉朝政或继承人的指定，因此一定要“迁于路寝”；议事的地方是士大夫们

《燕寝怡情》图册之一，清代佚名绘，清内府设色库绢本，藏美国波士顿美术馆。

《燕寝怡情》人物图册是清宫内府收藏的珍品，共有十二开二十四幅，描绘了亲王级别贵族的家居生活场景，用色用笔典雅精细，人物开相饱满圆润，神情生动，呈现了两情相悦的男女生活画卷，将男女情意刻画入微，含蓄优雅，毫无猥琐之感。

这幅画上，身穿燕居服饰的男子正拉着女子的手，似欲引向内室就寝。画面明净、清雅。燕寝与正寝恰好相反，为退息闲居的所在，主人十分放松，与妻妾调笑作乐，风光旖旎。对于主人来说，寿终于燕寝才是安然去世吧。

聚集之处，可以有效杜绝后宫之祸，此之谓“不死于妇人之手”。

清末平步青在《霞外捃（jùn）屑》一书“正寝”条中说：“近世文集中鲜云正寝，而讣告则必云寿终正寝，据放翁说，则二字不可率用。”“不可率用”的原因在于今人早已经不明白“正寝”一词的本义，而是将它泛用，用来形容所有人的“寿终正寝”了。

“屋漏”不是指屋子漏雨

如果我在这里饶舌解释“屋漏”这个词，肯定会被读者朋友骂作白痴。但是传统文化的博大精深，常常会使人出其不意地感到震撼，比如“屋漏”这个词，本义根本不是屋顶上破了一个洞，漏雨了，而是指屋子的西北角。

《论语·述而》载：“子曰：‘不愤不启，不悱不发，举一隅不以三隅反，则不复也。’”“悱（fěi）”指想说而不能恰当说出来的样子；“隅（yú）”指角落，成语“向隅而泣”就是形容人对着屋角哭泣，可见有多么孤独悲伤。

这句话的意思是：不是发愤的学生我不会去开导他，不是有话想说却难以表达的学生我不会去启发他，告诉他一个角的名字，他却不能由此推及其他三个角的名字，就不必启发了。“举一反三”这个成语即出于此。

室内有四角，各有专名，《尔雅·释宫》中说：“西南隅谓之奥，西北隅谓之屋漏，东北隅谓之宧，东南隅谓之窔。”“奥”是西南角，“屋漏”是西北角，“宧（yí）”是东北角，“窔（yào）”是东南角。“奥”和“窔”都有黑暗、幽深的意思，古人的房子面南背北，阳光从南边的窗户射进来，室内背光处为西南角和东南角。因此而有“一窥堂奥”一词，“堂奥”即指堂的深处，也比喻深奥的义理、深远的意境。

室内东、西、南、北四个方向还有尊卑之分。以鸿门宴的座次为例：“项王、项伯东向坐，亚父南向坐，沛公北向坐，张良西向侍。”坐西朝东的方向最尊贵，因此项羽和他叔叔项伯坐西朝东（东向）；坐北朝南的方向次之，因此项羽的谋士亚父范增坐北朝南（南向）；坐南朝北的方向又次之，因此沛公刘邦坐南朝北（北向）；张良是刘邦的谋士，只能屈居最卑的坐东朝西方向了（西向）。这些座次的礼节一点儿都错不得。

坐西朝东既然最尊贵，古人出面为子女聘请老师，双方讨价还价谈妥工资待遇之后，主人宴请老师，就请老师坐在这个方向，所以授业的老师尊称为“西席”；主人坐东朝西作陪，东面是主人的位置，故称“东家”“做东”，“房东”“股东”等称呼也是因此而来。

四个角中，以“奥”（西南角）的方位最尊贵，“尊长之处也”，因此《礼记·曲礼上》中规定：“为人子者，居不主奥。”父母都健在的儿子不能住在西南角，这个方位只能父母居住。“屋漏”这个西北角有很重要的用途。祭祀时先在“奥”即最尊贵的西南角举行仪式，祭祀完毕后要在“屋漏”即西北角安放木制的神位，上书祖先的名讳，定时上供。这个地方必须隐秘，不能被外人看见，因此要设一面帷帐遮挡。“屋”字的本义是小的帐幕，后来指称房屋时又另造了个“幄”字来指帷帐；“漏”的意思是隐藏；“屋漏”即用帷帐来隐藏神位。这就是“屋漏”代表西北角的由来。《诗经·大雅·抑》中有：“相在尔室，尚不愧于屋漏。”意思是看看你在自己屋子里做的事，虽然没有别人能看见，但是仍然要无愧于西北角的神位，所谓上有三尺神明。

知道了“屋漏”的含义，杜甫《茅屋为秋风所破歌》中的名句“床头屋漏无干处，雨脚如麻未断绝”的意思就要重新理解了：床头和西北角最隐秘的神位那个位置都被雨淋湿了，而雨脚如麻，还在不停地下着。西北角最隐秘的神位比床头要尊贵得多，如果仅仅将“屋漏”解释为屋子漏雨，把床头都打湿了，并不能更加渲染“寒士”穷困的生活条件；只有连最尊贵的神位都不能幸免，才能更好地说明寒士居住的地方是多么破旧，后面“安得广厦千万间，大庇天下寒士俱欢颜，风雨不动安如山”的期盼才会更加动人，才更具有艺术感染力。

《关圣帝君万应灵签》卷下插图『勿谓暗室可欺，屋漏可愧』，尚勤堂马宅刊，北京龙文斋刻字铺藏板，清道光六年（1826）版。

《关圣帝君万应灵签》是一本解签书。明清至民国期间，各地都建有专门奉祀关帝的关帝庙，香火极旺，“关帝灵签”在民间盛传。这幅插图出自其中的“觉世格言”部分，画的是宋人林茂先闭门读书，邻妇慕其才名，夜奔之。茂先呵斥道：“男女有别，礼法不容，天地鬼神，罗列森布，何可以此污我！”妇惭而退。这个故事忠告世人勿欺暗室，勿愧屋漏。举头三尺有神明，屋子西北角的列祖列宗可都看着呢。

“家累”不是形容沉重的家庭负担

在今天，“家累”一词的意思是沉重的家庭负担，但在古代刚好相反，非但不是指家庭负担，反而是指家庭财产丰厚。

《史记·魏其武安侯列传》载：“（灌夫）家累数千万，食客日数十百人。”灌夫的家庭财产有数千万之多。南朝宋檀道鸾《续晋阳秋》载：“（殷仲文）性甚贪吝，多纳贿赂，家累千金，常若不足。”因为“家累”指家庭财产，由此引申出“家累千金”一语，“家累千金”当然是用来形容家中财产丰盈。东晋文学家殷仲文性情贪婪，收受了很多贿赂，家累千金却还不知足，常常哀叹：“哎呀！我的钱实在是太少了！”

《汉书·司马相如传》载，汉武帝喜欢打猎，而且喜欢亲自上阵追逐野兽，司马相如于是给汉武帝上疏，里面有这样几句话：“盖明者远见于未萌，而知者避危于无形，祸固多藏于隐微而发于人之所忽者也。故鄙谚曰：‘家累千金，坐不垂堂。’此言虽小，可以谕大。”圣明的人在事情还没有萌发时便能够预见到，智者能够在无形中就避开危险，灾祸本来都是隐藏在细微之中的，人们疏忽的时候就会发生，因此俗话才说：“家累千金，坐不垂堂。”

从司马相如的上疏中可以看到，“家累千金”后面往往跟着一句“坐不垂堂”，这是司马相如家乡蜀地的谚语，很早就已经在民间流传了。“垂”是指堂檐下靠阶的地方，“垂堂”是指靠近堂屋的檐下，东汉学者张揖注解说“畏檐瓦堕中人也”，坐在檐下害怕檐上的瓦掉下来伤人，因此才“坐不垂堂”，不坐在檐下。颜师古则反驳道：“垂堂者，近堂边外，自恐坠堕耳，非畏檐瓦也。言富人之子则自爱深也。”“垂堂”是指坐的地方过于靠外，害怕自己摔到台阶下去，不是害怕檐上的瓦掉下来砸到头上。《汉书·爰盎传》载：“千金之子不垂堂，百金之子不骑衡。”“衡”是车辕前端的横木，千金之子坐不垂堂，百金之子不能骑在车前的横木上，家财富有的人常自珍爱，不自蹈险地。

除了这个意思，“家累”还有一个意思，指家属、家眷、家中的人口。《晋书·戴洋传》载，堂邑令孙混“欲迎其家累”，即想把家眷接来，擅长算卦的戴洋对他说：“此地到了腊月就要出事了，不能把家眷移来！”陶渊明当年去当彭泽令的时候，“不以家累自随”。妻子和儿女被称为“家累”，自己说自己的妻妾儿女叫“贱累”，称呼别人的妻妾儿女叫“尊累”，子女多叫“累重”。近代以后，“家累”才具备家庭负担沉重的意思。

黎公端木
賜 子貢

《至圣先贤半身像》之『黎公端木』像，元代佚名绘。

《至圣先贤半身像》全册六十开，图绘春秋至元代一百二十位历代名儒，起自孔子，终至许衡。原在清宫安奉历代帝后贤臣图像的“南薰殿”，现藏台北故宫博物院。

“黎公端木”即端木赐，字子贡，孔门十哲之一，孔子曾称其为“瑚琏之器”，以“言语”闻名，利口巧辞，善于雄辩，有干济才。他还善货殖，曾经商于曹、鲁两国之间，“好废举，与时转货赀，家累千金，子游列国，多以赐资”，为孔子弟子中首富。子贡虽善货殖，但“君子爱财，取之有道”，后世商界所推崇的“端木遗风”便是指子贡遗留下来的诚信经商的风气。

“康庄大道”为何比喻美好前途

“康庄大道”这个成语原指宽阔平坦、四通八达的大路，比喻美好的前途。为什么用“康庄”来指称大道呢？这跟古人对道路名称的区分有关，在《尔雅·释宫》中对道路有详细的命名。这些命名以“达”为单位，“达”指畅通的道路。

“一达谓之道路，二达谓之歧旁，三达谓之剧旁，四达谓之衢，五达谓之康，六达谓之庄，七达谓之剧骖，八达谓之崇期，九达谓之逵。”

“一达”即一条长长的道路，故作为道路的总称；

“二达”叫“歧旁”，歧道旁出，即双岔路；

“三达”指三面相通的道路，因为旁出的歧路更多，故曰“剧旁”；

“四达”叫“衢”，指通往四方的道路；

“五达”叫“康”，指通达五方的大路；

“六达”叫“庄”，指通达六方的大路；

“七达”叫“剧骖”，“骖（cān）”是三匹马，三条道路交汇，旁出一条歧路，故称“剧骖”，指通达七方的大路；

“八达”叫“崇期”，“崇”通“充”，充满；“期”的本义是约会、会合；“崇期”指通达八方的大路，因为道路多又四处通达，人充满其上就像在上面会合一样，故称“崇期”；

“九达”叫“逵”，指通达九方的道路，只是今天已经不知道如何算是通达九方了。

“康庄大道”取其中的“五达”和“六达”统一形容四通八达的道路。白居易《和松树》诗中有这样的诗句：“漠漠尘中槐，两两夹康庄。”路旁的槐树相夹的就是“康庄大道”。

古人讲究无一字无来历，可不是随便说着玩的，这些道路的名称就是最好的例子。

“康”既是通达五方的大路，因为交通便利，道路两旁的百姓做生意就方便，家里通常都很富有，于是这种生活就称作“小康”和“大康”，“康”是丰足安乐的意思。

《诗经·大雅·民劳》有“民亦劳止，汔可小康”的诗句。“汔（qì）”，庶几，差不多。意思是说：百姓也已经够劳苦了，差不多该过上小康生活了。《诗经·国风·蟋蟀》则有“无已大康，职思其居”的诗句。“大”通“太”。意思是说：不要过分享乐，还要考虑一下本职工作。

“小康”是儒家理想中政治清明、人民富裕安乐的社会，孔子认为大禹、商汤、周文王、周武王、周成王、周公这六个人的统治时期达到了“小康”的标准。“小康”又低于“大同”，大同社会才是儒家最高的政治理想，洪秀全、康有为、谭嗣同和孙中山都受过“大同”思想的影响。《礼记·礼运》中记载过孔子描述的大同社会的面貌，语意很明白，照录于下，不再注释：“大道之行也，天下为公。选贤与能，讲信修睦，故人不独亲其亲，不独子其子，使老有所终，壮有所用，幼有所长，矜寡孤独废疾者皆有所养。男有分，女有归。货，恶其弃于地也，不必藏于己；力，恶其不出于身也，不必为己。是故谋闭而不兴，盗窃乱贼而不作，故外户而不闭，是谓大同。”

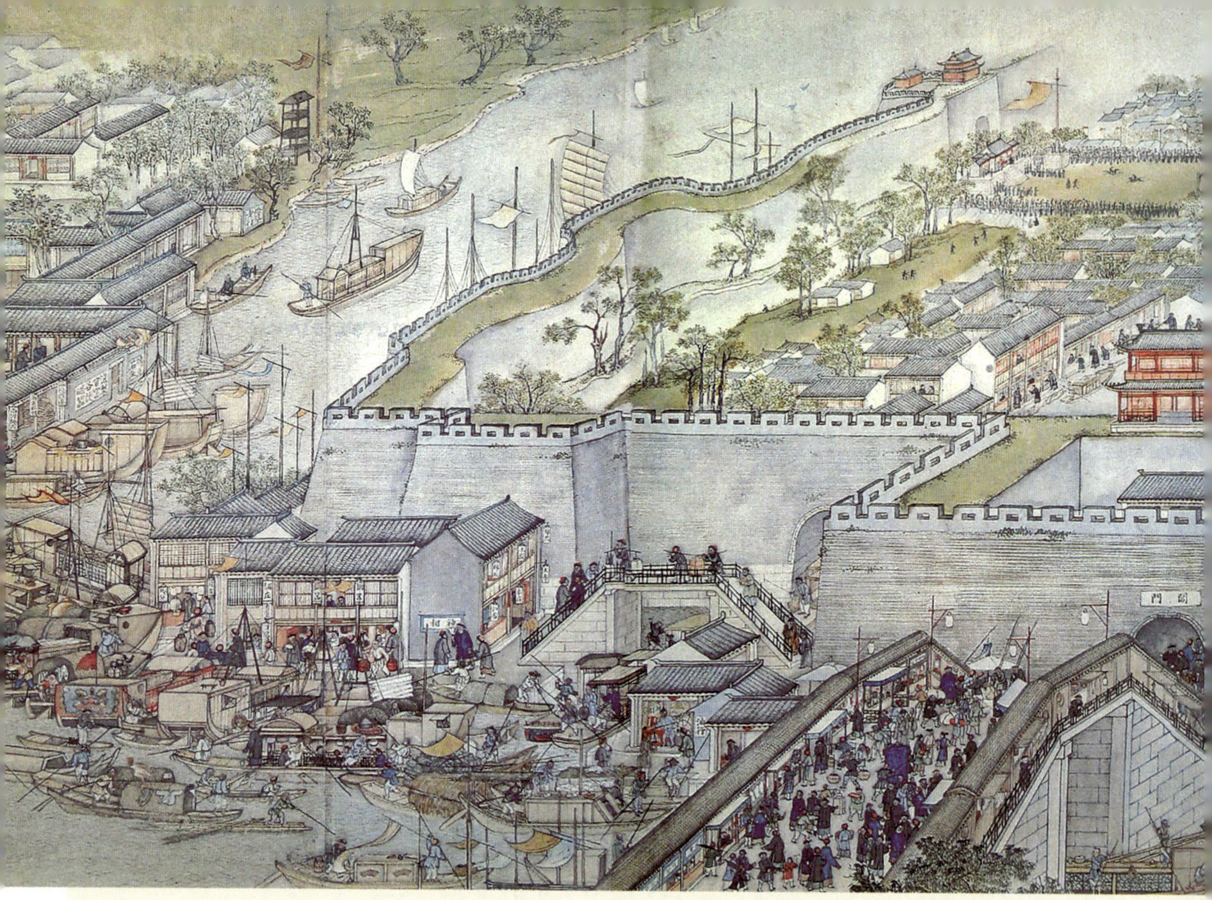

《姑苏繁华图卷》又名《盛世滋生图卷》，是清乾隆时期苏州籍宫廷画家徐扬花了二十四年时间创作的巨幅画作，反映当时苏州山川秀丽、人烟鼎盛、商贾辐辏、百货骈阗的繁华盛景。画卷布局精妙严谨，气势恢宏，技法娴熟，豆人寸马，神情毕现。

这幅图选的是其中描绘阊门内外舟车云集、市井喧阗的一段。徐扬跋文中称：“至若春樽献寿，尚齿为先；嫁娶朱陈，及时成礼。三条烛焰，或抡才于童子之场；万卷书香，或授业于先生之席。耕者歌于野，行者咏于涂，熙嗥之风，丹青不能尽写。”阊门

《姑苏繁华图卷》局部，清代徐扬绘，纸本设色，藏辽宁省博物馆。

一带，水陆并行，锦绣灿烂，凡南北舟车，外洋商贩，莫不毕集，“五更市买何曾绝，四远方言总不同”。其富贵风流实得益于水陆交通之便利，不是康庄，胜似康庄。

“阴沟翻船”的“阴沟”为何会翻船

中国民间俗语中有“阴沟里翻船”的说法，比喻在最有把握的地方出了问题，属于完全不该有的失误。说起来很顺口，但是仔细一想问题就来了：阴沟里怎么会行船？阴沟里如果不能行船，又怎么会翻船呢？

我们先来辨析一下“阴沟”的由来。五代时人丘光庭所著《兼明书》中说：“凡沟有露见其明者，有以土填其上者。土填其上者谓之阴沟，露见其明者谓之阳沟。言阳以对阴，无他说也。”有阴必有阳，因此“阳沟”就是露出地面的排水沟，“阴沟”就是藏在地下的排水沟。但是阴沟和阳沟仅仅是排水沟，其宽并不足以行船，又何来翻船一说呢？

原来，在北方方言中，“阴沟翻船”本来应该是“羊沟翻船”。晋代学者崔豹所著《古今注》中说：“长安御沟，谓之杨沟，谓植高杨于其上也。一曰羊沟，谓羊喜抵触垣墙，故为沟以隔之，故曰羊沟也。”所谓“杨沟”“羊沟”，“杨”“羊”同音，植杨树而称为“杨沟”更为可信。无论是“杨沟”还是“羊沟”，其宽都足以行船，而且御沟两侧遍植高杨和槐树，沟中水流风平浪静可想而知，要想翻船实在是一件概率极小的事情，因此人们才用“羊沟翻船”作比。清代时犹有此语，清人翟灏所著《通俗编》中说：“北人又有羊沟翻船之语。”可为证。

后人不解“羊沟”或“杨沟”称谓的来历，而误写作更通俗易懂的“阳沟”一词，比如明代学者郎瑛在《七修类稿》中就疑惑不解：“予以今人暗者为阴沟，则明者为阳沟矣，明白简易，不知中华子何以云所也，或者古自如是耳？”五代时人马缟所著《中华古今注》一书中也有“羊沟”的记载，因此郎瑛不懂“中华子何以云所也”。

后人将“羊沟”误为“阳沟”，但作为排水沟的“阳沟”却无法行船，于是干脆一错到底，将“阳沟”再变为语感更重、更不可能行船的“阴沟”，从而产生了“阴沟翻船”这句不知所云的俗语。这就是这句俗语的辗转由来。

《红叶题诗仕女图》，明代唐寅绘，绢本设色，藏美国露丝和舍曼李日本艺术研究所。

唐寅（1470—1524），字伯虎，又字子畏，以字行，号六如居士、桃花庵主、逃禅仙吏等，南直隶苏州府吴县人，明四家之一。

此图工笔重彩，气象高华，以“三白法”染出仕女面部，衣纹用细劲流畅的铁线描，服饰色调柔和，显出绮罗质感。“红叶题诗”是一个著名典故，唐宋笔记小说中多有记载，情节相类而事主各异。举其一：唐宣宗时，卢渥赴京应举，偶临御沟，见红叶上有诗云：“流水何太急，深宫尽日闲。殷勤谢红叶，好去到人间。”后宣宗放出宫女，许配百官司吏，渥得一人，即题诗红叶者。这个故事见于唐代范摅《云溪友议》，又称为“御沟流叶”。宫门深锁，却锁不住御沟流水，也锁不住寂寞宫女向往“人间”的心。

紅葉題情付御溝當時叮囑向西流
無端東下人間去却使君王不信
唐寅

生死·鬼神

“老死牖下”为何代指善终

《左传·哀公二年》载：“简子巡列，曰：‘毕万，匹夫也，七战皆获，有马百乘，死于牖下。群子勉之，死不在寇。’”这是说晋国和郑国开战前夕，晋国的国卿赵简子巡视军队，拿普通人毕万为例，说他虽是一介匹夫，但是跟随晋献公征战，七战都有功，被封为拥有百乘之地的卿，而且“死于牖下”。赵简子鼓励将士们努力，未必就会死在战场上。

杜预注解说：“死于牖下，言得寿终。”为什么“死于牖下”就意味着寿终正寝呢？

《说文解字》：“牖，穿壁以木为交窗也。”段玉裁解释说：“交窗者，以木横直为之，即今之窗也。在墙曰牖，在屋曰窗。”这是说，“牖（yǒu）”是开在墙上的窗，“窗”是开在屋顶的天窗。段玉裁又说：“古者室必有户有牖，牖东户西，皆南向。”（“牖东户西”应为“牖西户东”。）古时房屋坐北朝南，门在西，牖在东，当然也都朝南，便于阳光照射进来。北墙上开的窗叫“向”，不过也有叫“北牖”的。

古时病人卧床，通常要在北牖之下，死后才迁到南牖之下，即郑玄在为《仪礼·士丧礼》所作的注中所说：“疾时处北墉下，死而迁之当牖下。”“当牖”即南牖。这是为了便于“沐浴而饭含”。“饭含”是丧礼之一，用珠、玉、贝、米等物纳于死者之口，这就是所谓“饭于牖下”。然后是以下一系列仪式：小敛（沐浴、穿衣、覆被），大敛（将尸体入棺），殡（停放灵柩），祖（祭礼），最后才是下葬。

死在自己家里，“饭于牖下”，因此“牖下”“死于牖下”和“老死牖下”都借指寿终正寝。同时，寿终正寝属于自然死亡，因此“老死牖下”又用来比喻终生碌碌无为，比如《金瓶梅》第四十七回“苗青贪财害主　西门枉法受赃”：“大丈夫生于天地之间，桑弧蓬矢，不能遨游天下，观国之光，徒老死牖下，无益矣。”古时男孩儿出生后，要用桑木作弓，蓬草作箭，射天地四方，表示男儿志在四方，这就叫“桑弧蓬矢”，否则白白老死牖下而毫无益处。

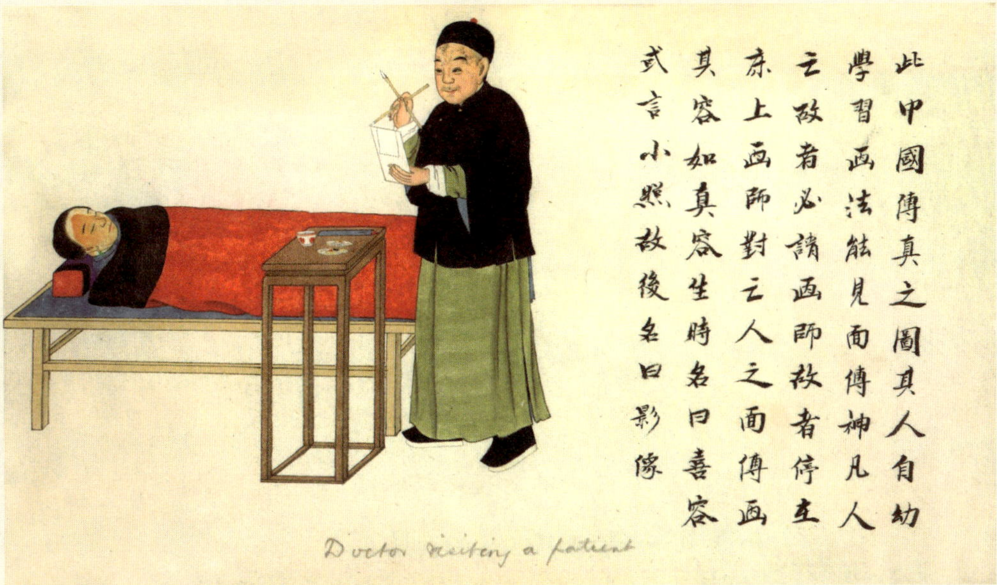

《街头各行业人物》插图「传真之图」，藏大英图书馆。

这是一套十九世纪中国外销画，作者已不可考，书中选择了一百四十五幅描绘当时社会生活场景及各行业人物的图画，并配以文字说明，生动细腻，再现了十九世纪中国市井风情。这幅图描绘的是画师给亡人绘制影像的情景。这是一种专门为亡者画像的画师，擅长“传真”“写照”，在照相技术尚未传入之前，故去的人全靠这样的画师留下影像，以供子女怀念祭祀。图中亡者已“小敛”（沐浴、穿衣、覆被）完毕，白发，安祥，锦被裹身，看起来是“寿终正寝”模样。虽然没有画具体场所，按习俗，亡者此时应停于南牖之下吧。

“寻短见”为何比喻自杀

“寻短见”指看不到生的希望而寻死，是自杀的婉辞。这是一个非常奇特的说法，“短见”本来形容见识短浅，与“长见”相对而言，但见识再短浅也跟死亡扯不上任何关系呀！迄今为止，对这个日常俗语的词源，所有的辞典都没有提供富有说服力的解释。

其实，“寻短见”的“见”不是指见识，而是指古代葬礼中的一种装饰物。

古代中国的丧葬制度从简葬、薄葬慢慢过渡到厚葬之后，对今天所说的棺材的要求开始讲究了起来。今人统统称作棺材的东西，古人却有更加细致的区分：装殓尸体的木制器具称“棺”；空着的棺材叫“榇（chèn）”，因为死者的尸身将来要躺在里面，“以亲近其身”，因此“榇”从木从亲。很显然，“棺”和“榇”都是空的，尸体还没有装进里面。已经装进去尸体的棺材称“柩（jiù）”，这也就是书面语中经常出现的“灵柩”的称谓。

天子、诸侯和卿大夫的棺木外面还要再套上一层棺木，称“椁（guǒ）”，也称“大棺”。这就是表明死者身份和等级的棺椁制，平民百姓当然是没有资格享用的。

记载周代礼仪的《仪礼》一书中有一篇《既夕礼》，所谓“既夕”，指落葬前最后一次哭吊的晚上。这一晚哭过之后，第二天就要出殡。灵柩运到墓穴之后，葬进墓穴之前，还有种种哭丧的礼仪，以及为死者殉葬的各种器物的安置。其中落葬之前的最后程序是：“藏器于旁，加见。藏苞筲于旁。加折，却之。加抗席，覆之。加抗木。实土三。”

“藏器于旁”，“器”指弓箭、耒耜、甲胄等用器，把这些用器放在外面大棺的旁边。

“加见”，郑玄注解说：“见，棺饰也。更谓之见者，加此则棺柩不复见矣。”“见”原来是指棺饰，也就是蒙在大棺上面的帷幕。贾公彦进一步解释说：“以其唯见此帷荒，故名帷荒为见，是棺柩不复见也。”“帷荒”即棺饰之一，这个词很有意思：这一整块覆盖大棺的帷幕，“在旁曰帷，在上曰荒”。也就是说，帷幕四周这一圈的部分称“帷”，“帷”的本义即围在四周的布幕；而帷幕上面的这部分称“荒”，“荒”的本义是草掩地，荒草将地面都掩盖住了，帷幕蒙在大棺上面，就像草掩地一样，故称“荒”。参加葬礼的人看不见棺椁，只能看见覆盖了一圈的棺饰，因此这种棺饰就叫作“见”。

在为《周礼》所作的注疏中，贾公彦又解释了一遍棺饰为何称“见”，说得更加清晰：“见，谓道上帐帷荒将入藏以覆棺。言见者，以其棺不复见，唯见帷荒，故谓之见也。”

“藏苞筲于旁”，“苞”指用苇草编织成的包裹鱼肉之类食品的用具，“筲（shāo）”指盛饭的竹器，将这两样东西放在“见”即棺饰的旁边。

“加折，却之”，“折”是一个平平的木架子，“却”指将这个木架子仰面向上放置。

“加抗席，覆之”，“抗席”指抵御墓土的苇席，覆盖在“折”这个木架子上面。

“加抗木”，“抗木”指挡住泥土的木架。

“实土三”，往棺椁上填土三遍，完成落葬的所有程序。

以上就是“寻短见”这个日常俗语中“见”的来历，以及它作为棺饰在整个葬礼过程中的作用。

至于“短”，是形容寿命短。《尚书·洪范》中有“六极”之说，所谓“六极”，孔颖达解释说“谓穷极恶事有六”。这六种极凶恶之事分别是：“一曰凶、短、折，二曰疾，三曰忧，四曰贫，五曰恶，六曰弱。”

“一曰凶、短、折”，郑玄注解说：“凶、短、折皆是夭枉之名。未龀曰凶，未冠曰短，未婚曰折。”“龀（chèn）”指男孩子八岁换牙，女孩子七岁换牙，还不到七八岁换牙的时候就死了，这叫“凶”；“未冠”指未到弱冠之年，不到二十岁就死了，这叫“短”；未婚即死叫“折”，我们现在还使用“夭折”一词，即指未成年而死。

“二曰疾”，常常生病；“三曰忧”，常多忧愁；“四曰贫”，总是很穷；“五曰恶”，相貌丑陋；“六曰弱”，筋力、志气懦弱。

“未冠曰短”，七八岁以上、二十岁以下死亡都称“短”。既未成年，则身量矮小，使用的棺木和“见”这种棺饰自然都比成年人的要短小，因此就用下葬时能够看得见的棺饰来作比，称“短见”。“寻”是极其形象又刻薄的点睛之笔，自己去寻找名为“短见”的棺饰，不正是寿命短、自寻死路的典型象征吗？因此“寻短见”或“自寻短见”就用来比喻自杀寻死。

“寻短见”作为自杀的婉辞，其词源至此方才彻底澄清。

《月百姿》之『弓取の数に入るさの身となれは おしまさりけり夏夜月 明石儀太夫』，月冈芳年绘，1890年。

月冈芳年（月岡芳年，1839—1892），又名一魁斋芳年，晚名大苏芳年，江户末期著名浮世绘画家，师从歌川国芳，以带有强烈冲击性的“无惨绘”著称。《月百姿》是一部以月亮为主题的大型锦绘合集（一百幅），于 1885 年至 1892 年分批出版，描绘出月亮的千态百姿，题材取自日本和中国逸事、历史事件和神话。

画中男子是明石仪太夫将军，1582年他输了一场战斗，打算切腹自杀。画面上，他刚刚完成辞世之句，抽出“胁差”（一种短刀），神情凝重。标题中那句便是他写下的死亡诗，意为“当我将进入那违命之列 / 比以往更明亮耀眼 / 夏夜的月光”。切腹作为日本武士中流行的自杀仪式，被视为有尊严的死法，明石仪太夫大概不会认为自己在“寻短见”吧。

“三长两短”原来是棺材的形制

“三长两短”大概是最为人熟知的日常俗语，至今还活跃在人们的口头语之中，使用频率极高。所有辞典的解释都有两个义项：一是指意外的灾祸或者事故，二是作为死亡的婉辞。但这个俗语为什么可以代指死亡？“三长”是指什么？“两短”又是指什么？为什么不可以说成“两长三短”或者别的数目字呢？

网络和媒体上最流行的说法是：“‘三长两短’是和棺木有关的。棺木由六片木材拼凑而成，棺盖及棺底分别俗称天与地，左右两片叫日月，这四片是长木材；前后两块分别叫彩头、彩尾，是四方形的短料。所以合共是四长两短。但棺盖是人死后才盖上的，所以只称‘三长两短’，作为死的别称，后来再加入意外、灾祸等意思。”

这种解释流传极广，但没有任何文献支持，很可能是民间根据棺材的形制臆造出来的，天地、日月、彩头、彩尾的称谓也不知从何而来。最可笑的是，为什么非要将棺盖的那块长木板给省略掉呢？如果说“棺盖是人死后才盖上的”，因此忽略不计，那么人还没死时的“三长两短”又如何能够代表死亡呢？

还有一个更重要的证据，可以彻底否定“棺木由六片木材拼凑而成”的想当然。庄子在《人间世》篇中写道：“宋有荆氏者，宜楸、柏、桑。其拱把而上者，求狙猴之杙者斩之；三围四围，求高名之丽者斩之；七围八围，贵人富商之家求椫傍者斩之。故未终其天年，而中道之夭于斧斤，此材之患也。”

“拱把”，指树的径围可以两手合抱；“杙（yì）”，小木桩；“樿（shàn）”，一种白色纹理的大树；“樿傍”，西晋学者司马彪解释说：“棺之全一边者，谓之樿傍。”唐代学者成玄英解释说：“棺之全一边而不两合者，谓之樿傍。其木极大，当斩取大板。”近代学者尚秉和先生进一步解释说：“全一边者，谓棺之四墙，皆一板所成，非数板凑成，故非大木不办。今世仍重之，谓之独傍独盖，又曰四独，即‘樿傍’之义也。”

“傍”指棺木的四旁。也就是说，棺木的四旁全是由一棵樿木制成，并非拼合而成，这叫“独傍”；棺盖则是单独一块板，这叫“独盖”。尚秉和先生乃晚清进士，去世于1950年，他既然称“今世仍重之”，可见在他生活的那个时期，人们仍然极其重视独木所制成的棺木。这就有力地否定了“棺木由六片木材拼凑而成”的说法。

庄子这段话的意思是：宋国有个叫荆氏的地方，适合楸、柏、桑等树木生长。长到一手两手能握住的，寻找能系猿猴的小木桩的人把它砍伐去了；长到三围四围那么粗，显贵之家寻找栋梁的人把它砍伐去了；长到七围八围那么粗，贵人富商之家寻找整棵树做棺材的人把它砍伐去了。因此没有尽享天年，而半途夭折于斧头，这是材质的祸患。

有文献记载的“三长两短”一词，最早出自三国时期魏国的著名术士管辂（lù）笔下。管辂被尊为卜卦观相的祖师，这个人很神奇，曾预言过夏侯渊战死、何晏之死、曹丕代汉称帝、自己活到四十八岁等诸多事件，《三国志》中保存了很多。

管辂所著《管氏指蒙》一书，在《五鬼克应》篇中写道：“形如指覆，一长两缩，未卖其田，先卖其屋。”这是就“形如指覆”的地形而言的，其中“一长两缩”另一版本写作“三长两缩”。在本篇的结尾，他又写道：“又况天其可凭，力不可致；善其可招，福不可恃。惟天惟善，萌于吾心，具于吾身；虽兆于冥漠之表，亦显显于日久之见闻。同气而生，如掌之指三长而两短，不可加减其寸分。”

“三长两缩”“三长而两短”都是形容五指，中间三根指头长，大指和小指短。但这只是五指的如实写照，并不能引申出意外的灾祸或者事故的意思，更不能引申为死亡的婉辞。

那么，“三长两短”一定另有词源；而且，既然与死亡有关，一定是指棺木的形制。

《礼记·檀弓上》篇中记载了天子之棺的形制：“天子之棺四重，水兕革棺被之，其厚三寸，杝棺一，梓棺二，四者皆周。棺束缩二衡三，衽每束一。”

按照礼制，从里到外，天子之棺共有四重之多：第一重用水牛和兕的皮革覆盖，皮革各厚三寸，共厚六寸，“兕（sì）”是一种像牛的青兽；第二重称“杝棺”，“杝（yí）”即椴木，是用椴木所做的棺；第三、第四重称“梓棺”，“梓（zǐ）”即楸树，第三重和第四重的大棺都用楸木所制，故称“梓棺二”。这四重棺木的周围都要用布蒙起来，因为怕进水，这就叫“四者皆周”。

“棺束”是指用皮革将棺木捆缚、束合起来。孔颖达解释说：“古棺木无钉，故用皮束合之。”钉子是后来才发明出来的，古时候的棺木没有钉子用，就用皮革。

“缩二”，孔颖达解释说：“缩，纵也。纵束者用二行也。”纵的方向木板短，也就是两头的短板部分，只须捆两道即可。

“衡三”，“衡”通“横”，孔颖达解释说：“横束者三行也。”横的方向木板长，也就是长板部分，必须捆三道。

“衽（rèn）”本来指衣襟，是衣服两片的连接处，引申为连接棺盖与

《绘图缀白裘六集》卷三插图『蝴蝶梦 劈棺』，清代玩花主人编，上海书局光绪二十一年（1895）石印本。

《缀白裘》是清代刊印的戏曲剧本选集，收录当时剧场经常演出的昆曲和花部乱弹的零折戏。

《蝴蝶梦》一剧演绎庄周故事：庄周为试妻子田氏之心，幻病装死，化为美少年楚王孙上门迷惑田氏。田氏果然为其所惑，后为救王孙头痛之病，情急之下竟斧劈庄周欲取其脑髓。庄周在劈斧三响中惊醒，原来是一场大梦。画面所绘正是“劈棺惊梦”场景。棺木停于堂中，架在木凳之上，视角从外向内，一人举斧欲劈。图中庄子棺木形制应是明清式样，可以肯定不是《人间世》中大木所制。

棺木的木楔，两头宽中间窄，汉代称作“小要”，“要”通“腰”，意思是在棺木的腰部使劲，起固定作用。孔颖达解释说：“既不用钉棺，但先凿棺边及两头合际处作坎形，则以小要连之，令固棺。”将“衽”插入棺边及两头的坎中，使棺盖与棺身密合。

“衽每束一”，孔颖达解释说：“并相对，每束之处，以一行之衽连之。若竖束之处，则竖着其衽以连棺。盖及底之木，使与棺头尾之材相固。”不管是横束之处还是竖束之处，“衽”的位置都要两端一一对应插入；皮革捆束的每一道都用“衽”连起来，“衽”与皮条联用，就是为了紧固棺盖。

“缩二衡三”就是纵二横三，也就是短二长三。这应该就是“三长两短”的雏形。但因为不管是“缩二衡三”还是“纵二横三”，不仅拗口，而且也不容易理解，于是后人就把它改成了“三长两短”这个沿用到今天的俗语形式。今天所能够看到的把“三长两短”作为死亡婉辞的用例，最早是在明代。

不过，自从钉子发明之后，人们开始使用钉子将棺材和棺盖钉合起来，既方便又快捷，不仅“衽”被逐渐淘汰，而且捆束的皮绳也随之消失了，“三长两短”的原始含义遂不再为人所知。随着火葬制度的实施，连棺材都被弃之不用，就更不会有人懂得“三长两短”的来历了。

“抽屉”的形制竟然源于棺材

人们日常生活中使用得非常频繁的家庭物件“抽屉”，顾名思义，就是可以抽出来的一层层的屉子。不过“屉”是后起字，最初写作“屟”或“屧”，读音是 xiè。《说文解字》：“屟，履中荐也。”“荐”是垫的意思，“履中荐”即衬垫鞋子的东西。张舜徽先生在《说文解字约注》一书中解释说：“以薄木板为之，用以荐履，故泥湿不能及足。亦有凿木令空，使能容履者，其形制盖与后世所用木屐相似。”

也就是说，“屟”是一种薄木板制成的带有边缘的木底，走路的时候，把鞋子放进去，避免湿泥弄脏鞋子。北宋学者朱长文所著《吴郡图经续记》中描述道：“又有响屧廊，或曰鸣屐廊，以楩梓藉其地，西子行则有声，故以名云。”吴王夫差宫中的“响屧廊”的地板用楩（pián）木和梓木所制，西施穿着木底的“屟”在上面行走的时候，发出清脆的声音。真是一幅香艳动人的图景！

“抽屉”最初写作“抽替”，岳飞的孙子、南宋学者岳珂在《宝真斋法书赞》中收录有黄庭坚的一封书信，其中写道：“彼有木工，为作一抽替药罗，长尺一、阔六寸许便可。”“药罗”即药箱，“抽替药罗”即可以抽出来的药箱。

南宋词人周密所著《癸辛杂识后集》中有“修史法”一条：“昔李仁甫为《长编》，作木厨十枚，每厨作抽替匣二十枚，每替以甲子志之，凡本年之事，有所闻，必归此匣，分月日先后次第之，井然有条，真可为法也。”

李焘，字仁甫，两宋间史学家，《长编》指《续资治通鉴长编》，九百八十卷，卷帙浩繁，因此采用“抽替匣”之法。

“抽替”这个词很奇怪，“抽”乃抽动、抽进抽出，“替”作何解呢？原来，“抽替”的原型竟然是一种棺材，叫作“通替棺”。

据《南史·后妃列传》载，南北朝时期，宋世祖孝武皇帝刘骏的宠妃殷淑仪死后，“帝常思见之，遂为通替棺，欲见辄引替睹尸，如此积日，形色不异”。《说文解字》：“通，达也。”《易经·系辞》：“往来不穷谓之通。”“替”的本义是废弃，引申为代替。

所谓“通替棺”，即指殷淑仪的棺材分为两格或里外两层，一格或外层为正式的棺木，下葬时使用；另一格或里层放置尸体，刘骏思念她的时候，就把这一格拉出来观看。这一格可以没有阻碍地拉进拉出，此之谓“通”；这一格的作用是代替正式的棺木，此之谓“替”。后来也省写作“通替”。

不过，这很可能是一种望文生义的解释。“替”更有可能是“屉”的通假字，可资参照的是《金瓶梅词话》中把“抽替”“抽屉”也写成“抽梯”，显然因为音同而互为通假字。

北周文学家庾信写有《镜赋》，其中吟咏道：“暂设妆奁，还抽镜屉。”可见南北朝时期，“屉”字已经从鞋的木底引申而指梳妆台上装镜子的木匣子，而且最少两层，因此才可以“抽镜屉”。这也是“替”通“屉”的一个旁证。

北宋诗人孔平仲在所著《孔氏杂说》中引述了刘骏的发明之后说：“俗呼抽替。”可见宋代时已经使用“抽替”的称谓，且正是由“通替棺”或省称的“通替”而来。

“通替棺”既不吉利，省称的“通替”又不好理解，后人遂用更形象、更好懂的“抽屉”一词取代了“通替”，以至于“抽屉”这个称谓的语源再也不为人所知，而“屉”字也顺理成章成了一个量词，比如笼屉、一屉包子，等等。

至于“抽屉”的另一个别称“抽斗”，此处的“斗”并非是指斗状的器物，而显然是指可以盛纳物品的容器。“抽屉”是从抽动的功能而言，“抽斗”则是从盛纳的功能而言，因此才有了不同的称谓。

《十八学士图》局部，（传）南宋刘松年款，绢本设色，馆藏地不详。

美国芝加哥艺术博物馆有一幅清代王凝款人物长卷，该馆题为《四艺图》，与此版《十八学士图》除了署名不同外，几乎一模一样。大概两幅均为同一母本的摹本。

唐太宗李世民为秦王时开设文学馆，广纳贤才，以杜如晦、房玄龄等十八人并为学士，命阎立本画像，褚亮作赞，藏之书府，时人倾慕，谓之登瀛洲。唐玄宗开元年间又以贺知章等人为十八学士，同样图赞之。作为翰苑盛事，“十八学士”主题被后世画家多次描绘。

刘松年（约1155—1218），钱塘（今浙

江杭州）人，“南宋四大家”之一，人物山水皆精妙。台北故宫博物院藏有另一卷传为刘松年所绘《十八学士图》，与此卷不同。这一《十八学士图》长卷设色典雅光鲜，界画工致，人物、树木、山石、亭台楼阁、器具无不严谨精细。图中两个侍者在忙着准备酒水，一个捧红木托盘送酒，另一个在温酒，酒注子立在温碗中。旁边有一精巧立橱，上格镂空，盛以茗碗茶罐之类，下面一格是两个抽屉，带环形把手，看起来实用又轻巧。图中人物衣着虽是唐代式样，家具器物却显露出宋代以后特征，抽屉橱便是宋代新兴家具。

“丰碑”原来是下葬的工具

今天的“丰碑”一词，指的是纪功颂德的高大石碑，但是在中古之前，“丰碑”却是下葬时的专用工具。

“碑”的本义是竖石，竖立起来的石头。这块竖石本来不是用来在上面刻字的，大约秦代开始才在上面刻字，作为纪念物或标记，也用以刻文告，但这时刻字的竖石还不叫“碑”，而叫“刻石”，汉以后才称作“碑”。

“碑”最早的用途有三：一是立于宫庙前，用来观日影以辨时刻，即郑玄所说：“宫必有碑，所以识日影，引阴阳也。”二是竖立于宫庙的大门之内，用来拴供祭祀用的牲口。三是用来下棺。

《礼记·檀弓下》篇中载：“公室视丰碑，三家视桓楹。”郑玄注解说：“丰碑，斫大木为之，形如石碑，于椁前后四角树之，穿中于间为鹿卢，下棺以繂绕。”“椁”是棺材外面套的一层大棺材，“繂（lǜ）”是粗绳子。因为棺材太沉，所以要用大木竖在椁的四角，木上有孔，穿上粗粗的绳子，制成辘轳，用来牵引棺材下到墓坑里面。按照礼制，天子用六繂四碑，六根粗绳子和四根大木；诸侯用四繂二碑；大夫用二繂二碑；士二繂无碑。由此可见，“丰碑”本来指下棺的大木。

这本来是严格的等级制规定，丝毫不得僭越，可是礼崩乐坏的时候，这种礼制却屡屡被僭越。所谓“公室视丰碑”，意思是诸侯下棺，也开始视同天子用丰碑下棺的礼制了；所谓“三家视桓楹”，“三家”指鲁国掌管国政的三家大夫，“桓楹”专指天子和诸侯下棺使用的大木，大夫下棺，也开始视同诸侯用桓楹下棺的礼制了。

介绍至此，我们可以知道，“丰碑”本来是一种特殊的葬礼规格，经历了周王室的衰落，以及春秋战国的乱世之后，礼崩乐坏，这种严格遵循等级制的葬礼规格渐渐被人遗忘，人们开始在亲人的坟前竖起石碑，称之为“丰碑”，却忘了“丰碑”仅是下棺的工具而已。再后来，人们又开始在这块碑上刻字纪念，形成了今天的墓碑。

不二價
仁和號自製進呈藕粉
五人之墓
益美齋精製水晶眼鏡鋪
益美齋佳造進呈月宮亮扇

《苏州市景商业图册》「五人之墓」，清代佚名绘，藏法国国家图书馆。

《苏州市景商业图册》以素描点彩的手法，细致描绘了明末清初“最是红尘中一二等富贵风流之地”的姑苏之繁华兴盛。图共二十幅，这是其中之一，画的是“五人之墓”一带市井样貌。街边有白莲粉藕粉店、眼镜店、四时花卉店、熟食铺子、小吃摊，人来人往，河是山塘河，中有游船，很热闹。

“五人之墓”碑树于天启七年（1627）。时值明末，宦官魏忠贤为首的阉党对主张改良政治的东林党人进行残酷迫害。天启六年（1626），魏忠贤派人到苏州逮捕周顺昌，苏州市民群情激愤，奋起反抗，发生暴动。事后，朝廷大肆搜捕暴动市民，颜佩韦等五人挺身投案，英勇就义。苏州人将他们合葬在虎丘山前山塘河大堤上，称为“五人之墓”，明代文学家张溥为之撰写了著名的《五人墓碑记》。五人之英勇义烈至今生气凛然。

“放肆”原来是威胁要杀掉你

晚辈面对尊长的时候，如果言语和举动都表现得很嚣张，通常会受到这样的斥责：“放肆！”各种辞典对“放肆”的解释都是轻率任意，毫无顾忌，显然是一个贬义词。但是“放肆”这个词为什么会具备这样的义项？相信绝大多数人都茫然不知，辞典中也都没有给出详细的解释。

先说“肆”。“肆”的本义是形容头发长长地散开，张舜徽先生在《说文解字约注》一书中解释说：“太古之民，鼓腹披发而游，初无髻髻之法，肆字即喻其事……因引申为敷陈恣纵之义。”“髻（kuò）”指束发。“肆”字由此而引申为长、散开、扩张、放任、极力、侵犯等诸多义项。

《说文解字》：“肆，极陈也。”所谓“极陈”，是形容极尽可能地陈列出来，当然这也是引申义。比如我们知道古代的作坊、店铺都称“肆”，就是指陈列百工，摆设货物之地。

据《周礼》记载，周代有个官职叫“小宗伯”，主要职责是掌管礼仪祭祀等事。小宗伯的属下还有“肆师”一职，郑玄注解说：“肆犹陈也。肆师佐宗伯，陈列祭祀之位及牲器粢盛。”“粢（zī）”是供祭祀所用的谷物，“粢盛”即指盛放在祭器中的谷物。肆师的职责是辅佐小宗伯，在祭祀的时候摆设祭祀的位置，陈列祭牲、祭器和谷物，故称“肆师”。

小宗伯的各项职责之中，有一项看似很古怪实则非常有趣的任务：“王崩，大肆，以秬鬯渳。”“秬（jù）”是黑色的黍子，古人视之为嘉谷，即吉祥的作物；“鬯（chàng）”是一种香酒，用黑黍和名为郁金的香草酿成，这

《列女传》卷二插图「齐聂政姊」，汉代刘向撰，明代汪道昆增辑，明万历时期刻，清乾隆四十四年（1779）鲍氏知不足斋刊本。

此本题作仇英绘图，徽工镌板，线条流畅、细腻，为明代版画精品。

战国时期著名刺客聂政，为报知遇之恩，行刺韩相侠累，所杀者数十人，怕连累姐姐，自毁面容，剖腹自杀。韩曝其尸于市，购问以千金，莫知为谁。聂政姊闻讯，赶过去认尸痛哭，谓吏曰：“杀韩相者，妾之弟，轵深井里聂政也。”亦自杀于尸下。李白有诗云：“何惭聂政姊，万古共惊嗟。”聂政之名能光耀史册，全靠其姊以死为其扬名。聂政姊也因此被收入《列女传》。真勇者无惧生死，以“放肆”相威胁大抵是没用的。

种酒“芬芳攸服”，酒香芬芳浓郁，用来祭祀神灵和祖先；“渳（mǐ）”是动词，指清洗尸身。“大肆”，东汉学者郑众注解说：“大浴也。”郑玄则注解说：“始陈尸，伸之。”小宗伯的任务是在周天子驾崩之后浴尸，唐代学者贾公彦解释说：“必用秬鬯者，以死者人所恶，故以秬鬯浴尸，使之香也。”

周天子驾崩之后，小宗伯要先“大肆”，把周天子的尸身最大限度、没有死角地伸展开来，并摆设、陈列妥当，然后用“秬鬯”这种香酒沐浴、清洗尸身。这一场景直到今天在丧葬仪式上仍然还能看到，只不过用来为死者清洗尸身的是水，而不是周天子专用的“秬鬯”香酒。

“大肆”既然是指陈列周天子的尸身，引申开来，处死刑后陈尸示众也叫作“肆”。《周礼》中规定：“凡杀人者，踣诸市，肆之三日。”“踣（bó）”是指将杀人犯处死而变成一具僵尸，然后在市集上陈列尸体，示众三日，以示鄙弃，同时也有警醒百姓之意。

再说“放”。《说文解字》：“放，逐也。”南唐学者徐锴进一步解释说：“古者臣有罪，宥之于远也。”“宥（yòu）”是宽恕之意，意思是说：臣子犯了罪，赦免死罪，流放到遥远之地。“放”由此引申为弃。

综上，“放肆”这个词的意思就非常清晰了：弃尸于市，陈列示众。

古代中国有尊敬长辈的传统礼仪，如果对长辈不敬，那么“放肆”的斥责就犹如说：“你竟敢不尊敬长辈，我要把你杀掉，然后弃之于市，陈尸示众！”这当然是威胁之辞，但由此也可知，晚辈对长辈的不敬到了极端的令人无法忍受的程度的时候，这句最为严重的威胁之辞才会使用。

久而久之，经过漫长的语言演变，“放肆”这句口头上的威胁之辞失去了语感严重的本义，仅仅表示训斥的意思了。不过，即使如此，今天的人们在使用“放肆”一词的时候，也仍然针对的是晚辈或下属严重不敬的言语或举动。

“风调雨顺”竟然指四大金刚

“风调雨顺”是指风雨适合农时，丰收之年无一例外皆为“风调雨顺”之年。这是中国人尽人皆知的一个成语。不过，“风调雨顺”还有一个鲜为人知的含义。

佛教中有“四大天王”，即佛教护法神之一的帝释（又称帝释天）的四员护法外将，分别居住在须弥山的四陲。“须弥山”原为古印度神话中的山名，后来被佛教采用，指一个小世界的中心。山顶为帝释天所居，四面的山腰为四天王所居，因此称四大天王为外将。居于东方的持国天王叫提多罗吒，身体白色，披甲，手持琵琶；居于南方的增长天王叫毗流驮迦，身体青色，手执宝剑；居于西方的广目天王叫毗留博叉，身体红色，手中缠绕一条龙；居于北方的多闻天王叫毗沙门，身体绿色，手持宝伞。

中国的佛教寺庙山门两旁大多都有四大天王的塑像，他们身形高大，面目狰狞，俗称四大金刚。清人梁章钜在《浪迹续谈》“风调雨顺”一条中引述了王业《在阁知新录》中的疑惑：“凡寺门金刚，各执一物，俗谓‘风调雨顺’：执剑者风也，执琵琶者调也，执伞者雨也，执蛇者顺也。独顺字思之不得其解。”

王业的意思是说，手执宝剑的增长天王司风，手持琵琶的持国天王司调，手持宝伞的多闻天王司雨，手中缠绕一条龙（蛇）的广目天王司顺，故称“风调雨顺”。可是王业不知道“顺”是什么意思。

同书又引明代学者杨慎在《艺林伐山》中的解释：“所执非蛇，乃蜃也，蜃形似蛇而大，字音如顺。”“蜃”是传说中的一种蛟龙，据说吐气即能化作海市蜃楼。杨慎认为广目天王手中缠绕的既不是龙也不是蛇，而是蜃，“蜃”的读音和“顺”相似，故用谐音指代“顺”。这一解释非常牵强，就像“调”就是“调和”一样，“顺”当然就是“理顺”的意思，将风和雨调和理顺，是之为“风调雨顺”。

《金瓶梅词话》第八十九回“清明节寡妇上新坟 永福寺夫人逢故主”中就有这四大金刚的写照：“山门高耸，梵宇清幽。当头敕额字分明，两下金刚形势猛。五间大殿，龙鳞瓦砌碧成行；两下僧房，龟背磨砖花嵌缝。前殿塑风调雨顺，后殿供过去未来。”“风调雨顺”就是指这四大金刚。

《三十七位神祇：缅甸一度盛行的神灵崇拜》（*The Thirty-Seven Nats: A Phase of Spirit Worship Prevailing in Burma*）插图，「缅甸文化中的四天王像」，英国理查德·卡纳克·坦普尔爵士著，1906年出版。

坦普尔爵士（Sir Richard Carnac Temple）曾任安达曼和尼科巴群岛的英国首席专员，同时也是一位人类学家，这本书描绘了在缅甸流行的三十七种神祇。佛教为缅甸国教，缅甸曾经是世界南传上座部复兴佛教的三大主力之一。

图中所绘四天王与一般的“风调雨顺”之像颇为不同，左起依次为北方天王、南方天王、西方天王、东方天王。四神均作扛剑状，除衣饰颜色和身高略有区别，神情姿态肤色如出一辙，像是同胞兄弟，较之常见的四天王像之威武狰狞，别有一种喜感，显得十分可亲。

“为虎作伥”的“伥”是人还是鬼

“为虎作伥”这个成语比喻做坏人的帮凶。“伥”这个字很有意思，居然是人字旁，那么它指的到底是人还是鬼呢？

原来，“伥（chāng）”又叫“伥鬼”。唐人裴铏所著《传奇》中有《马拯》一篇，讲述一只吃人的虎被马拯和山人所杀后，“忽三五十人过，或僧，或道，或丈夫，或妇女，歌吟者，戏舞者”，破坏了猎人的弩机。二人询问猎人这都是些什么人，猎人说：“此是伥鬼，被虎所食之人也，为虎前呵道耳。”猎人又杀一虎之后，“诸伥奔走却回，伏其虎，哭甚哀，曰：‘谁人又杀我将军？’二子怒而叱之曰：‘汝辈无知下鬼，遭虎啮死，吾今为汝报仇，不能报谢，犹敢恸哭，岂有为鬼不灵如是？’”可见，“伥鬼”就是人被虎吃掉后变成的鬼，且被虎所驱使，“为虎前呵道”，再去害别人，因此又称“虎伥”。

明代藏书家都穆所著《听雨记谈》一书中描述了伥鬼“为虎前呵道”的场景：“盖人或不幸而罹于虎口，其神魂不散，必被虎所役，为之前导。今之人凡毙于虎者，其衣服巾履，皆别置于地，此伥之所为也。伥可谓鬼之愚者。或曰，虎捕人已死，能步绕咒祷，使死人自去衣服而后食。”

明末张自烈所著《正字通》中也有相似的记载：“世传虎啮人，人死，魂不敢他适，辄隶事虎，名伥鬼。虎行求食，伥必与俱，为虎前导，遇途有暗机伏阱，则迂道以往。呼虎曰将军，死则哭之。”

虽然以上记载都是传说，但“伥鬼”这个深入人心的形象却从此流传了下来，并渐渐演变成“为虎作伥”这个成语，用来比喻帮凶。

《新镌全像一见赏心编》卷十二《人虎传》插图『李生化虎』，明代鸠兹洛源子编，明万历时期萃庆堂刊本。

《一见赏心编》是晚明一部汇集情爱和怪异故事的文言小说集。《人虎传》，唐李景亮撰，《太平广记》题作《李徵》，注云出《宣室志》。陇西李徵，皇族子，博学善属文，恃才倨傲，不能屈迹卑僚，尝郁郁不乐，忽婴疾发狂，夜间为窗外人声所诱，走山谷中，化身为虎。第二年其故友陈郡袁傪经过山岭，虎认出故人，细诉原委，托其照顾家人。

图中所绘，正是袁傪遇“一虎自草中突出”的情形。李生所化之虎，“形变而心甚悟”，自知饿极不得不食人，告诫友人说：“使回日，幸取道他郡，无再游此途。吾今日尚悟，一日都醉，则君过此，吾既不省，将碎足下于齿牙间。”袁傪行数里登岭回望，则虎自林中跃出咆哮，岩谷皆震。不知诱使李生入山化虎的声音为谁？此故事比张鬼类神秘曲折，且有余味。

“含沙射影”竟然指能害人的怪物

“含沙射影”比喻要阴谋，暗中诽谤中伤、攻击陷害别人。

这个成语出自东晋干宝所著《搜神记》:“汉光武中平中，有物处于江水，其名曰‘蜮’，一曰‘短狐’，能含沙射人。所中者，则身体筋急，头痛，发热，剧者至死。江人以术方抑之，则得沙石于肉中。诗所谓‘为鬼为蜮’，则不可测也。今俗谓之‘溪毒’。先儒以为男女同川而浴，淫女，为主乱气所生也。”

“汉光武中平”应为“中元”，因为汉光武帝只有“中元”的年号，没有“中平”的年号。这种怪物的名称很多，或叫“蜮”，或叫“短狐”，或叫“射工”，或叫“水弩”，特点是能够含着沙子射人，一旦被它射中，轻者头痛发热，重者甚至会死去。人们找方术大师作法，结果在这种怪物的肉中发现了很多沙石，看来这种怪物在身体内部储存了许许多多沙石，时刻准备袭击人类。不知道它跟人类有什么深仇大恨。

东晋葛洪在《抱朴子·登涉》中也有同样的记载：“又有短狐，一名蜮，一名射工，一名射影，其实水虫也。状如鸣蜩，状似三合杯，有翼能飞，无目而利耳，口中有横物角弩，如闻人声，缘口中物如角弩，以气为矢，则因水而射人，中人身者即发疮，中影者亦病，而不即发疮，不晓治之者煞人。其病似大伤寒，不十日皆死。”

其实《诗经·小雅·何人斯》中就早已出现了这种怪物的“倩影”：“为鬼为蜮，则不可得。”孔颖达正义曰：“《洪范》五行传云：‘蜮如鳖，三足，生于南越。南越妇人多淫，故其地多蜮，淫女或乱之气所生也。’陆机疏云：‘一名射影，江淮水皆有之。人在岸上，影见水中，投人影则杀之，故曰射影。南人将入水，先以瓦石投水中，令水浊，然后入。或曰含沙射人皮肌，其疮如疥。’”

从“为鬼为蜮”这句诗里诞生了人们习用的“鬼蜮”一词，指暗中害人的鬼和蜮，因为鬼和蜮都不敢明目张胆地出现，都是躲在暗处偷偷给人致命一击，因此用“鬼蜮”形容那些用心险恶、暗中害人的小人。

“蜮”又俗称“溪毒”，意思是说男女在同一条溪中洗浴，发生了性关系，淫乱之气导致了这种怪物的产生。先儒的想象力真是相当地丰富！

《和汉三才图会》卷五十四湿生类插图『蜮』，寺岛良安编，秋田屋太右卫门文政七年（1824）刊本。

《和汉三才图会》又称《倭汉三才图会》。1712年，大阪医生寺岛良安仿照中国明代《三才图会》的体例模式，耗时近三十年编纂出版了一百零五卷八十一册的《倭汉三才图会》。该书网罗日本、中国天地人三界万物，被后世誉为日本第一部百科全书。

选取的页面图文并茂描绘了“蜮”的名字和特征，说它长二三寸，前阔后狭，色黑，背硬如鳖，有甲，有翅，能飞，尖喙，有六足如螃蟹，足角如弩，以气为矢，能杀人；但是鹅鸭可“辟”之，“鹅飞则蜮沉”。图像看上去并不可怕，反而趣致可爱。

いさごむし

蜮 音或

フヲツ

射工　射影

水弩　抱槍

水狐　短狐

溪鬼蟲　含沙

今蟈蜮出山林間長二三寸廣寸許形扁前濶後狹似蟷狀腹軟背硬如鱉負甲黑色六七月甲下有翅能飛作鏃鏃聲濶頭尖喙有二骨眼其頭目醜黑如狐如鬼喙頭有大齒如此長一二分有六足如蟹足二足有喙下大而一爪四足有腹下小而岐或時雙屈前足抱拱其喙正如傾弩上矢之狀冬則蟄於谷間所居之處大雪不積氣起如蒸掘下一尺可得此物足角如弩以氣爲矢因水勢含沙以射人影成病急不治則殺人是淫婦惑亂氣所生也所中其毒者取鼓蟲一枚口中含嚼之便愈已死亦活蟾蜍

“孟婆汤”的“孟婆”原来是风神

中国民间传说，人死后走上黄泉路，经过一座奈何桥后，有一位老婆婆在卖汤，这碗汤就叫作“孟婆汤”，喝了它可以忘却前世所有的爱恨情仇。这碗汤如此之有名，以至于成为各种文艺作品中争相吟咏的对象。可是，古代文献中所记载的“孟婆”却与这碗汤没有一丁点儿关系。

最早的记载出自南朝宋人沈怀远之手，他所著《南越志》一书，虽然早已散佚，但还有一些片段保存了下来。书中说：“飓母即孟婆，春夏间有晕如虹是，盖飓神也。”这是中国古籍中最早关于“飓风”的记载。南越地区俗称飓风为“孟婆”。

人们都以为“孟婆”姓孟，其实大谬不然。清代大型类书《佩文韵府》载：“宋徽宗词‘孟婆好做些方便，吹个船儿倒转’，蒋捷词‘春雨如丝，绣出花枝红袅，怎禁他孟婆合早’。按北齐李骢驹（táo tú）聘陈，问陆士秀曰：‘江南有孟婆，是何神也？’士秀曰：‘《山海经》：帝女游于江，出入必以风雨自随，以其帝女，故曰孟婆……’”

清人王弈清在《历代词话》卷八中也有“俗谓风曰孟婆”，“江南七八月间有大风……野人相传以为孟婆发怒”的记载。之所以称作“孟婆”，“孟”不是姓，古人排行以伯（孟）、仲、叔、季为序，天帝的女儿最大，因此用排行中的老大“孟”来称呼。

由以上记载可知，“孟婆”乃是风神。明人朱鼎臣所作小说《南海观音菩萨出身修行传》第十三回“妙善魂游地府”中写道：“阎君与六曹俱在孟

Mong-pouo niang-niang — La tisane de l'oubli.
The Goddess Mêng-puo — The elixir of forgetfulness.

《中国民间信仰研究》（*Recherches sur les superstitions en Chine*）卷七插图『孟婆娘娘』。

这套书是法国耶稣会士禄是遒（Henri Doré）神父主笔的关于中国民间信仰的人类学报告，1911年至1938年陆续出版，收录了大量包括中国年画、符咒在内的民俗图片资料。

这幅图描绘的是孟婆娘娘，其中的孟婆完全是富贵主母（老妪）形象，头上挽三髻，衣着华丽，神情严肃而悲悯，左右童男童女，面前案上摊开的书卷上写着“一心向善”四个大字。下面，一小鬼端着一大茶盘“孟婆汤”，各路阴魂争相饮用，另二小鬼驱赶着不情愿的魂灵。其情其景，全不似王有光书中所记那么香艳，惟孟婆形象相似。

婆亭作别而去。”清人沈起凤在《谐铎》一书中描写锦屏女子叶佩纕（xiāng）十六岁去世，埋在后园碧梧树下，有青虫千百攒集叶上，咬出了“冥中八景诗”，其三即《孟婆庄小饮》：“月夜魂归玉佩摇，解来炉畔执香醪。可怜寒食潇潇雨，麦饭前头带泪浇。”无论是“孟婆亭”还是“孟婆庄”，还都没有出现“孟婆汤”这一神奇的饮品，之所以以“孟婆”命名，大概是因为此地风大的缘故，恰好符合“孟婆”风神的身份。

直到晚清王有光所著《吴下谚联》一书中才出现“孟婆汤”其名，作者写道：“人死去第一处是孟婆庄，诸役卒押从墙外经过赴内案完结。生前功过，注入轮回册内，转世投胎，仍从此庄行过。有老妪留进，升阶入室，皆朱栏石砌，画栋雕梁，珠帘半卷，玉案中陈。妪呼女孩，屏内步出三姝：孟姜、孟庸、孟戈，皆红裙翠袖，妙常笄，金缕衣，低唤郎君，拂席令之坐。小鬟端茶，三姝纤指捧瓯送至，手镮丁丁然，香气袭人，势难袖手。才接杯便目眩神移，消渴殊甚，不觉一饮而尽。到底有浑泥一匙许，抬眼看时，妪及三姝皆僵立骷髅，华屋雕墙，多变成荒郊，生前事一切不能记忆。一惊堕地，即是懵懂小孩矣。此茶即孟婆汤，一名泥浑汤，又名迷魂汤。”

按照王有光的描述，“孟婆”姓孟，无疑是孟姜、孟庸、孟戈三个女孩的母亲，可见此时已经不解为何称“孟婆”的来龙去脉了，因此才附会出一个“孟婆庄”，又把风神“孟婆”附会为庄主，以至于这个误解一直流传到了今天。

“城隍庙”的“城隍”到底是一尊什么样的神

城隍庙是中国各地极为常见的道教庙宇，那么，这座庙里到底供的是一尊什么样的神？又为什么把庙称作“城隍”的庙呢？相信很多人都不清楚。

我们先来看“城”和“隍”这两个字分别是什么意思，区别何在。

《说文解字》:“城，以盛民也。”东汉学者刘熙在《释名·释宫室》中解释说：“城，盛也，盛受国都也。”也就是说，“城”的作用是建立城墙，将百姓都“盛”在里面，以防备外敌的攻击。“城”的外面还要再加筑一道城墙，称之为“郭”，所谓“内城外郭”是也。著名的北朝民歌《木兰诗》中，当木兰归家时，“爷娘闻女来，出郭相扶将”，就是一直来到外城的城外迎接木兰。

再说“隍”。《说文解字》:“隍，城池也。有水曰池，无水曰隍。”中国第一部辞典《尔雅》在《释诂》篇中的释义则为：“隍，虚也。”又在《释言》篇中进一步解释说：“隍，壑也。”也就是说，“隍”是指没有蓄水的护城壕沟。《周易·泰卦》中有“城复于隍”的比喻，意思是城墙崩塌在下面空空的壕沟里。

古人建城，一定要在城墙四周开挖护城的壕沟，挖成之后，未蓄水的称“隍”，蓄水的称“池”。“城池”一词就是这样来的，表示护城河里的水满满地围绕着城墙。只有护城河里蓄满了水，这座城才能称为“城池”，否则只能称为“城隍”。

“城隍”的起源，可以追溯到周代的“水庸”。周代的时候，农事收获完毕之后，要在岁末的十二月举行盛大的祭祀，合祭万物，称作“蜡（zhà）”。据《礼记·郊特牲》载：“天子大蜡八。”天子之祭称“大蜡”，共祭祀八种神，分别为：

“主先啬而祭司啬也。祭百种以报啬也。”“啬”指收获谷物，“先啬”指农耕的始祖神农氏，“司啬”指农神后稷，也就是周人的先祖。主祭先啬，从祭司啬，这是报答他们发明农业的恩德。

“飨农及邮表畷、禽兽，仁之至，义之尽也。古之君子，使之必报之。迎猫，为其食田鼠也，迎虎，为其食田豕也，迎而祭之也。”“飨”是祭祀之意；“农”是官名，掌管农事之官；“畷（zhuì）”指田界相连接之处；在田界相连接的地方竖立表木，以示区分，这就叫“表畷”；还要在这样的地方建立邮亭屋宇等处所，供农官所处，以便督促农业生产，这就叫“邮表畷”；“禽兽”即指猫和虎之类的野兽，周代时猫尚未驯化，因此只食田鼠，虎则食野猪，田鼠和野猪都是危害农田的动物，因此要祭祀护田有功的猫和虎。

“祭坊与水庸，事也。”“坊”指堤防，“水庸”即水沟。“庸”通“墉”，城墙，以之借指将水流围起来的沟渠。

曰：“土反其宅，水归其壑，昆虫毋作，草木归其泽。”这是祭祀时念诵的祝辞，意思是：堤防安然无事，沟渠不要泛滥，病虫害不要发生，荒草野树不要生于良田。

综上所述，天子“大蜡”的八种神即为郑玄的注解所总结的：“先啬一，司啬二，农三，邮表畷四，猫虎五，坊六，水庸七，昆虫八。”

古人就是按照“水庸”的形制而建的“城隍”。“水”指护城河，即“隍”；“庸（墉）”即城墙。那么既然“无水曰隍”，而“水庸”明明有水，又为什么可称“隍”呢？这是因为古人造字，对事物的分类极细，但正如张舜徽先生在《说文解字约注》一书中所说："有水无水之辨，乃析言之耳。若浑言之，隍亦有水之通名。"

由以上可知，"城隍"本来指的是围绕城墙的护城河。至迟到南北朝时，"城隍"开始演变为护佑城池的自然神。据《南史·邵陵携王纶传》载，梁简文帝大宝元年（550），邵陵王萧纶竟然在郢州僭越称帝，于是"数有变怪，祭城隍神，将烹牛，有赤蛇绕牛口出"。又据《北齐书·慕容俨传》载，北齐文宣帝天保六年（555），慕容俨镇守郢城，南梁大兵围城，"城中先有神祠一所，俗号城隍神，公私每有祈祷，于是顺士卒之心，乃相率祈请，冀获冥佑"。

这两则史料证明，"城隍神"已经成为官家和民间共同祭祀的自然神。此后历代相沿，凡有城池处，必有城隍庙。宋代之后，城隍神开始人格化，多以去世的英雄或者名臣作为本地的城隍神加以祭祀。明代甚至还有京师城隍、府城隍、州城隍、县城隍的四级封号。各地城隍庙的大规模的庙会，就起源于祭祀城隍神的活动，并渐渐演变成当地最重要的民间习俗。

出像西廂記
卷之三
為民禔福和風甘雨萬家春

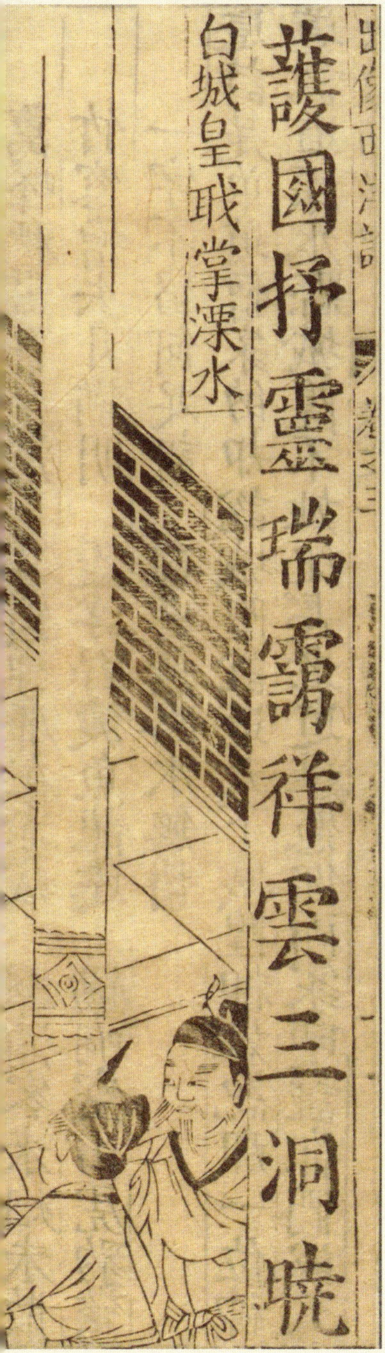

《新刻全像三宝太监西洋记通俗演义》第十一回插图『白城隍职掌溧水』，明代罗懋登撰，万历时期刊本。

此书以明代永乐年间三宝太监郑和七次出使西洋为史实，衍义而成神魔小说。

这一回讲了溧水县城隍神的故事：吕洞宾在人间有一个私生子，姓白，长大做了侍郎，这一日宿在溧水县。白侍郎秋毫无犯，只是爱吃鸡蛋，夜里失眠，见老鼠偷走了橱内鸡蛋。第二天“故意儿叫过四个门子来，拷究他一番”，不料很快屈打成招。侍郎心想：“天下有多少屈情的事，我做了数十年官，错断了多少屈情的事。我为官受禄一场，不能为国为民，反做下了这等无常孽帐，枉耽了这个人身！”于是触柱自杀。玉皇因他清廉，封其为溧水县城隍，受一方祭祀。图中白侍郎着官服坐堂问事，与人间县令相仿佛。

庙堂·江湖

“附庸风雅”最初并不是贬义词

今天所使用的“附庸风雅”这个成语是一个不折不扣的贬义词，用来贬低用文化装点门面的人，比如常常称那些暴发户暴富之后购买书画的行为为“附庸风雅”。可见文化这东西是人人都追求的，人人都要显得“有文化”，前几年北京曾经流行过“没文化”的口头禅，伤了很多人的自尊。如果明明没有文化，偏要装得有文化，这就叫“附庸风雅”。

“附庸风雅”这个成语是动宾结构，“附庸”是动词，追随之意，“风雅”泛指文化。但是在古代，“附庸”和“风雅”却是两回事，两者之间没有任何关系，不存在要追随的关系。

“附庸”本指依附于诸侯国的小国。据《礼记·王制》记载，周代的礼制规定：“天子之田方千里，公、侯田方百里，伯七十里，子、男五十里。不能五十里者，不合于天子，附于诸侯，曰附庸。”

周天子之下共有五等爵位，依次是公、侯、伯、子、男。分封的土地，公和侯是方圆百里，伯方圆七十里，子和男方圆五十里，不满五十里的更小的封地要依附于诸侯国，称作“附庸”，是一个名词。

为什么叫“附庸”呢？郑玄注解说：“小城曰附庸。附庸者，以国事附于大国，未能以其名通也。”孔颖达进一步解释说：“庸，城也。谓小国之城，不能自通，以其国事附于大国，故曰附庸。此不能五十里，故为小国之城。”也就是说，“庸”通“墉”，本义是城墙，代指小城。“不合”指不能跟诸侯一起集合朝会天子，不满五十里的封地，国事都要依附于封地更大的诸侯国，也没有资格参加周天子的朝会。

“附庸”既明，那么“风雅”又为什么泛指文化呢？说起来很简单，“风”和“雅”就是指《诗经》中的“风”“雅”。“风”是各诸侯国的民歌，称作十五国风，共一百六十篇；“雅”又分大雅、小雅，是周王室“邦畿”之内的音乐，被尊崇为正声，共一百零五篇；此外还有“颂”，是专门用于宗庙祭祀的音乐，共四十篇。“风雅颂”或者“风雅”就用来代指《诗经》，“风雅”因此也用来泛指诗文之事，从而也用来泛指文化。

“附庸”和“风雅”连用，可以查到的最早文献，乃是清代康熙年间的史学家姚之骃所著《元明事类钞》，该书卷十六有“附庸风雅”一条：“陈仲醇通明俊迈，短章小词皆有风致，亦可装点山林，附庸风雅。”陈继儒，字仲醇，号眉公，明代著名文学家、书画家。“装点山林，附庸风雅”一语本为文坛领袖钱谦益夸赞陈继儒之辞，意为陈继儒的“短章小词”可以归入“风雅”一类，很明显是褒义词，而且把“附庸”从“依附于大国之小城”的名词变成了动词，意思是依附于，可谓活学活用。

不过，陈继儒曾在小昆山隐居，有隐士之名，却又周旋于高官显贵之间，为时人所诟病，钱谦益的八字评语未始不含有微讥之意：“装点山林”隐隐讥其隐居山林，“附庸风雅”隐隐讥其周旋权贵。因此，清代乾隆年间戏曲家蒋士铨所作传奇《临川梦》有《隐奸》一出，描写陈继儒上场的开场诗就化用并扩充了钱谦益的评语：“妆点山林大架子，附庸风雅小名家。终南捷径无心走，处士虚声尽力夸。獭祭诗书充著作，蝇营钟鼎润烟霞。翩然一只云间鹤，飞去飞来宰相衙。”从此之后，“附庸风雅”方才成为贬义词。

《陈继儒着色像》，清代叶衍兰绘。

陈继儒（1558—1639），字仲醇，号眉公，也作麋公，又号白石山樵，松江府华亭县（今上海市松江区）人，志尚高雅，博学多通，年二十九隐居小昆山，后居东佘山，杜门著述，诗文书画皆能，屡奉诏征用，皆以疾辞。与同郡董其昌齐名，董其昌云："眉公胸中素具一丘壑，虽草草泼墨，而一种苍老之气岂落吴下画师恬俗魔境。"

陈继儒擅长画梅，这幅画像上，一童子持叉竿而立，蓝巾素服的陈眉公正在展看一幅梅花立轴，也许是刚刚画毕，笔墨尚清润。陈眉公曾有题画梅花诗曰："种梅三万六千顷，月泼花光香更发。自古英雄多负心，也应难负梅花月。"——风雅确实是风雅的。

“画地为牢”原来是形容刑律宽松

“画地为牢”这个成语今天是一个不折不扣的贬义词，意思等同于故步自封、作茧自缚，比喻把自己的行动限制在一定的小范围内。但是这个成语在古代却是一个不折不扣的褒义词。

司马迁在著名的被称作书信体压卷之作的《报任安书》中写道：“士有画地为牢势不入，削木为吏议不对，定计于鲜也。”画地而为牢狱，节操之士绝不肯进去；刻木而为狱吏，节操之士绝不会受其审讯。意思是节操之士一定要在受刑前自杀，以免受辱。

为什么要画地为牢、削木为吏呢？这是因为在风俗淳朴的时代，法令宽松，只须画地为牢、削木为吏就可以治理好国家，而不需要建立真正的监狱，设置凶恶的狱吏。宋元话本小说《武王伐纣平话》中颂扬周文王“画地为牢，刻木为吏，治政恤民，囹圄皆空”，就是这一制度的生动写照。

据《汉书·路温舒传》载，汉宣帝初即位，路温舒就上书引用当时流传的俗语“画地为狱，议不入；刻木为吏，期不对”，描述刑律严苛、狱吏凶恶的情形：即使画地而为牢狱，人们议论着也不敢踏入；即使是木头刻成的狱吏，人们也一定不敢面对。颜师古评价道：“画狱木吏，尚不入对，况真实乎！”画出来的监狱尚且不敢进入，木头刻成的狱吏尚且不敢面对，更何况真实的监狱和狱吏呢！路温舒以此请求汉宣帝“省法制，宽刑罚”。

“画地为牢”从形容刑律宽松，演变成今日形容故步自封，也就是从褒义词演变成了贬义词，令人浩叹！

《历代帝王圣贤名臣大儒遗像》之「皋陶像」，绘于十八世纪，藏法国国家图书馆。

皋陶是舜帝、禹帝两朝的理官和士师，主掌刑法，“明于五刑，以弼五教”。传说他用一种叫獬豸的怪兽来决狱，獬豸形似独角羊，有分辨曲直、确认罪犯的本领：“皋陶治狱，其罪疑者，令羊触之，有罪则触，无罪则不触。”

史载皋陶为大理，天下无虐刑，无冤狱。他发明了囚禁之法，把犯罪而不至于处死的人圈起来。夏代的“圜土”是中国最早的监狱：在地下挖一个深坑，在地上架起篱笆圈围住，就成了一座土牢。于是有了“皋陶造狱，画地为牢”的传说。他被后世奉为狱神，也被奉为中国司法鼻祖。

“哄堂大笑”出自一项有趣的制度

许多人同时发声叫“哄”。“哄堂”出自唐代御史台一项有趣的制度。

唐人赵璘所著《因话录》载：御史台是监察机构，共分三院：台院，殿院，察院。“一曰台院，其僚曰侍御史，众呼为‘端公’……知杂事，谓之‘杂端’。”“端”是正直之意，资历最深的一人处理台内杂事，称“杂端”，权力最大。“二曰殿院，其僚曰殿中侍御史，众呼为‘侍御’。”“三曰察院，其僚曰监察御史，众呼亦曰‘侍御’。”

“每公堂食会，杂事不至，则无所检辖，惟相揖而已。杂事至，则尽用宪府之礼，杂端在南揖，主簿在北揖，两院则分坐，虽举匕箸，皆绝谈笑。”

每次御史台会食，杂端在与不在，有两种不同的礼仪。“检辖”表示拘束，杂端不在，就不用拘束，互相拱手作揖而已；杂端若在，则必须按照御史台的礼仪，杂端在南揖，主官的属官主簿在北揖，殿院、察院的同僚们分坐，不准谈笑。

“食毕，则主簿持黄卷揖曰：‘请举事。’于是台院白杂端曰：‘举事。’则举曰：‘某姓侍御有某过，请准条。’主簿书之。”吃完饭后，开始讨论公事，谁谁谁犯了什么错，由主簿记录下来。

“若杂端失笑，则三院皆笑，谓之‘烘堂’，悉免罚矣。”如果杂端因某事失笑，那么三院必须一起笑，这种情况下都免于处罚。“烘”通“哄”，“哄堂”即指满堂皆笑。

欧阳修《归田录》一书讲了一个很好玩的故事："故老能言五代时事者云：冯相道、和相凝同在中书，一日，和问冯曰：'公靴新买，其直几何？'冯举左足示和曰：'九百。'和性褊急，遽回顾小吏云：'吾靴何得用一千八百？'因诟责久之。冯徐举其右足曰：'此亦九百。'于是烘堂大笑。时谓宰相如此，何以镇服百僚。"

欧阳修还记载了他和梅圣俞、范景仁等六人诗酒唱和的场景："余六人者，欢然相得，群居终日，长篇险韵，众制交作，笔吏疲于写录，僮史奔走往来，间以滑稽嘲谑，形于风刺，更相酬酢，往往烘堂绝倒，自谓一时盛事，前此未之有也。"

从此之后，"哄堂大笑"就作为一个成语流传了下来。

《甲申十同年图》描绘了明朝弘治年间的十位朝廷重臣群像，作于弘治十六年（1503）。十人均为英宗天顺八年（1464）甲申科进士，有同年之谊，图绘于近四十年之后，此时个个身居要职。

图中左起为：户部尚书谨身殿大学士李东阳，兵部尚书刘大夏，户部右侍郎陈清，都察院左都御史戴珊，工部右侍郎张达。各人均头戴乌纱，身着官服，面容肃穆，不苟言笑。画面中各大臣的相貌皆为画工当面写生。其中都察院御史戴珊时年六十七，着朱红官服，袖手端肩，正襟危坐。想象一下这些重臣“哄堂大笑”的场面，也是很好玩的。

《甲申十同年图》局部，明代佚名绘，绢本设色，藏北京故宫博物院。

“感冒”竟然是官场用语

“感冒”是常见的疾病，可是任何一部中国古代医学典籍中都没有“感冒”一词，原来，“感冒”这个日常用语不是医学术语，而是一个官场专用语。

宋代有专门的机构分掌图书经籍和编修国史等事务，这些机构是昭文馆、史馆、集贤院三馆和秘阁、龙图阁、天章阁等阁，通称“馆阁”。盛行于明清两代的官方所使用的书体“馆阁体”即起源于此。

按照规定，馆阁中每天晚上要留一位官员值夜班，如果因故不能值夜班，就要在请假簿上写上这么一句：“腹肚不安，免宿。”当然不一定是真的“腹肚不安”，这只是一种相沿成习的借口。请假不能连续超过四天。因此馆阁的官员们俗称这本请假簿为“害肚历”。

这一记载出自北宋科学家沈括所著的《梦溪笔谈》一书，在卷二十三“讥谑”篇中，沈括写道：“馆阁每夜轮校官一人直宿，如有故不宿，则虚其夜，谓之‘豁宿’。故事，豁宿不得过四，至第五日即须入宿。遇豁宿，例于宿历名位下书：‘腹肚不安，免宿。’故馆阁宿历，相传谓之‘害肚历’。”

到了南宋时期，时为太学生的陈鹄也在馆阁中供职，陈鹄喜欢别出心裁，他在《耆旧续闻》一书中记载了自己的发明创造：“余为太学诸生，请假出宿，前廊置一簿，书云‘感风’，则‘害肚历’可对‘感风簿’。”陈鹄偏偏不愿意写“腹肚不安，免宿”，而是写上“感风”，还沾沾自喜地声称“感风簿”跟“害肚历”可谓一联绝对。

陈鹄所用的“感风”一词也是有来历的。与他同时期有个医学派别，史称“永嘉医派”，创始人叫陈无择，他写了一部医书《三因极一病证方论》（简称《三因方》），将复杂的疾病按照病源分为内因、外因和不内外因三种。外因称“六淫”，即风、寒、暑、湿、燥、火；内因称“七情”，即喜、怒、忧、思、悲、恐、惊；不内外因指阴阳违逆、虎狼毒虫、金疮踒折等不合常理的意外疾病。陈鹄于是创造性地把外因之首的“风”信手拈来，前面冠上一个“感”字，“感”者，受也，故称“感风”。“感风簿”一词从此开始风靡官场。

到了清代，“感风簿”演变成了“感冒假”，成为官员请假休息的托辞。清末学者俞樾在《茶香室丛钞》一书中引述了陈鹄的记载之后写道：“按今制官员请假，辄以感冒为辞，当即宋时‘感风簿’之遗意。”清代官员的创造性在于将“感风”变成了“感冒”，“冒”是透出的意思，“感冒”即指“感风”之后仍然带病坚持工作，今天终于全面爆发了，所以必须请假回家休息。

从官场发源，“感冒”一词开始进入人们的日常口语。人人都会感冒，人人都会说“感冒”这个俗语，可是它有趣的来历却被遗忘了。

该图卷描绘了明正统二年三月初一，时值“休沐”，内阁大臣杨士奇、杨荣、王直、杨溥等九人以及画家谢环在杨荣位于京师城东的府邸杏园聚会之情景。其中，杨士奇、杨荣、杨溥时人合称“三杨”，位至台阁重臣，权倾一时，是当时“台阁体”诗风的代表人物。

这部分画卷中，倚石屏坐者三人（中为杨士奇、杨荣，次为王直）是画幅中最重要的一组人物。“休沐”即官员的假日，历代制度不等。明代官员每月有假日三天，正统年间大约还不像万历以后那样纲纪松弛，文酒雅集之事便安排在“休沐”时了，平时请假自然另当别论。

《杏园雅集图》局部，明代谢环绘，绢本设色，正统二年（1437）绘，藏美国大都会艺术博物馆，即『大都会本』，另有藏于镇江博物馆的『镇江本』。

“打耳光”竟然是模拟割耳朵的战争行为

“打耳光”这个俗语困扰了我很多年，为什么叫“耳光”？百思不得其解，而且任何一种辞典都没有解释清楚这个称谓的语源，仅仅简单地解释说：用手掌击打面颊的部位，或者用手掌击打耳朵附近的部位。

这种解释看似有道理，但仔细一想问题就出来了。第一，击打的部位明明是面颊或脸部，那么为什么不叫“面光”或“脸光”呢？说实在的，这一耳光离耳朵可是远得很呢！第二，“光”又作何解？有人说是耳光响亮的意思，但“光”从来没有响亮这个义项。因此，“耳光”或“打耳光”就成了一个极其不合理的称谓。

其实，与“打耳光”相似的动作还有两个描述，都比“打耳光”的称谓来得合理得多，但却都没有“打耳光”流传得广泛。比如“批颊”，以手击打面颊，部位非常准确；比如“掌嘴”，乃是“掌嘴巴”的省写，面颊俗称“嘴巴”，而且击打的动作顺势而下，还真的能够击打到嘴的部位，因此这一描述所指的部位同样非常准确。

那么，“耳光”的称谓到底是怎么来的呢？

“耳光”“打耳光”还有两个相似的称谓，即“耳刮子”和“耳掴（掴耳光）”，它们是解开这一俗语来源之谜的关键钥匙。“刮”和“掴（guó）”都和“光”的读音相近，因此，“耳光”“耳刮子”其实不过就是“耳掴”的误写而已。

“掴”是一个后起字，因此为《说文解字》所无。南朝学者顾野王所著字书《玉篇》中把“掴”和“摑”列为一字，释义为“掌耳”。又是掌击耳朵！又跟耳朵有牵扯不清的关系！这也未免太奇怪了吧！

人们之所以觉得“耳掴”跟耳朵有关系非常奇怪，是因为不了解古代战争中的一种计算功劳的方法。据《左传·僖公二十二年》载：“楚子使师缙示之俘馘。”杜预注解说：“师缙，楚乐师也。俘，所得囚。馘，所截耳。”孔颖达正义引述了三家学者的相同观点：“郭璞云：‘今以获贼耳为馘。’《毛诗传》曰：‘杀而献其耳曰馘。’郑笺云：‘馘所格者，左耳也。’”然后自己又注解说：“然则俘者，生执囚之；馘者，杀其人，截取其左耳，欲以计功也。”

也就是说，战争结束之后，还活着的俘虏称作“俘”；被杀死的敌人，要把他们的左耳割下，带回营地，作为计功的凭据，这就叫“馘（guó）”。最初割取的是敌人的头，因此用“首”字旁的“馘”；但割头太麻烦，后来就只割取左耳，因此用“耳”字旁的“聝”，读音相同，无非是耳朵旁和首字旁的区别而已。金庸的著名武侠小说《神雕侠侣》中，杨过祝贺郭襄的十六岁生辰，送上的第一件礼物就是“两千只蒙古兵将的耳朵”，正是这一战争行为的生动写照。

《说文解字》：“聝，军战断耳也。”许慎忘了说断的是左耳。“掴”和“摑”同为一字，“摑”又是从“馘”字而来，这是一个坚实的旁证。

据《周礼》记载：“大兽公之，小禽私之，获者取左耳。”这是描述狩猎的情形：猎获大的野兽要充公，猎获小的野兽就自己留下，但是都别忘了要割下禽兽的左耳朵，以便计功。虽是狩猎，但毫无疑问乃是模拟战争时的行为。为什么要割取敌人或者禽兽的左耳朵呢？这是因为以左手执耳，右手用刀割取方便的缘故。

“耳掴”模仿的就是军战断左耳的战争行为，因此才会跟耳朵有关系。

日常生活中，即使再愤怒也不能真的将人的耳朵割下来，那是违法的行径，表达愤怒的办法就是打一耳光，意思如同是说：虽然我不能割下你的耳朵，但你惹我愤怒，就是我的敌人，权且用这个行为来恐吓你，要再惹我就真的割下你这个敌人的耳朵啦！

我们试想一下打耳光的动作，除了左撇子之外，都是用右手打对方的左脸，不正是断左耳的模拟行为吗？因此而称作“耳掴”，是多么形象啊！

综上所述，“耳掴”“打耳光”的语源，就来自于对战争中割取敌人左耳的动作的模拟。之所以将批颊、掌嘴的动作用与之无关的耳朵来形容的千古之谜，至此方才彻底厘清。

在京都名所“耳塚”附近，一场骤雨忽降，行人游客躲闪不及，有人撑伞急行，有人权且以扇遮挡乱奔，画面生动有趣。然而说到“耳塚”的来历，就不免沉重了。

1592年，日本丰臣秀吉侵略朝鲜，明朝万历皇帝发兵援朝，史称万历朝鲜战争。战况惨烈，一直持续到1598年丰臣秀吉死后才结束。期间，根据传统习惯，日军将朝鲜和明朝阵亡将领的首级献给主将请功，为“首实检”；而对阵亡的朝鲜和明朝普通士兵，则将他们的耳朵或鼻子割下来，用石灰或者盐腌制后运回日本请功。1597年，日本在京都丰国神社附近建造了耳鼻塚，上竖五轮塔，以镇压这些士兵的英灵。画面中的高丘即此塚。据称耳塚中大约埋有二十多万朝鲜和明朝士兵的鼻子或耳朵。

《滑稽都名所 耳塚》，芳梅绘，1854年『名所绘』。

都名所
耳塚

“张冠李戴”的“张”“李”到底指谁

把姓张的人的帽子戴到了姓李的人头上，这叫作“张冠李戴”，比喻认错了对象或者弄错了事实。为什么非得拿姓张、姓李的人来说事儿呢？各种辞典都没有解释清楚，仅仅举了一些例子，比如明人田艺蘅所著《留青日札》中有一篇《张公帽赋》：“谚云：‘张公帽掇在李公头上。’有人作赋云：‘物各有主，貌贵相宜；窃张公之帽也，假李老而戴之。’”因此就把“张冠李戴”的出处安在了田艺蘅头上，可是人家田艺蘅明明说“谚云”，可见在他之前早就有了这个说法，田艺蘅只不过转述“谚云”而已。如此不求甚解，真是典型的“张冠李戴”！

其实，这个成语出自武则天时的俗语“张公吃酒李公醉”，记载在唐代文学家张鷟（zhuó）的《朝野佥载》一书中：“天后时，谣言曰：‘张公吃酒李公醉。’张公者，斥易之兄弟也；李公者，言李氏大盛也。”

张昌宗、张易之两兄弟是武则天最宠爱的面首，此时，李姓王朝已经易姓，武则天改国号为周，篡夺了李姓的天下，她的儿子唐中宗李显也被废黜。“张公吃酒李公醉”这句当时的民谣，张鷟解释为“李公者，言李氏大盛也”，这种解释没有任何道理；“张公吃酒李公醉”一语非常刻薄，是讽刺李显无法撼动母亲的地位，夺回李姓的天下，在陪伴母亲饮酒的宴会上，那边厢“二张”饮酒饮得兴高采烈，这边厢李显独自一人闷闷不乐，怀有无限的心事，闷酒喝着喝着就喝醉了。这才是“张公吃酒李公醉”的真正含义。

相似的说法还有李商隐的诗《龙池》："龙池赐酒敞云屏，羯鼓声高众乐停。夜半宴归宫漏永，薛王沈醉寿王醒。"薛王是唐玄宗李隆基的弟弟李业，寿王是李隆基的第十八子李瑁。杨玉环本来是寿王妃，被李隆基看中，使用了一些阴谋手段抢夺而去，变成了著名的杨贵妃，一跃而为李瑁的继母。唐玄宗李隆基在龙池举行盛大的酒宴，薛王没有任何心事，喝至沉醉，尽欢而回，可是李瑁呢？就如同当年的李显一样，心事重重，老婆都被当爹的夺去了，而且还在酒宴上顾盼生辉，他能不郁闷吗？不过跟李显不一样的，李瑁的闷酒再喝也喝不醉，酒宴归来，李瑁仍然醒着，而且彻夜不眠。此之谓"薛王沈醉寿王醒"，同"张公吃酒李公醉"如出一辙。

唐代时，又从"张公吃酒李公醉"演化出另外一句俗语："张公帽儿李公戴。"这句俗语就更刻薄了，此处的"李公"指武则天早已死去的老公高宗李治，"二张"的帽子戴到了李治头上，不是绿帽子是什么！这才是"张冠李戴"这个成语的真正语源。

到了宋代，从"张冠李戴"的语源又演化出其他相似的谚语，比如"张三有钱不会使，李四会使却无钱""张家长李家短""张三李四"，等等。后来凡是一个成语或者俗语中同时出现张姓和李姓的，毫无疑问都源出"张公吃酒李公醉"。

明代文学家钱希言在《戏瑕》一书中总结说："唐武后时，有'张公吃酒李公醉'之谣。张公谓易之、昌宗兄弟也，李公谓中宗也，此即'薛王沈醉寿王醒'之意。一日，士人有犯夜而非其罪者，举此为辞，官遂命赋其事，士人援笔立构数言，主者笑而释之。此语流传至宋，则宗门老宿，无不拈出來，作对答人底话头，味之却真有不可思议道理。在其时又有'张公帽儿李公戴'，至今相传又有'张三有钱不会使，李四会使却无钱'之谚，疑亦是此意耳。后世行市语有'张三李四'，皆非漫然无本。"

钱希言说民间俗语“皆非漫然无本”，这句话是对的，古人讲究无一字无来历，即使是一句俗语也是如此；但从张、李二姓以上的演变来看，他不应该“疑”，“张公帽儿李公戴”这个俗语本就是唐人用来讽刺武则天的，后来才精炼为“张冠李戴”的四字成语。

“张冠李戴”的真实含义从来没有真正搞清楚过，直到本文才算彻底廓清，真乃快事！

《实竞色乃美名家见 玄宗皇帝·杨贵妃》(『实競色乃美名家見 玄宗皇帝·楊貴妃』)，喜多川歌麿绘。

喜多川歌麿以纤细高雅的笔触绘制了许多有脸部特写的半身美人画，竭力探究女性细微情感变化和内在流露之美。这幅虽非他的代表作，也可见一斑。

日本人钟爱白居易，对《长恨歌》的故事自是十分熟悉。歌麿笔下的唐玄宗与杨贵妃，线条柔美，敷色淡雅，人物肌肤温润细腻，衣饰很有质感。画面上，二人正亲密依偎，共吹一支横笛。皇帝神情眷顾，贵妃意态专注，两人间的柔情蜜意具有一种排他感，自成一方天地。此景若被寿王所见，个中滋味纷杂，不知要如何五内郁结呢。

“墨守成规”的“墨”原来指墨子

“墨守成规”这个成语的意思是：思想保守，守着老规矩不肯改变。但是为什么称作“墨守”呢？相信很多人都不清楚。

原来，“墨守”的“墨”是指墨子。墨子名翟，战国时人，墨家学派的创始人。在他和弟子们所著的《墨子》一书中，有多篇文章都与守城有关，如《备城门》《备高临》《备梯》《备水》《备突》《备穴》《旗帜》《号令》《杂守》等十一篇，皆以守备之法为主题。这也符合墨子的学说“兼爱”“非攻”。因此，墨子堪称古代中国最擅长防守的人，故称“墨守”。

《墨子·公输》一章记载了一个著名的故事：止楚攻宋。公输盘为楚国制造攻城的云梯，准备攻打宋国。墨子听说后，昼夜兼程赶到楚国的国都郢，想说服公输盘不要攻宋。二人言语不合，于是“子墨子解带为城，以牒为械。公输盘九设攻城之机变，子墨子九距之。公输盘之攻械尽，子墨子之守圉有余”。

公输盘一败涂地，恨恨地说：“吾知所以距子矣，吾不言。”墨子也说：“吾知子之所以距我，吾不言。”楚王对二人的哑谜迷惑不解，于是墨子对楚王说：“公输子之意，不过欲杀臣，杀臣，宋莫能守，可攻也。然臣之弟子禽滑厘等三百人，已持臣守圉之器，在宋城上而待楚寇矣。虽杀臣，不能绝也。”楚王只好打消了攻宋的念头。

墨子一生为实践“非攻”理论，消弭战祸，马不停蹄地奔走各地，非常繁忙，以至于被人形容为“墨突不黔”。“突”，烟囱；“黔”，熏黑。墨子

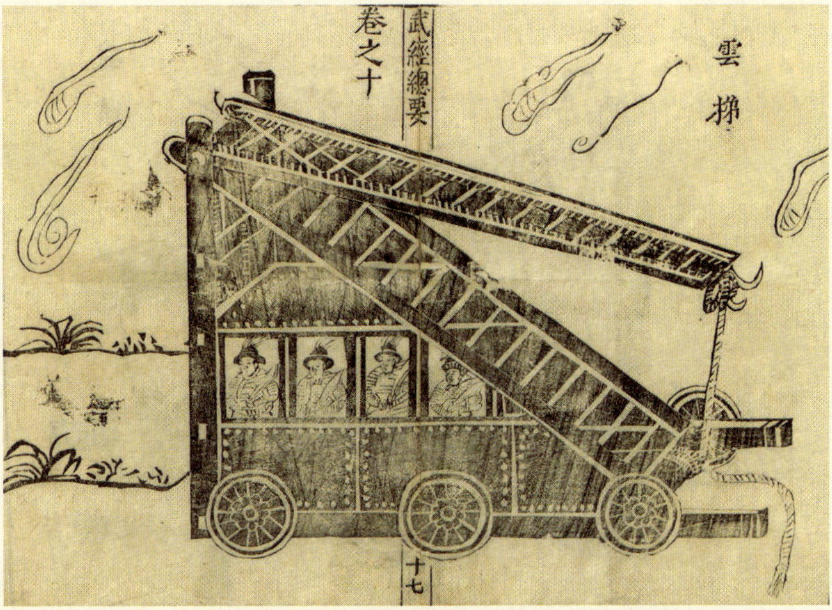

《武经总要》前集卷十插图『云梯』，宋代曾公亮、丁度等奉勅撰，明万历二十七年（1599）刊本。

《武经总要》是中国第一部规模宏大的官修综合性军事著作，论述了军队建设和用兵作战的基本理论、制度和常识，介绍了北宋时军队使用的各种冷兵器、火器、战船等器械，配有大量插图。

卷十讲攻城法，在攻城器械中介绍了云梯。战国时云梯由车轮、梯身、钩三部分组成，发展到宋代，云梯的主梯已分为两段，采用折叠式结构，中间以转轴连接，如图所示。一般传说认为云梯是春秋时鲁国巧匠公输盘所发明，其实早在夏商周时就有了，名“钩援”，大概公输盘对其进行了改进，由此而引出了墨子止楚攻宋的故事，并留下“输攻墨守”这个成语。

每到一地，做饭的烟囱尚未熏黑，立刻又拔腿就走，赶赴另外一地，因此“墨突不黔”形容事务繁忙。

墨子的门徒被称作“墨者”，有成就者被称作“矩子”。墨子发明了很多防御器具，因此常常随身携带绳墨（木工画直线的工具）和矩尺（木工所用的曲尺），所以墨家的领袖就被尊称为“矩子”，是纪念墨子之意。“矩子”也写作“巨子”，后来泛称某一方面的权威人物，比如今天的“商界巨子”“文坛巨子”等称谓，就是从墨家的“矩子”而来。

《庄子·杂篇》中说：“以巨子为圣人，皆愿为之尸，冀得为其后世。”这是说墨者以“巨子”为圣人，都愿奉他为首领，希望做他的继承人，可见墨家对“巨子”的尊敬。《淮南子·泰族训》中说：“墨子服役者百八十人，皆可使赴火蹈刃，死不还踵。”可见墨家组织之严密，纪律之严明，门徒当然也就会严守墨子的“成规”。

墨家的两大标志性特征，“墨守”和“成规”组合在一起，竟然变成了一个讽刺思想保守的贬义词，真是令人浩叹！

“学而优则仕”不是形容优秀

很多人把“学而优则仕”这句话理解成学业非常优秀，然后出仕做官。事实上这种理解是完全错误的，错误的原因在于不懂得“优”字在这句话中的意思。

“学而优则仕”出自孔子之口。在《论语·子张》篇中，孔子说：“仕而优则学，学而优则仕。”这两句话才是孔子的完整表达，在孔子心目中，“仕而优则学”甚至比后者更为重要，因此才放到第一位来讲。后人不读先贤原典，将孔子的完整表达硬生生截去前一句，只注重后一句，为自己出仕做官寻找圣人之言作为理论依据，真是可叹！

《说文解字》：“优，饶也。”什么叫“饶”？段玉裁解释说：“凡有余皆曰饶。”因此，“优”的本义就是有余力，朱熹就是这样解释的：“优，有余力也。”如此一来，孔子的两句话就很好理解了：出仕做官有余力可以去学习，学习有余力可以出仕做官。“优”是一项非常重要的标准，不管是出仕做官还是学习，必须有余力，然后才能去做别的事情。对“学而优则仕”来说，必须学有余力方才可以出仕做官，如果不是学有余力，即使学问再好也不能出仕做官。

孔子的意思非常清楚，那就是强调学习的重要性，通过学习提高为官者的从政能力。后人不察，误以为只要学业优秀就可以当官了，从而忽视了“学”在先、“仕”在后的深刻道理。

至于今天从孔子这句话中演绎出来的什么“演而优则歌”“演而优则导”

等句式，统统都是错误的，因为强调的都是优秀之后如何如何，而并非是有余力才可以去做别的事情。不读原典，不能理解先贤每一句话的正确含义，以致先贤的许多深刻思想都被歪曲了，可发一叹！

《诸葛亮读书图》(『諸葛亮読書図』)，桥本雅邦绘，出自《雅邦集》，大正十五年(1926)版，藏日本国立国会图书馆。

桥本雅邦（橋本雅邦，1835—1908）是明治时期的日本画家，其画作吸收“狩野派”的传统写实法和西洋画的焦点透视与明暗法，形成了折中的新日本画风格。

诸葛亮虽然常以游刃有余的羽扇纶巾样貌出现在各种文艺作品中，似生而知之者，其实他无论出隆中之前，还是日理万机之暇，均勤读不辍，因而留下了两处“诸葛亮读书台”遗迹。一处在湖北沔阳（今仙桃市）沔城的古柏门外，据传乃其新婚不久后攻读天文、地理、兵法等书，造就经天纬地之才的所在，此地明清时期尚存武侯祠；另一处位于陕西勉县城郊，与古阳平关、张鲁城烽火台相距咫尺，传说诸葛亮在汉中屯兵八年，每当军务之暇，常来此阅读兵书，运筹帷幄。陈友谅曾赋诗说：“刘备早无川蜀地，武侯尚有读书台。”以诸葛亮之才之多务，尚且如此，何况他人。

“私淑弟子”究竟是什么样的弟子

弟子分为两种，一种是亲传弟子，又称“亲炙”。“炙”，烧烤，“亲炙”的字面意思就是：我直接在您面前被您烧烤，比喻直接接受别人或老师的教诲或传授。孟子在《尽心下》篇中列举了伯夷和柳下惠的风范后说：“奋乎百世之上，百世之下，闻者莫不兴起也。非圣人而能若是乎？而况于亲炙之者乎？”百代之前奋发有为，百代之后听说的人没有不振作奋发的。不是圣人能像这样吗？更何况受到过他们“亲炙”的人呢？

另外一种就是“私淑弟子”。什么叫“私淑”？还是要来看孟子的论述。《孟子》一书中“私淑”一词凡两见，《离娄下》篇中说：“君子之泽五世而斩，小人之泽五世而斩。予未得为孔子徒也，予私淑诸人也。”东汉学者赵岐注解说：“淑，善也。我私善之于贤人耳，盖恨其不得学于大圣人也。”赵岐的解释非常可爱，意思是我私心仰慕圣人，恨不得做他的亲炙弟子，可是圣人早就去世了，只好向他的亲炙弟子学习。因此《词源》释义为：“未得身受其教而宗仰其人为私淑。”

《尽心上》篇中说：“君子之所以教者五：有如时雨化之者，有成德者，有达财者，有答问者，有私淑艾者。此五者，君子之所以教也。”赵岐注解说：“私，独；淑，善；艾，治也。”朱熹进一步解释说：“人或不能及门受业，但闻君子之道于人，而窃以善治其身，是亦君子教诲之所及。”

不过，清代学者焦循在《孟子正义》中的解说与众不同，他认为“淑”通“叔”，拾取；“艾”通“刈（yì）”，割草，也是拾取之意。因此他解释说：

《至圣先贤半身像》之『孟轲像』，元代佚名绘，现藏台北故宫博物院。

《至圣先贤半身像》全册六十开，图绘起自孔子，终至许衡，自春秋至元代一百二十位历代名儒，原在清宫安奉历代帝后贤臣图像的“南薰殿”，现藏台北故宫博物院。

绘制时间在元文宗至顺元年（1330）追封孔子各大弟子公爵之位以后。孔门有“四配十哲”，“十哲”见《论语·先进》篇，孔子自言孔门四科之佳者十人，“四配”之例则成于南宋度宗咸淳三年（1267），以颜渊、曾参、孔伋、孟轲配飨。孟子私淑孔子，被后世尊为“亚圣公”，并配飨孔庙，实在不亚于“亲炙”弟子了。明代朱元璋一度“罢免孟子配享孔庙”，但遭到读书人强烈反对，不久便又恢复了资格。

“盖私淑诸人，即私拾诸人也。‘淑’‘艾’二字义相叠，私淑艾者，即私拾取也。亲为门徒，面相授受，直也；未得为孔子之徒，而拾取于相传之人，故为私。私淑，犹云窃取也。彼言私淑诸人，不必又叠‘艾’字，其义自足。此叠‘艾’字以足其句，其实‘私淑艾’犹‘私淑’也。”

焦循的解释虽然有点煞风景，却有足够的训诂学证据，而且“私拾取”“窃取”的表述更加能够体现出对圣人之道的迫切渴求之情。

今天有些欺世盗名之辈，为了往自己脸上贴金，常常自称是某某著名学者的“私淑弟子”，但与其学说却毫无相通之处，亦为世态之一景。

“骊歌”为何指离别之歌

“骊歌”是一个非常美丽的词汇，但今人已经不能够准确了解它的含义，因此往往误用，比如竟有“毕业骊歌”“繁华骊歌”之类不伦不类、似是而非的说法。

清代学者杭世骏在《订讹类编》卷二“骊歌非送行者所歌”一条中辨析道：“据《汉书》，则《骊驹》为行者所歌，明甚。近人作送行之歌用，非也。王阮亭送陶季之潞州云：‘骊驹忽告将西驰。’朱竹垞酬彭某诗云：‘我唱骊驹子送行。’皆不失《汉书》本旨。查初白送钱幼鲲游江右云：‘江西吾旧到，为尔唱骊驹。’亦沿其误也。”

原来，“骊歌”指的是《骊驹》之歌，此乃《诗经》的逸诗，为孔子所删，但孔子并没有删除干净，留下了珍贵的四句。“骊”指深黑色的马，因此“骊驹”即纯黑色的马。很显然，这种马非常名贵，周穆王的“八骏”中就有名为“盗骊”的名马；汉乐府民歌《陌上桑》中，罗敷夸自己的夫婿，就有“白马从骊驹”的诗句。

杭世骏所称的“据《汉书》，则《骊驹》为行者所歌”，是指《汉书·儒林传》中关于王式的一则记事。汉昭帝驾崩后，霍光等大臣迎请昌邑王刘贺即位，刘贺因荒淫无度，在位二十七天就被废，而王式（字翁思）就做过昌邑王的老师。昌邑王被废后，治狱的官吏责问王式为何没有上过劝谏之书，王式回答说：“臣以《诗》三百五篇朝夕授王，至于忠臣孝子之篇，未尝不为王反复诵之也；至于危亡失道之君，未尝不流涕为王深陈之也。

臣以三百五篇谏，是以亡谏书。”因此得以免死归家。

此后，王式的两位学生“唐生、褚生应博士弟子选，诣博士，抠衣登堂，颂礼甚严，试诵说，有法”。所谓“颂礼”，所颂的乃为“容礼”，即仪容之礼。诸博士大惊，这才知道他们的老师就是王式，于是推荐王式任博士。王式到京后，各位大夫博士仰慕王式之名，都带着酒肉来慰劳。

博士江公跟王式一样都属于鲁诗学派，而为宗师，心中嫉妒王式，于是“谓歌吹诸生曰：‘歌《骊驹》。’式曰：‘闻之于师：客歌《骊驹》，主人歌《客毋庸归》。今日诸君为主人，日尚早，未可也。’”江公授意诸生唱客人辞行所唱的《骊驹》之歌，这歌明明应该由王式来唱，可见是故意为难。王式则回答说，如果客人要辞行时唱《骊驹》，那么主人就要唱客人不用归的《客毋庸归》之歌，现在时间还早，不应该唱。

“江翁曰：‘经何以言之？’式曰：‘在《曲礼》。’江翁曰：‘何狗曲也！’式耻之，阳醉遏地。”“遏（tì）”是失去凭依而倒的意思。江公问道：“哪部经这样说了？”王式回答说：“在《曲礼》中有记载。”江公大骂“狗曲”，王式以之为耻，假装喝醉倒地，事后斥责学生：“我本不欲来，诸生强劝我，竟为竖子所辱！”遂谢病归家而死。

江公所骂“狗曲”一语于理不通，清代学者臧琳在《经义杂记》一书中质问道：“江公心虽嫉之，安得于诸大夫博士前轻斥经师为狗，如今乡里小人反唇相讥乎？……偭面斥为狗，翁思安能含忍，即诸博士弟子亦竟不发一语乎？”

臧琳的质疑很有道理，因此他认为“狗曲”乃“徇曲”之误，是一句隐语，明着说王式顺从《曲礼》之说，暗地里却讽刺王式本是获罪之人，还非要顺从学生的意见来担任博士之职，可谓刻薄！

《骊驹》一诗留存下来的四句是：“骊驹在门，仆夫具存；骊驹在路，

《西王母》，胜川春章绘，约1770年。

这幅《西王母》似是对类似题材的模仿之作，与胜川春章的美人画作品颇为不同。

画面上的西王母垂目拢袖而立，神情落寞，后面一个侍女捧着一盘标志性的仙桃。上面的题词出自《白云谣》，初见于《穆天子传》：“天子觞西王母于瑶池之上，西王母为天子谣……天子答之。”西王母唱的便是这首《白云谣》：“白云在天，丘陵自出。道里悠远，山川间之。将子无死，尚复能来。”这是一首优美的离别诗。周穆王的八骏已载着他离去，留下西王母独自惆怅，画面充满惜别之意。

仆夫整驾。”“仆夫”指驾车的人，“整驾”指备好车马，准备出发。东汉学者服虔注解说："客欲去歌之。”可见《骊驹》乃是客人离别时所唱之歌，而不能由送行者所唱。比如唐代诗人韩翃《赠兖州孟都督》的最后两句“愿学平原十日饮，此时不忍歌骊驹”，就是表示自己不忍辞行离别之情。

“呵呵”是苏东坡发明的吗

有网友撰文，声称网络流行语“呵呵”最早起源于苏东坡，并举出三通书信为证。其一，《与鲜于子骏》：“近却颇作小词，虽无柳七郎风味，亦自是一家。呵呵。”其二，《与文与可》：“不尔，不惟到处乱画，题云与可笔，亦当执所惠绝句过状索二百五十匹也。呵呵。”其三，《答陈季常》：“一枕无碍睡，辄亦得之耳。公无多奈我何，呵呵。”

写作本文之前，我查了一下互联网，发现这篇帖子被疯狂转载，网上铺天盖地，到处都是。我只能很遗憾地说，该网友实属孤陋寡闻，“呵呵”一词的发明权根本不属于苏东坡，即使用在书信中也并非苏东坡首创。

“呵呵”最早见于史料，出自《晋书·石季龙载记》。十六国时期，后赵皇帝石虎的太子石宣妒忌弟弟石韬得宠，派遣刺客杀了石韬。临葬前，石宣“乘素车，从千人，临韬丧，不哭，直言‘呵呵’，使举衾看尸，大笑而去”。既然是“大笑而去”，“呵呵”当然就是笑声。后赵乃羯族所建，因此“呵呵”本来是胡人之间流行的一种笑声。

入唐后，唐王室本来就有胡人血统，加之采取兼容并蓄的国策，遂成就了辉煌的大唐盛世，“呵呵”这种胡人的笑声也顺理成章传入中原。《全唐诗》中“呵呵”一词凡三见。寒山《诗三百三首之五十六》：“含笑乐呵呵，啼哭受殃抉。”韦庄《天仙子》：“醺醺酒气麝兰和，惊睡觉，笑呵呵，长道人生能几何。”还是韦庄的《菩萨蛮》：“遇酒且呵呵，人生能几何。”这些用法足足比苏东坡早了两百到六百多年，苏东坡哪里配拥有“呵呵”的知识产权呢！

查原帖，帖名为《"呵呵"一词用之书信始于苏东坡》，以上四例都非用于书信，不过即使如此，"呵呵"用之于书信也并非源自苏东坡。早在苏东坡出生前三年（苏东坡出生于1037年），欧阳修就开始在书信中"呵呵"了。景祐元年（1034），欧阳修在《与王几道书》中写道："某顿首白几道先辈足下：段氏家人至，蒙示书及诗，并子聪、圣俞书与诗。后于东山处又见诗，何其勤而周也。圣俞得诗大喜，自谓党助渐炽，又得一豪者，然微有饥态。几道未尝为此诗，落意便尔清远，自古善吟者益精益穷，何不戒也。呵呵。"

苏东坡刚刚三岁时（1039年），欧阳修又在《与梅圣俞书》中"呵呵"了："孙书注说，日夕渴见，已经奏御，敢借示否？蒙索乱道，恰来尽，呵呵。"苏东坡八岁时（1044年），欧阳修在《与梅圣俞书》中依然如故："铭文不烦见督，不久纳上，只为须索要好者，恐未尽尔。呵呵。"这时候的苏东坡还在跟着父亲读书，哪里就学会"呵呵"了？

有宋一代，"呵呵"一词非常流行，尤其是名人的书信中常常使用，虽然赶不上今天的QQ和微信聊天中的使用频率，手指一动就可以"呵呵"，不过"呵呵"起源之早，出乎人们的想象。人们经常有一个误解，认为今天使用的大多数流行语都是现代的专利，其实不然，古人口中早就说着跟我们一样的话了，"呵呵"就是一个最好的例证。呵呵！

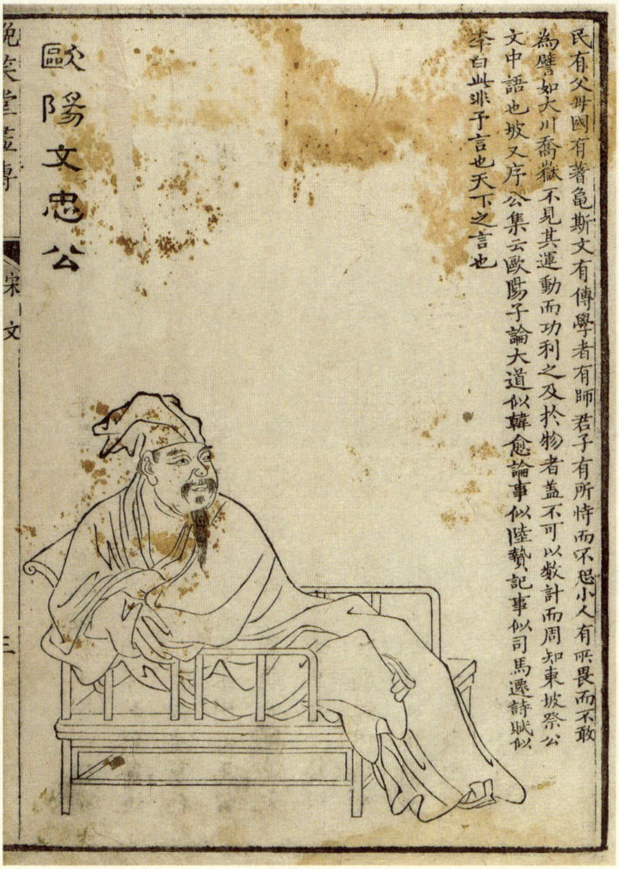

《晚笑堂竹庄画传》之『欧阳修像』，清乾隆八年（1743）刊本。

《晚笑堂竹庄画传》为清代画家上官周晚年创作的古代名人画像集，收录西汉至明初历代圣贤、名臣、名将、名媛共一百二十人画像，每人一图一传。上官周（1665—1750），号竹庄，福建长汀人，有“江南民间神笔”之称。

此图中的欧阳修，半坐半卧，斜倚宽大榻椅，姿态悠游闲适。看他眉目神情，像被什么取悦了，微张着嘴，似乎正要“呵呵”笑出来。画像右侧题词中，有苏东坡给欧阳修集作序时所说的话：“欧阳子论大道似韩愈，论事似陆贽，记事似司马迁，诗赋似李白。此非予言也，天下之言也。”欧苏二公皆喜“呵呵”，以苏之语配欧之像，十分相得。

“三姑六婆”为什么是蔑称

俗语中把不务正业的妇女称作“三姑六婆”，“姑”和“婆”本来是亲属之间的正常称谓，为什么在这个俗语中会含有贬义成分呢？“三姑”是哪“三姑”？“六婆”又是哪“六婆”呢？是虚指还是实指？相信很多人都不清楚。

“三姑六婆”乃实指，出自陶宗仪《南村辍耕录》一书：“三姑者：尼姑、道姑、卦姑也；六婆者：牙婆、媒婆、师婆、虔婆、药婆、稳婆也。”以下详细解释“三姑六婆”的来历和各自的职责范畴。

尼姑是中国民间对女性佛教徒的俗称，佛教教义中并没有这个称谓，正式的称谓是比丘尼，指已经受了具足戒这种佛教戒律的女性修行者，未受具足戒的女性修行者称为沙弥尼。据清代学者梁绍壬所著《两般秋雨庵随笔》载：“汉刘峻女出家，乃尼姑之始，而尚未立名。东晋妇人 阿潘习西域之教，始有尼姑之称。”

道姑即女道士，卦姑是以占卜、算命为生的女人。古代社会是男权社会，按照传统观点，女人足不出户方为守妇道，而尼姑和道姑出家修行，卦姑行走江湖，向来被人视作异类。宋元以来，市民阶层兴起，粗俗文化大行其道，尼姑、道姑和卦姑更是成了男人们攻击、诬蔑的对象。明代著名的话本小说《三言二拍》中就有大量的描写尼姑、道姑“淫行”的故事，因此尼姑、道姑和卦姑方才稳居“三姑六婆”的前三名。

牙婆是指以介绍人口买卖为业而从中取利的妇女，买卖经纪人和中介称“牙”；媒婆自不必说，谁都知道是干什么的；师婆即巫婆；虔婆指妓院的鸨母；药婆指女巫医；稳婆是接生婆。“六婆”本非不良分子，不过由于她们见多识广，又能深入良家妇女的家庭，为了牟利，常常采用欺诈手段行骗，久而久之就成了人人喊打的过街老鼠，“三姑六婆”因此也成了一个蔑称。陶宗仪就评论道：“人家有一于此，而不致奸盗者，几希矣。若能谨而远之，如避蛇蝎，庶乎净宅之法。”

清人李汝珍的小说《镜花缘》中则描写得更加形象：“吾闻贵地有三姑六婆，一经招引入门，妇女无知，往往为其所害，或哄骗银钱，或拐带衣物。”这当然是一种偏见，不过也是当时存在的一种真实现象。

人間萬事愛婦美八卦意
利
質請の婦帆
一勇斎國芳戯画
ト山口

《人间万事爱妇美八卦意 利 质请之归帆》(『人間万事愛婦美八卦意 利 質請の帰帆』)，歌川国芳绘，约1849—1850年。

“质请”的意思是归还欠款，把抵押的物品赎回。画面描绘了典当之物回家的喜悦。

这是一组八幅系列版画中的一幅，这组画以“近江八景”为题，却不描绘风景，而是解释了八种卦意，这一幅释“利”（离）卦，大概预示着重新获得失去之物，非常好的意思。画中女子虽然不是三姑六婆中的“卦姑”，但从其服饰姿态来看，也并非闺秀或艺伎，而是一副有技艺傍身的“职人”模样，手持烟管，身上穿的“半缠”（短上衣）上绣（或染）有歌川国芳的画号“一勇斋”字样，显示出绘师对画中人的喜爱。歌川国芳出身染坊家庭，对江户市井劳作女子充满亲切感，所以这幅画与“三姑六婆”一词所暗含的贬低、敌视有职业女性的男性视角大异其趣。

“丫鬟”为何是婢女的专称

“丫鬟”本来写作“鸦鬟”，比如李白《酬张司马赠墨》一诗：“上党碧松烟，夷陵丹砂末。兰麝凝珍墨，精光乃堪掇。黄头奴子双鸦鬟，锦囊养之怀袖间。今日赠予兰亭去，兴来洒笔会稽山。”古人以黄口、黄头比喻刚出生的婴儿和小孩子，小孩子不分男女都梳丫形双髻，头发中分为两股，用丝带系结成两个丫形，使其贴于耳际。

唐代时这一发式最为流行。它也可以写作“鸦头”，比如白居易在《东南行一百韵寄通州元九侍御澧州李十一》中吟咏道：“绣面谁家婢，鸦头几岁奴。”由此也可见，唐代的僮仆（奴子、婢、奴）也都梳这种发式。

李商隐作有《柳枝五首》，是五首凄美的爱情诗：“花房与蜜脾，蜂雄蛱蝶雌。同时不同类，那复更相思。”“本是丁香树，春条结始生。玉作弹棋局，中心亦不平。”“嘉瓜引蔓长，碧玉冰寒浆。东陵虽五色，不忍值牙香。”“柳枝井上蟠，莲叶浦中干。锦鳞与绣羽，水陆有伤残。”“画屏绣步障，物物自成双。如何湖上望，只是见鸳鸯。”

李商隐还为这五首诗写了一篇长长的序，讲述了年轻时一次不成功的恋爱经历：十七岁的洛阳商家女柳枝，父亲早死，与母亲相依为命。李商隐的堂兄李让山与之为邻，“他日春曾阴，让山下马柳枝南柳下，咏余《燕台》诗，柳枝惊问：‘谁人有此？谁人为是？’让山谓曰：‘此吾里中少年叔耳。’柳枝手断长带，结让山为赠叔乞诗”。

第二天，李商隐来到柳枝住的巷子里，只见“柳枝丫鬟毕妆，抱立扇下，风障一袖”。清代学者冯浩在《玉溪生诗集笺注》中引述了陈启源的注释：“丫鬟谓头上梳双髻，未适人之妆也。”“丫鬟”乃是对还没有嫁人的少女的称呼。

柳枝说自己三天后要去河边洗裙子，邀请李商隐在河边约会。李商隐满口答应下来。回去后，有一个朋友居然把他的行李偷走，先跑到长安去了。没了行李连觉都睡不成，李商隐随后追赶朋友，就此错过了和柳枝姑娘的约会。

冬天的时候，李让山赶到长安城告知李商隐，柳枝姑娘被东部某地的封疆大吏娶走了。于是李商隐写了《柳枝五首》和这篇序，纪念这段如烟飘散的未遂爱情。

宋代诗人王洋在《弋阳道中题丫头岩》一诗中吟咏道：“昭君村里千年恨，神女峰前一梦成。不谓此州无美艳，只嫌名字太粗生。”并自注说：“吴楚之人，谓婢女为丫头。”婢女大多是年轻姑娘，因此，“丫头”“丫鬟”从宋代开始就成了婢女的专称，一直沿用到民国时期。

《汉宫春晓图》局部，明代仇英绘，约1368—1644年，绢本设色，藏台北故宫博物院。

《汉宫春晓图》长卷采用南宋院体技法，描绘初春时节宫中嫔妃日常生活，举凡妆扮、浇灌、折枝、插花、歌舞、弹唱、下棋等无不必备，人物繁多，衣饰鲜丽，姿态各异。该卷设色秾丽典雅，庭园殿宇台阁皆用界画，精细入微，被誉为“中国十大传世名画”之一。虽曰汉宫，画中人物皆着唐以后衣饰，宫室庭园也多似明代式样。

选取的局部描绘了折枝、浇花场景。按惯例，丫鬟宫女都画得比她们的主人小一些。当中太湖石左侧，一嫔妃带两个小丫鬟，一持扇侍立，一弯腰浇灌牡丹花丛，头上皆挽双丫髻，鬟发垂垂。李商隐所见柳枝大约也是类似梳妆？画中女子个个削肩长身，纤细轻盈，体现的是明人审美情趣。

“老鸨”为何是妓院老板娘的蔑称

大约从元代开始，各类通俗小说和戏曲中频繁出现“老鸨”这一称谓，明清两代延续，甚至直到今天，日常口语中也还在使用这个词，而且“老鸨”的含义尽人皆知，即妓院的老板娘，又可称“鸨母”“鸨儿”。很多人都会觉得这个称谓奇怪，奇怪的原因在于不知道什么叫“鸨”。

“鸨”的右边既然从鸟，那么它一定是一种鸟儿。果然如此，《说文解字》解释说：“鸨，鸟也。肉出尺胾。”“胾（zì）”是切成大块的肉，“鸨”这种鸟体型很大，肉质肥美，厚至尺许，故称“肉出尺胾”。周代时这种鸟就属于“膳羞”之鸟，即供给天子所食的鸟类。

从现代动物学的分类也可以看出鸨的体型之大。鸨是鸨科的中型和大型狩猎鸟类，是现存鸟类中体型最大、身体最重的一种，头小脖子长，长得跟鹤很像，不善飞行，善于在陆地上奔跑，食物是大量害虫的幼体，所以是一种益鸟。这种鸟现在十分珍稀，属国家一级保护动物，据说已经快要在地球上灭绝了。

《诗经·国风》中有一首名为《鸨羽》的诗篇，郑玄注解说：“鸨音保，似雁而大，无后指。”这首诗每段的开头依次吟咏道：“肃肃鸨羽，集于苞栩。”“肃肃鸨翼，集于苞棘。”“肃肃鸨行，集于苞桑。”“肃肃”是形容鸨鸟翅膀振动的声音，“栩”是柞树。鸨鸟扇动翅膀，成群地栖落在丛密的柞树、酸枣树和桑树之上。

《毛传》：“鸨之性不树止。”意思是鸨鸟不喜欢栖止于树上。孔颖达则解释说："鸨鸟连蹄，性不树止，树止则为苦，故以喻君子从征役，为危苦也。"所谓"连蹄"，也就是"无后指"的意思，无法长时间地在树上停留，因此用鸨鸟集于树来比喻征夫的苦役。

鸨鸟还有两个别名。一曰独豹。北宋学者陆佃在《埤雅》一书中引述郭璞的话说："鸨似雁，无后指，毛有豹文，一名独豹，遇鸷鸟能激粪御之，着其毛悉脱。"按照这种说法，鸨鸟羽毛上的花纹像豹子，故称"独豹"，而"豹"则讹为同音的"鸨"。

一曰鸿豹。西汉学者焦延寿所著《易林》中说："文山鸿豹，肥腯多脂。"这是形容鸨鸟膘肥肉厚，正与许慎"肉出尺胾"的解释相符。明代学者杨慎在《丹铅杂录》中引述了焦延寿的记载，紧接着解说道："鸨名鸿豹，以鸨善食鸿，为鸿之豹，犹言鱼雁也。"这个解释很含糊，根本没有说清楚鸨鸟为何别名"鸿豹"，只好存疑。

身为益鸟，它居然被拿来命名妓院老板娘，这到底是何原因呢？有人认为和"鸨"这个字左边的构造有关：上面的"匕"是雌性生殖器的符号，下面的"十"是雄性生殖器的符号，用雌雄交配来比喻鸨鸟善淫。这真是胡说八道！"匕"是"比"的省写，《周礼》中规定："令五家为比，使之相保。""十"则表示事物的数目。上"匕"下"十"，意思就是有数目的事物相比并。陆佃在《埤雅》中的描述最符合"鸨"的字形："鸨性群居如雁，自然而有行列。""肃肃鸨行，集于苞桑"的"鸨行"一词，描述的就是鸨鸟飞行时相比并，排列成行的情形。

最早把鸨鸟和妓院老板娘联系起来的是明朝剧作家朱权的《丹丘先生论曲》，其中说："妓女之老者曰鸨。鸨似雁而大，无后趾，虎文，喜淫而无厌，诸鸟求之即就，世呼独豹者是也。"朱权关于鸨鸟"喜淫而无厌，诸鸟求之即就"的习性描述不知从何而来，明代学者陈懋仁则在《庶物异名疏》中引述陆佃的话说："鸨性最淫，逢鸟则与之交。"而陆佃的《埤雅》一书中则无此记载。

到了清代，多隆阿所著《毛诗多识》中则几乎坐实了鸨鸟的这则来历不明的传说："鸨性淫污，则为人所同贱也。或云此鸟纯雌无雄，有他鸟映日高飞，则鸨低飞，下承其影即孕，俗因呼为百鸟妻，呼娼女之母曰鸨，义亦取此。"虽然多隆阿接着就说"然鸨实有雄者，其说不可信"，但民间将妓院老板娘称为"老鸨"则早已定型。

不过"老鸨"这一称谓的来历还有另外一种说法。唐人孙棨（qǐ）所著《北里志》记载了当时长安城北平康里歌妓们的日常生活，其中写道："妓之母多假母也，亦妓之衰退者为之。"孙棨自注道："俗呼为爆炭，不知其因，应以难姑息之故也。"原来，唐代时称呼妓女的假母为"爆炭"，连孙棨都不知道为何称"爆炭"，猜测为"难姑息之故"。所谓"难姑息"，意思是说假母通常脾气暴躁，《北里志》中有非常形象的描述："初教之歌令，而责之甚急，微涉退怠，则鞭朴备至。"

尚秉和先生在《历代社会风俗事物考》中解释说："今日妓之假母，俗呼为老爆子，盖仍沿唐时爆炭之称。爆炭者，言其鞭挞稚妓，威怒爆发，如炭之爆也。亦曰鸨母，盖爆之讹。"

综上所述，不管是出自"鸨性最淫"这一传说的"老鸨"称谓，还是出自脾气暴躁这一含义的"爆炭"称谓，对妓院老板娘的刻画可谓入木三分，只是可怜了鸨鸟这天下第一冤屈的鸟儿！

《古杂剧二十种》之《青衫泪》插图，明代王骥德编，明万历年间顾曲斋刻本。

该书旨在保存杂剧古法典范，插图为黄门叔伯兄弟所刻，人物秀俊，景物严谨，线条挺拔，刀锋犀利，为明季武林版画中的代表作品。

其中《江州司马青衫泪》一剧为元马致远所撰，演绎白居易与妓女裴兴奴的爱情故事。兴奴颇有才气，尤善琵琶，看重白居易的才华，愿以终身相托。后白居易被贬为江州司马，有一位叫刘一的江西茶商听说兴奴美貌，也想娶她，鸨母贪财，设计让兴奴嫁给刘一。图中所绘正是鸨母劝兴奴从了刘一的场景。正旦念道："我做了白侍郎之妻，休来缠我！"又唱："情知普天下虔婆那一个不爱钱。"正为鸨母写照。

“跳槽”竟然是青楼用语

《说文解字》:“槽，畜兽之食器。”顾名思义，“跳槽”就是指从一个食槽跳到另一个食槽。这个词毫无疑问是形容牲口吃食时的景象。想象一下马厩里的马匹，在槽里吃食时扰动不安，时而伸出嘴去抢吃别的槽里的马食，就知道这个词是多么形象了！但是在今天，“跳槽”却是更换工作的代称：明年，你准备跳槽吗？

鲜为人知的是，“跳槽”原来竟然是青楼用语！明人张存绅所著《雅俗稽言》中有“跳槽”一条，解释说：“今俗以宿娼无恒主谓之跳槽，乃自家妃妾以新间旧亦曰跳槽。魏明帝初为王时，纳虞氏为妃，及即位，毛氏有宠而黜虞氏。元人传奇以明帝为跳槽，俗语本此。”元人传奇中本来用“跳槽”形容魏明帝不断地宠此黜彼，引申而为青楼用语，指妓女和一个嫖客缠绵多时之后，转而移情别的更有钱的嫖客，或者指嫖客厌倦了一个妓女，转而移情别的妓女，所谓“宿娼无恒主”是也。

冯梦龙所辑明代江南艳曲《挂枝儿》中，有两首《跳槽》小曲，其中唱道：“你风流，我俊雅，和你同年少。两情深，罚下愿，再不去跳槽。恨冤家瞒了我去偷情别调。”“姊妹们苦劝我，权饶你这遭。谁想你到如今又把槽跳。”可见明代时“跳槽”已是民间的常用语。明代民间还有“母狗不掉尾，公狗不跳槽”之俗语，牲畜发情交配，母狗称“掉尾”，公狗称“跳槽”，也可见“跳槽”一词之粗俗。

到了清代，“跳槽”一词同样使用得十分广泛，而且词义固定为妓女或嫖客的换槽行为。沈复的自传体散文《浮生六记》中有一章《浪游记快》，其中写道："秀峰今翠明红，俗谓之跳槽，甚至一招两妓；余则惟喜儿一人。"秀峰是沈复的朋友，"今翠明红"，这就是"跳槽"行为。近人徐珂所著《清稗类钞》中有"跳槽"一条，其中写道："跳槽头，原指妓女而言，谓其琵琶别抱也，譬以马之就饮食，移就别槽耳；后则以言狎客，谓其去此适彼。"解释得非常明白。

"跳槽"一词极为形象，因此从明清一路沿袭下来，老词焕发了新义，大约从二十世纪中叶开始，成为更换工作的代名词，以至于到了今天，已经没有人知道这个极为粗俗的青楼用语的原始含义了。

種情

《绘图缀白裘十集》卷四『占花魁 种情』，清代玩花主人编，上海书局光绪二十一年（1895）石印本。

《卖油郎独占花魁》是明代冯梦龙的短篇拟话本小说，收入《醒世恒言》，讲述了才貌双全、名噪京城的“花魁娘子”、名妓王美娘最终嫁给卖油郎秦重的故事，被多次改编为剧本。

秦重爱恋花魁美貌，攒足银两求一度春宵，整晚服侍醉酒的美娘（如图中所绘）。美娘虽嫌他出身市井，但“每遇不如意处，或是子弟们任情使性，吃醋跳槽，或自己病中醉后，半夜三更，没人疼热，就想起小官人的好处来”。后来，因一场折辱，一场大雪，秦重救了正要自尽的美娘，得以娶得花魁回家，那一出叫“独占”。这个故事特别贴近小市民的爱情婚姻观念，任性“跳槽”的纨绔子弟不及老实忠厚的卖油郎。

男·女

“星期”原来指浪漫的婚期

今天的“星期”一词，仅仅是计算每周日子的单位。星期制最早由古巴比伦人创制，后来传入世界各地，成为今天通用的时间单位。古代中国以日、月、火、水、木、金、土七曜计日，这种计日方法后来传入日本，日本和韩国至今还在使用，而中国早在清末就已经开始使用星期制了。

鲜为人知的是，“星期”一词属于旧词新义，最初的时候指婚期，而且特指牵牛、织女的婚期。牵牛、织女的故事春秋时期已经出现，南北朝时期正式定型为今天人们耳熟能详的面貌。

七月七日为牵牛和织女二星神相会之日，因此唐代诗人王勃在《七夕赋》中吟咏道：“伫灵匹于星期，眷神姿于月夕。”“灵匹”乃神仙配偶，特指牵牛、织女二星；“月夕”指七月七日这一天的月夜；而此处的“星期”，“星”指牵牛、织女二星，“期”是相会，“星期”即牵牛、织女二星神相会。

这就是“星期”一词的本义。清人朱昂《菩萨蛮》有“银河光隐隐，料是星期近”的词句，正是描述牵牛和织女在银河相会的情景。明清儿童启蒙读物《幼学琼林》告诉孩子们：“成婚之日曰星期。”从牵牛、织女一年一相会引申为男女成婚之日。

明代剧作家汪廷讷所作《种玉记》，在“梦俊”一出中，老旦梦到一位年少郎君做自己的女婿，告知小旦，小旦说自己也有此梦，老旦于是说道：“有这等异事？年少，梦中恍惚相逢，想是星期将到。若果应梦中所遇，不但你遂终身之托，得才郎我也白头相靠。”“星期将到”正是形容女儿成婚之日将到。

“星期”，一个浪漫的爱情期许，一个欢欣的婚姻保障，如今只成了干巴巴的“星期几”的计日符号，可发一叹！

《月百姿》是一部以月亮为主题的大型锦绘合集。这一幅《银河月》取材于中国牛郎织女的传说。蓝色夜空，淡黄弦月，宁静清凉，正是七夕。牛郎倚牛，一脸凝重，织女衣衫飘举，以袖掩口。二人面色含悲，似正越过银河，腾云靠近，又似“星期”结束，无奈分别。金风玉露一相逢，果然胜却人间无数？

《月百姿 银河月》(『月百姿 銀河月』)，月冈芳年绘，1886年。

月百姿
銀河月

“红男绿女”的称谓是怎么来的

“红男绿女”或“绿女红男”的称谓大约从清代开始进入人们的日常口语。晚清时，满族人富察敦崇所著《燕京岁时记》“万寿寺”一条载：“万寿寺在西直门外五六里，门临长河，乃皇太后祝釐之所。每至四月，自初一日起，开庙半月。游人甚多，绿女红男，联蹁道路。柳风麦浪，涤荡襟怀，殊有天朗气清、惠风和畅之致，诚郊西之胜境也。”

“祝釐（lí）”即祝福。作者在众多的游人中特意点出“绿女红男”，绿和红这两种颜色都非常鲜艳，因此在人群中极其醒目。那么，为什么用红色搭配男人，用绿色搭配女人，而不是相反？颜色本来极多，所谓五颜六色，为什么不使用别的颜色来搭配男女呢？所有的辞典都没有解释这个词的词源，仅仅含糊地用“装饰艳丽的青年男女”一语带过。

细考词义，我认为之所以用“红”来搭配“男”，乃是古代服饰制度的遗制；之所以用“绿”来搭配“女”，乃是古代女人妆扮习俗的写照。

古代中国把颜色分为正色和间色两种，正色指青、赤、黄、白、黑五种纯正的颜色，间色有一种说法称是指绀（gàn，红青色）、红（浅红色）、缥（piǎo，淡青色）、紫、流黄（褐黄色）五种正色混合而成的颜色。正色和间色成为明贵贱、辨等级的工具，要求非常严格，丝毫不得混用。

作为间色的紫色本来是卑贱之色，但是春秋第一霸主齐桓公却偏偏喜欢紫色，据《韩非子・外储说左上》记载：“齐桓公好服紫，一国尽服紫。当是时也，五素不得一紫。”正所谓上有所好，下必甚焉，以至于当时五匹生绢也买不到一匹紫色布。齐桓公看到这种现象十分担心，于是管仲劝他不要再穿紫衣，“三日，境内莫衣紫也”。但是齐桓公始创的这个传统却流传了下来，南北朝时期创立了五等公服制度：朱，紫，绯（fēi，深红色），绿，青。以唐代为例：三品以上穿紫色官服，四品着深绯色，五品着浅绯色，六品着深绿色，七品着浅绿色，八品着深青色，九品着浅青色。

“朱”是正色，“红”是间色，但随着时间的推移，人们用更口语化的“红”取代了“朱”，穿上最高级别的红色官服遂成为古代男人的最高理想，“红”因此用来搭配男人，表达一种对身份和地位的追求。这就是“红男”这一称谓的由来。

“绿”是青中带黄的颜色，为什么用来搭配女人呢？原来，“绿”是形容女人的头发，跟“青丝”属于同一用法。唐代诗人杜牧在著名的《阿房宫赋》中吟咏道：“绿云扰扰，梳晓鬟也。”将女人的头发比作“绿云”。李白在《将进酒》一诗中吟咏道：“君不见高堂明镜悲白发，朝如青丝暮成雪。”将女人的头发比作“青丝”。

但是女人的头发明明是黑色的，为什么偏偏用“绿”和“青”来形容呢？这就要追溯到古代女人的妆扮习俗。东汉学者刘熙所著《释名·释首饰》云：“香泽者，人发恒枯悴，以此濡泽之也。”“香泽”是一种润发油，又叫“兰泽”“兰膏”。李善注宋玉《神女赋》“沐兰泽，含若芳”一句：“以兰浸油泽以涂头。”“兰”指菊科的泽兰，茎叶含有芳香的油脂，可用作调香的原料。

南北朝著名农学家贾思勰所著《齐民要术》中记载了“合香泽法”：“泽兰香……泽欲熟时，下少许青蒿以发色。”用作发色的青蒿即为青色或绿色，可以想象，这种香泽涂抹到女人乌黑的头发上之后，当然就会呈现出青绿之色。南宋词人蔡伸有《菩萨蛮·沐发》一词，其中“鸳鸯枕上云堆绿，兰膏微润知新沐”吟咏的正是用兰膏沐发之后“云堆绿”的动人景象。这就是“绿云”“青丝”形容女人乌黑头发的来龙去脉。用“绿”来搭配女人，是因为女人身上最引人注目的就是一头乌黑泛绿的“绿云”，远远望去，煞是惹眼。

因此，“红男绿女”并非是指男人穿红女人穿绿，一团锦绣，而是由男人的服饰制度和女人的妆扮习俗引申而来的称谓。

胜川春潮（勝川春潮），生卒年不详，是美人画名家胜川春章的高足，擅长模仿当时与其师分庭抗礼的鸟居清长（1752—1815），承袭“清长美人”高身柳腰的体态和优雅雍容的风度，几可乱真，本图可为例证。

时值秋季，枫红如醉之时，一群盛装年轻男女在观赏枫叶。一着绿女子正弯腰捡拾红叶，一穿红女子在后面俯首而看，一男子轻袍缓带，神情潇洒，一少女似乎正在将题好的诗句递给他看。人物鲜丽衣饰与明艳秋景相映，画面充满欢欣，显得风光醉人。这是一群名副其实的“红男绿女”。

《海晏寺之枫狩》（『海晏寺の楓狩』），胜川春潮绘，三联画之右，约1785—1789年。

春潮画

“合卺”为何代指成婚

古书中常常出现“合卺”一词，比如唐人权德舆有诗：“合卺交欢二十年，今朝比翼共朝天。”宋代无名氏《少年游》：“合卺杯深，少年相睹欢情切。罗带盘金缕，好把同心结。”“合卺”即是成婚的代称。那么，成婚为什么称为“合卺”呢？

“卺（jǐn）”是一种瓢，古代结婚时用作酒器。《礼记·昏义》中有对婚礼仪式的详细规定：“妇至，婿揖妇以入，共牢而食，合卺而酳，所以合体同尊卑，以亲之也。”

“牢”指宴享时使用的牲畜。孔颖达注解说：“共牢而食者……共一牲牢而同食，不异牲。”

“酳（yìn）”指吃东西后用酒漱口。孔颖达注解说：“合卺而酳者……以一瓠分为两瓢，谓之卺。婿之与妇各执一片以酳……‘所以合体同尊卑，以亲之也’者，‘同尊卑’，谓共牢也。‘所以合体同尊卑’者，欲使婿之亲妇，妇亦亲婿，所以体同为一，不使尊卑有殊也。”

“瓠（hù）”就是瓢。一只整瓢分作两半叫作“卺”，新娘来到男家的时候，新郎将半只瓢递给新娘，每人各执一半，瓢中盛满了酒，两人各自用瓢漱口，这叫“合卺而酳”，这时候喝的酒就叫作“合卺酒”。“合卺”象征着夫妇合体。

从唐代开始，“卺”也可以被杯盏代替，夫妇“合卺”喝的酒也开始叫作“交杯酒”。宋代还有更复杂的程序，孟元老《东京梦华录》“娶妇”一条写道："互饮一盏，谓之'交杯酒'。饮讫掷盏，并花冠子于床下，盏一仰一合，俗云'大吉'，则众喜贺，然后掩帐讫。""交杯酒"喝完之后，要把酒杯掷到床下，一只杯子口朝下，一只杯子口朝上，以此表示男俯女仰，男上女下，阴阳和谐，含有明显的性意味。"交杯酒"的习俗一直延续到了今天，只不过程序简化成喝完"交杯酒"就直接进洞房了。

合卺（ハキン）
しうげんのさかづき

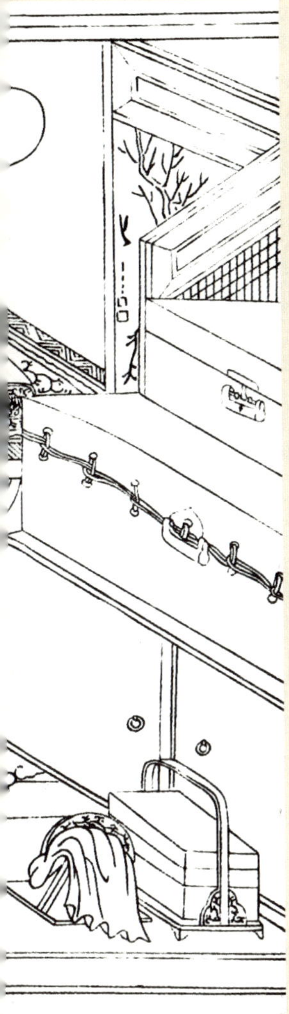

日本《清俗纪闻》卷八插图『合卺』，中川忠英辑，石崎融思绘，日本宽政十一年（1799）刊本。

《清俗纪闻》是记述清朝乾隆时代中国福建、浙江、江苏一带民间风俗、传统习惯、社会风尚等的一本调查纪录集。主持这项调查工作的为长崎地方长官，被调查者为到长崎进行交易的清朝商人。全书有近六百幅清代民俗绘图，犹如一系列鲜活的民间生活画卷。

这一幅出自“婚礼”一卷，以简洁精细的线描，绘制了婚礼中“合卺”一幕情景。新郎新娘已行完礼，进入洞房，端坐床上。新娘的盖头也已掀起来。新郎正手持合卺时用的特殊酒盏“瓠”，由旁边主持仪式的妇人为其倒酒。房中灯笼高悬，箱笼重叠（想必是新娘带来的嫁妆）。新郎神情腼腆，新娘更是娇羞，接下来就要双双饮“交杯酒”了。

“彩礼”原来是“财礼”之误

中国的婚姻习俗中有送彩礼这一道程序，“彩礼”通常指订婚时男方送给女方的钱或物。人们送彩礼送得兴高采烈，但却很少有人知道，婚姻程序中的“彩礼”之称是错误的，正确的称谓是“财礼”。

《礼记·曲礼上》篇中规定：“贫者不以货财为礼。”这是指祝贺别人新婚的时候，贫穷的人送礼可以从俭。“财礼”二字即出于此，原意是指客人致送的货财，后来加以引申，娶妻的聘金也称作“财礼”。

唐宋之前虽无“财礼”之称，但不表示不下聘金。古代婚姻要经过六道程序，称为“六礼”，即纳采、问名、纳吉、纳征、请期、亲迎。

已故著名语言学家王力先生在《中国古代文化常识》一书中总结得非常清楚：“第一是纳采，男家向女家送一点小礼物，表示求亲的意思；第二是问名，男家问清楚女子的姓氏，以便回家占卜吉凶；第三是纳吉，在祖庙卜得吉兆以后，到女家报喜，在问名纳吉时当然也要送礼；第四是纳征，这等于宣告订婚，所以要送比较重的聘礼，即致送币帛；第五是请期，这是择定完婚吉日，向女家征求同意；第六是亲迎，也就是迎亲。”

“六礼”名称中的“纳”皆为接纳、接受之意，如同说请求女家接纳。也许有人会认为“纳采”之“采”就是“彩礼”之“彩”的由来，这是不对的，“采”是采择的意思，指男方采择、挑选定了女方，惟恐女方不许，因此才送一点小礼物，请求女方接纳，此之谓“纳采”。

除了“纳征”之外，其余五礼送的礼物都是雁。郑玄在为《仪礼·士昏礼》所作的注中解释说："用雁为挚者，取其顺阴阳往来。""挚"即见面所送的礼。雁是候鸟，因此用来比附夫为阳、妇为阴、妇人从夫之意。

"纳征"属于订婚，因此所送的礼物最重，不能仅仅用一只雁打发。《仪礼·士昏礼》中规定："纳征，玄纁、束帛、俪皮。""纁（xūn）"是浅红色，"玄纁"即指黑色和浅红色的布帛，象征着阴阳具备；"束帛"指捆为一束的五匹帛；"俪皮"指成对的鹿皮。"征"是成功之意，意味着订婚之后就该举行婚礼了。因此"纳征"又称"纳币"，"币"即币帛，指用作礼物的丝织品。

"纳征"这一道程序就是后世"财礼"的源头，不过唐宋时期方才有"财礼"之称。据北宋学者孙光宪所著《北梦琐言》记载："唐大中年，兖州奏：'先差赴庆州行营押官郑神佐阵没，其室女年二十四，先亡父未行营已前许嫁右骁雄军健李玄庆，未受财礼。阿郑知父神佐阵没，遂与李玄庆休亲，截发，往庆州北怀安镇收亡父遗骸，到兖州瑕丘县进贤乡与亡母合葬讫，便于茔内筑庐。'"

"大中"是唐宣宗的年号，大中年间，郑神佐阵亡，他二十四岁的女儿休亲、截发，以示不嫁，为父亲守灵，被人赞誉为孝女。之所以能够休亲，是因为"未受财礼"的缘故，如果受了财礼，就不能悔亲了。

南宋学者吴自牧所著《梦粱录》中也记载了当时的婚姻习俗："送聘……谓之'下财礼'。"

以上即为婚姻时"送财礼"的由来，而绝不能误写为"彩礼"，因为"彩"是指竞赛或赌博时赢得的财物，比如中彩、彩头、彩票等，相应地，"彩礼"就是指竞赛或赌博时的奖品。《红楼梦》第二十二回"听曲文宝玉悟禅机 制灯谜贾政悲谶语"中的用法清清楚楚："贾政……陪笑道：'今日原听见老太太这里大设春灯雅谜，故也备了彩礼酒席，特来入会。'"贾政之备"彩礼"，是预备灯谜获胜者中彩的奖品。

如果将婚姻程序中男方致送的钱或物称作“彩礼”，那就意味着女方乃是这场婚姻赌博的彩头、奖品，不仅是对女性的侮辱，而且也完全不符合婚姻的本义，因此古代的婚姻程序中从未出现过“彩礼”之称。今人早已不理解“财礼”的原意，觉得“财”字过于直露，而代之以好兆头的“彩”字，岂不知实属大煞风景！

《清俗纪闻》卷八插图『送妆奁』，中川忠英辑，石崎融思绘，日本宽政十一年（1799）刊本。

“送财礼”与“送妆奁”是相伴而生的。男方向女方送财礼，不过数端玉帛，大约以“纳币”为主，阵势上不显。按习俗，女方一般在成亲前一天往男方处送妆奁，这可就非常热闹了。所谓“良田千亩，十里红妆”，即形容古人嫁妆的丰厚。旧时富家女儿的嫁妆可谓惊人，床、桌、器具、箱、被褥、四季衣裳等等日常所需无所不包，女子后半生的吃穿用度几乎全要备齐。

图中所示部分，又有箱笼，又有立柜，看起来都是沉甸甸的。送妆奁的队伍一抬抬走在街上，迤逦不绝，惹得亲戚邻居奔走围观，大约婚礼过去后很久，众人依然在评说不已呢。

“戒指”原来是皇帝宠幸后妃的标志

人人都知道“戒指”，但是“戒指”为什么用“戒”来定义呢？并不是人人都知道其由来。

“戒指”最早的称谓是指环。《诗经·国风·静女》中有“静女其娈，贻我彤管”的诗句，“娈（luán）”是美好之意，“彤管”指赤管笔，即杆身漆成红色的笔，古代女史记事所用。《毛传》：“古者后夫人必有女史彤管之法，史不记过，其罪杀之。后妃群妾以礼御于君所，女史书其日月，授之以环，以进退之。生子月辰，则以金环退之。当御者，以银环进之，着于左手；既御，着于右手。事无大小，记以成法。”

这段话说得很明白：对于怀孕的后妃，宫中的女官要授给她一枚金环，表示不能与皇帝同床；要和皇帝同床的后妃呢，就授给她银环，戴在左手表示即将和皇帝同床，戴在右手表示已经和皇帝同过床了。

东汉卫宏所著《汉官旧仪》中有对帝王宠幸后妃的更详细的记载：“去簪珥，蒙被入禁中。五刻罢，即留，女御长入，扶以出。御幸，赐银环，令书得环数，计月日无子，罢废不得复御。”赐给后妃银环的目的，在于根据所得银环的数量来计算时日，如果一直不能怀孕，该后妃就会被冷落。

金环、银环都是指环，据《晋书·四夷列传》载，大宛国“其俗娶妇先以金同心指环为娉”，可见这时已经出现了同心形状的指环。

因为指环戴在手上，因此又有别名“手记”；指环环束于指，因此又有别名“约指”；古时射手将指环戴在右手拇指上用以控弦，因此又有别名

“彄（kōu）环”,《西京杂记》载汉高祖刘邦宠爱的戚夫人“以百炼金为彄环，照见指骨”。

至于“戒指”这个称谓，至迟元杂剧中就已经开始使用，明人都印《三馀赘笔》有“戒指”一条：“今世俗用金银为环，置于妇人指间，谓之戒指。”可见明代时“戒指”已成了通用的称谓。

为什么用“戒”字来定义呢？这还要追溯到《毛传》的解释，清代学者王应奎在《柳南随笔》中简要地加以概括：“相传古者妇人，月经与娠则带，否则去之。”接着他又感慨道：“今人常带在手，既昧戒止之义，甚至男子而亦带之，若为饰手之物，尤可怪矣。”原来，“戒指”取戒止之意，嫔妃妊娠或者月经期间即戴戒指，表明不可与帝王同房。

王应奎“尤可怪矣”的感慨很有道理，“戒指”本来是戒止之物，什么时候开始作为爱情和婚姻的信物了呢？如今能够追溯到的最早记载就是《晋书》所说大宛国“其俗娶妇先以金同心指环为娉”，唐代有王氏妇所作《与李章武赠答诗》之二：“捻指环，相思见环重相忆。愿君永持玩，循环无终极。”鲜明地道出了指环为什么能够成为爱人之间的信物，即象征着爱情“循环无终极”。

大正九年 十月
五葉画

《持手巾的女子》(『手拭持てる女』)，桥口五叶绘，1920年。

桥口五叶（橋口五葉，1881—1921）是明治末期到大正时期的装帧家和版画家，被誉为“大正的歌麿”。他的版画承江户传统，又渗合了现代西洋风格，独具魅力。

这幅画绘制于1920年10月，不久以后画师就去世了。画中女子正手持印花手巾擦拭右脸颊，她鬓发如云，黑色袍子上印着掺了云母的蝴蝶图案，质感华美，左手无名指上戴着一枚镶宝石的戒指，衬得肌肤更加白皙。女子面容沉静，眉细唇红，目光微微下垂，略带忧郁，若有所思。不知指环可是她的情人所赠？在浮世绘当中，桥口五叶是为数不多的喜欢给画中美人戴上戒指的画师。

“乱点鸳鸯”竟然是做好事

俗话说“乱点鸳鸯”“乱点鸳鸯谱”，这个“乱”字今天的理解是胡乱，胡乱配合姻缘叫“乱点鸳鸯”，因此这两句俗语是地地道道的贬义。岂知这两句俗语古时候的含义竟然完全相反，非但不是贬义，而且是地地道道的褒义！

明末文学家冯梦龙所著《醒世恒言》中有《乔太守乱点鸳鸯谱》一篇故事，最为形象地描述了“乱点鸳鸯谱”这句俗语的本义。此处单录下乔太守“乱点”的一段判词：“夺人妇人亦夺其妇，两家恩怨，总息风波；独乐乐不若与人乐，三对夫妻，各谐鱼水。人虽兑换，十六两原只一斤；亲是交门，五百年决非错配。以爱及爱，伊父母自作冰人；非亲是亲，我官府权为月老。已经明断，各赴良期。”

这桩案子判决后各方的反应是：“众人无不心服，各各叩头称谢。”“此事闹动了杭州府，都说好个行方便的太守，人人诵德，个个称贤。”冯梦龙还在文末赞扬道：“又有一诗，单夸乔太守此事断得甚好：鸳鸯错配本前缘，全赖风流太守贤。锦被一床遮尽丑，乔公不枉叫青天。”由此可见，乔太守并非胡乱配合姻缘，而是针对三对夫妻进行“错配”，交错配合。因此，“乱点”的“乱”字就不是胡乱的意思，而是交错之意。“乱点鸳鸯”或“乱点鸳鸯谱”，即交错配合夫妻之意。

清初文学家褚人获所著《隋唐演义》第六十三回“王世充忘恩复叛　秦怀玉剪寇建功”，开篇一段话仍用本义：“当时唐帝叫它监弄这几个附宫妃子来，原打帐要自己受用，只因窦后一言，便成就了几对夫妇，省了多少精神。若是萧后，就要逢迎上意，成君之过。唐帝乱点鸳鸯的，把几个女子赐与众臣配偶，不但男女称意，感戴皇恩，即唐帝亦觉处分得畅快，进宫来述与诸妃听。”这哪里有批评的意思？分明被“乱点”、被“错配”的众人感恩戴德。

不知道从什么时候起，人们已经不理解“乱点”乃是交错配合之意，望文生义，以至于将“乱点”误解为胡乱配合，好端端一个褒义词硬生生给变成了贬义词，实在令人浩叹！

鴛鴦錯配
本前緣

《醒世恒言》卷八插图『鸳鸯错配本前缘』，明代冯梦龙编，可一居士评，明末金阊叶敬池刊本。

刘家公子刘璞得了寒症，刘家人想借婚事冲喜，孙寡妇不忿，把儿子孙玉郎假扮成女儿嫁到刘家，刘妈妈偏叫女儿刘慧娘前来陪伴，孤男寡女共睡一床，虽然二人各自有婚约，终究把持不住。图中所绘，正是假凤虚凰暗室生情你侬我侬一幕，门口有人窥探，眼看私情要败露，不禁让人替他们捏一把汗。应了乔太守判言中所谓“移干柴近烈火，无怪其燃”，又谓“相悦为婚，礼以义起”，这位太守通达幽默，实是一位妙人。

“掌上明珠”最早是形容情人

“掌上明珠”这个成语很有意思，今天特指爱女，不管是别人的女儿还是自己的女儿，都可称“掌上明珠”，但是绝不能用来称呼儿子。不过这个称谓的演变轨迹却是：最早用来形容情人，然后用来称呼儿子，最后才作为爱女的特指。

西晋文学家傅玄作有《短歌行》一诗，模拟一位女子的口吻，怀念弃她而去的情人：“长安高城，层楼亭亭。干云四起，上贯天庭。蜉蝣何整，行如军征。蟋蟀何感，中夜哀鸣。蚍蜉愉乐，粲粲其荣。寤寐念之，谁知我情。昔君视我，如掌中珠。何意一朝，弃我沟渠。昔君与我，如影如形。何意一去，心如流星。昔君与我，两心相结。何意今日，忽然两绝。”

这真是一首凄惨欲绝的诗篇！特别是后半部分，今昔对比，一咏三叹，令人掩耳不忍闻。“昔君视我，如掌中珠”，这就是“掌上明珠”最早的出处，男子把自己心爱的女人称作“掌中珠”。

南朝梁文学家任昉《述异记》载：“凡珠有龙珠，龙所吐者；蛇珠，蛇所吐者。南海俗谚云：‘蛇珠千枚，不及玫瑰。’亦蛇珠贱也。越人谚云：‘种千亩木奴，不如一龙珠。’”

“龙珠”即夜明珠。庄子在《列御寇》篇中讲过一个故事：“河上有家贫恃纬萧而食者，其子没于渊，得千金之珠。其父谓其子曰：‘取石来锻之！夫千金之珠，必在九重之渊而骊龙颔下，子能得珠者，必遭其睡也。使骊龙而寤，子尚奚微之有哉！’”

“纬萧”指编织蒿草。河上有户人家很穷，靠编织苇席为生，这家的儿子潜入深渊，得到一颗千金之珠。父亲对儿子说：“快拿石头来砸碎它！千金之珠必定生于九重深渊黑龙的下巴，你能得到这颗珠子，一定是正赶上它在睡觉。假如黑龙醒来，你还能得到什么呢！”

战国时期的《尸子》一书中也说：“玉渊之中，骊龙蟠焉，颔下有珠。”《抱朴子·祛惑》篇中则写道：“凡探明珠，不于合浦之渊，不得骊龙之夜光也。”“合浦”是古代郡名，郡治即今广西合浦县，有珍珠城，又名白龙城，以盛产珍珠著名。这就是“探骊得珠”这个成语的由来，对其加以引申，用来比喻应试得第或写文章能够抓住关键，扣紧主题。

“合浦之渊”产龙珠，还有一个有趣的故事。《后汉书·孟尝传》载：“(孟尝)迁合浦太守。郡不产谷实，而海出珠宝，与交阯比境，常通商贩，留籴粮食。先时宰守并多贪秽，诡人采求，不知纪极，珠遂渐徙于交阯郡界。于是行旅不至，人物无资，贫者饿死于道。尝到官，革易前敝，求民病利。曾未逾岁，去珠复还，百姓皆反其业，商货流通，称为神明。”

“交阯”即“交趾”，今越南北部。“籴(dí)”的意思是买进粮食，与“粜(tiào)”相对，“粜”是卖出粮食。合浦的前任太守贪得无厌，不加节制地采求珍珠，以至于珍珠逐渐迁徙到交趾境内。孟尝到任之后，革除弊端，不到一年光景，珍珠就又迁徙回来了。这就是“合浦珠还”这个成语的由来。

“蛇珠”即蛇所吐的珠子，属于贱物。至于越人的谚语“种千亩木奴，不如一龙珠”，何为“木奴”？原来，晋人称柑橘树为“木奴”。

东晋学者习凿齿所著《襄阳记》载，三国时期吴国文官李衡在治家的问题上和妻子有矛盾，于是秘密派人种了千株柑橘，临死前对儿子说：“汝母每恶我治家，故穷如是。然吾州里有千头木奴，不责汝衣食，岁上一匹绢，亦可足用耳。”原来，李衡遵从的是司马迁在《史记·货殖列传》中“蜀、汉、江陵千树橘……此其人皆与千户侯等”的教导，背着妻子种了千株柑橘，留给儿子以为衣食之继。后来李家果然大富，“木奴”的称谓就此流传了下来。“种千亩木奴，不如一龙珠”，可见龙珠之珍贵。

任昉接着写道：“越俗以珠为上宝，生女谓之‘珠娘’，生男谓之‘珠儿’。吴越间俗说‘明珠一斛贵如玉’者。”不过，简称“珠”的时候，无一例外都是指男孩子。南朝梁文学家江淹的第二个儿子不幸去世，江淹作《伤爱子赋》，其中吟咏道：“曾悯怜之惨凄，痛掌珠之爱子。”唐人亦如此使用。白居易在《哭崔儿》一诗中写道：“掌珠一颗儿三岁，鬓雪千茎父六旬。”王宏《从军行》：“儿生三日掌上珠，燕颔猿肱秾李肤。”“掌珠”“掌上珠”都是形容男孩子。

不过，五代十国至宋代，“掌珠”的称谓也仍然可以用来称呼情人。由五代十国入宋的词人孙光宪所作《更漏子》，其四云：“掌中珠，心上气，爱惜岂将容易。花下月，枕前人，此生谁更亲。交颈语，合欢身，便同比目金鳞。连绣枕，卧红茵，霜天似暖春。”词义十分显豁，吟咏的就是女性情人。

明代也不例外，“掌珠”一词也是用来称呼男孩子的。《明成化说唱词话丛刊》中形容包拯“他嫂嫂惜似掌中珠”，嫂嫂将包拯视作“掌中珠”。

直到清代，“掌上明珠”才开始特指爱女，比如查慎行有《中山尼》一诗，其中写道：“自言生长本名家，阿父才名宋玉夸。千里飘飘随远宦，一家迢递入三巴。养成娇女娇无偶，掌上明珠唾随口。”从此之后，“掌上明珠”就成为爱女的特定称谓，再也不能用来称呼情人和儿子了。

《明珠记》插图「珠双」，明代陆采撰，明末吴兴闵氏朱墨套印本。

《明珠记》五卷四十三出，以唐代薛调的传奇小说《无双传》为蓝本，演绎书生王仙客与户部尚书刘震女儿刘无双曲折的爱情婚姻故事。故事中，主人公乱世离合，以明珠为信物。

“珠双”一出，描绘二人得义士相助在驿馆团圆的喜悦。唱词中细数明珠的功劳：“若非明珠表意，怎能勾两下相思。后来在驿路相逢，小生目断东墙，小姐独眠孤馆。若非明珠寄恨，怎能勾两下厮见。更兼买求义士，赎取香躯，皆明珠之功，不可忘也。”“你看轻盈夜光，长在佳人掌。分飞两行，又逐人漂荡。只道洛浦音沉，尘埃无望。谢穹苍，人珠两下都相傍。今宵不负团圆相，光辉依旧照华堂。”刘无双既是刘震夫妇掌上明珠，又是王仙客掌中珠，二人团圆更得明珠相助，宜乎称为《明珠记》。

“续弦”为何指男人丧妻再娶

男人死了妻子再娶俗称“续弦”。很多辞典解释为古人以琴瑟比喻夫妻，因此男人死了妻子称“断弦”，再娶称“续弦”。这种解释得不到文献支持。

其实，“断弦”“续弦”这两种说法都来自一种具有神奇粘合作用的胶，这种胶的名字叫“续弦胶”。杜甫在《病后遇王倚饮赠歌》一诗中写到了这种胶：“麟角凤嘴世莫识，煎胶续弦奇自见。”很多人读不懂这句诗，是因为不懂得这种胶的来源。

托名东方朔所著的《海内十洲记》一书记载，汉武帝听西王母说大海中有祖洲、瀛洲、玄洲、炎洲、长洲、元洲、流洲、生洲、凤麟洲和聚窟洲共十洲，于是便召见东方朔，请他描述十洲中的异物。描述到凤麟洲时，东方朔称凤麟洲在西海中央，洲上有很多凤凰和麒麟，洲上的仙人把凤凰的嘴和麒麟的角合在一起煎煮，熬出来的药膏称作连金泥。连金泥的神奇之处在于，弓弩上的断弦和被刀剑砍斫的金器用这种胶接续上之后，就再也不会断了，因此它又称“续弦胶”。

这一年，汉武帝巡幸北海，在恒山举行盛大的春祭，西国王派遣使者，进贡了四两续弦胶和一件吉光毛裘。汉武帝不知道这两件什物的用处，将其扔进了宫外的仓库。回到长安之后，汉武帝有一次去打猎，射虎的时候用力过猛，弓弦应声而断，刚好西国的使者跟随着，立马又献上一份续弦胶。接上弓弦后，汉武帝命武士试验，结果整整一天弓弦再也没有断，汉武帝这才恍然大悟，连称“异物”，赶紧命人把外库里的续弦胶和吉光毛裘

《新刻绣像批评金瓶梅》第二十五回插图『吴月娘春昼秋千』，明崇祯刊本，藏首都图书馆。

先是吴月娘在花园中扎了一架秋千，这日见西门庆不在家，闲中率众姊妹游戏，以消春困。潘金莲、李瓶儿打秋千时，恰女婿陈敬济自外来，月娘便让他推送二人踏板。陈敬济手揽画裙，指亲罗袜，众人尽享游戏之乐，竟无礼义伦次之分。

在《金瓶梅》中，吴月娘一向以稳重娴静的大妇形象出现，但她并非西门庆原配，而是“续弦”。她是清河左卫吴千户之女，西门庆原配早逝，娶了她填房为继室，对她一直礼敬有加。评者认为吴月娘作为大妇，在此一回中的表现十分不妥，埋下了后来家庭丑闻的种子。

拿出来。“吉光”是一种神马的名字，用吉光的毛皮做成的裘入水不沉，入火不焦。有个成语叫“吉光片羽”，就是指这种神马身上的一片毛羽，用来比喻残存的艺术珍品。

杜甫的这两句诗吟咏的就是这个典故。

古代把凤凰一类的神鸟称作“鸾”，因此续弦胶又叫“鸾胶”。“鸾”还用来指代夫妻，如“鸾凤”“鸾凤和鸣”，都是指夫妻感情和谐。因此男子丧妻再娶称作“鸾续”，取鸾胶接续弓弦之意，顺理成章地，男子丧妻称作“断弦”，再娶称作“续弦”。五代诗人刘兼在《秋夕书怀呈戎州郎中》一诗中吟咏道：“鸾胶处处难寻觅，断尽相思寸寸肠。”就是指丧妻后，遍寻能够再娶的妻子而不得。

“续弦”这个意思还可以称“填房”，女子嫁给丧妻的男子和男人丧妻后再娶都称“填房”。

“呷醋”为何比喻男女之间妒忌

有些辞典把“呷醋”一词归类为粤语词汇，这是不对的。粤语中固然有这个词汇，但“呷醋”最初是地地道道的中原官话，并且经历了由中原而江南而岭南的传播过程。人们之所以会产生其归属粤语词汇的错觉，是“呷”字在现代汉语中几乎废弃不用的缘故。

“呷”读 xiā，《说文解字》：“呷，吸呷也。”明代学者赵宧光在《说文长笺》中解释说：“吸而饮曰呷。甲有敛藏义，故从甲。”既吸而饮，那么“呷”就是指小口饮。西晋木华的《海赋》中有“犹尚呀呷，余波浊涌”的句子，李善注解说：“呀呷，波相吞之貌。”波浪互相吞吸如饮，正是“呷”的本义。

把喝醋称作“呷醋”，这种说法早在唐代就已经出现了。据中唐时期李肇所著《唐国史补》载：“任迪简为天德军判官，军宴后至，当饮觥酒，军吏误以醋酌。迪简以军使李景略严暴，发之则死者多矣，乃强饮之，吐血而归。军中闻者皆感泣，后景略因为之省刑。及景略卒，军中请以为主，自卫佐拜御史中丞，为军使，后至易定节度使，时人呼为‘呷醋节帅’。”

“觥（gōng）”是用兽角所制的饮酒器，或容七升，或容五升，可想而知一觥酒的容量巨大。“军使”是掌军中赏功罚罪的官员，李景略素以严暴著称，因此当任迪简发现军吏误以醋为酒，要罚这一觥时，就没有声张，因为他知道，如果声张的话，连累的军吏会很多，而且都是死罪。但是喝完这一觥醋可不那么容易，任迪简竟至于吐血而归。这种仗义的行为受到了广泛的好评，李景略也进行了反省，因为这件事而“省刑”，减轻了军中各种严苛的处罚措施。

李景略死后，军中众人就拥戴任迪简担任军使一职，他一直做到易定节度使的高位，所以任迪简的别称就叫“呷醋节帅”，“节”即指节度使。

可能有人会有疑问：醋和酒的区别很大，气味就不一样，军吏怎么会误以醋为酒呢？这个疑问很有意思。从晋代开始，醋就有个别名，叫“苦酒”，这是因为苦酒是发酸的劣质酒，和醋的味道差不多，因此才作为醋的别称。任迪简所生活的中唐时期，“安史之乱”平定还没多久，藩镇势力坐大，内忧外患，大唐帝国已经进入衰退期，而连年征战也导致不可能有太多的粮食用来酿酒，因此军中大规模的宴会所使用的酒，极有可能就是所谓劣质的“苦酒”，这才让军吏误以醋为酒。不过这个误会反而成就了任迪简“呷醋节帅”的美名，也算误打误撞。

今天的“呷醋”一词比喻男女感情中的妒忌，意同“吃醋”，而任迪简是真的喝醋，因此这一含义不可能起源于此。我们来看看南宋著名文学家陆游在《老学庵笔记》中收录的一则民谣，那才是“呷醋”一词比喻妒忌的真正来源。

这首民谣是：“吏勋封考，三婆两嫂；户度金仓，细酒肥羊；礼祠主膳，淡吃齑面；兵职驾库，咬姜呷醋；刑都比门，人肉馄饨；工屯虞水，身生饿鬼。”

宋代的中央政府沿袭唐制，分为六部，即吏部、户部、礼部、兵部、刑部、工部，这首民谣吟唱的就是六部因各自职责而享受的不同待遇。

宋室南渡，一片混乱，很多官员都丢了做官的凭证，需要验明正身，补办文凭，因此吏部油水丰厚，人人都能娶到三妻四妾，故曰“三婆两嫂”；户部掌管财政，可想而知非常富裕，天天“细酒肥羊”；礼部则很清闲，无油水可捞，只能就着酸菜吃面，连盐都吃不起，故曰“淡吃齑面”，“齑（jī）”

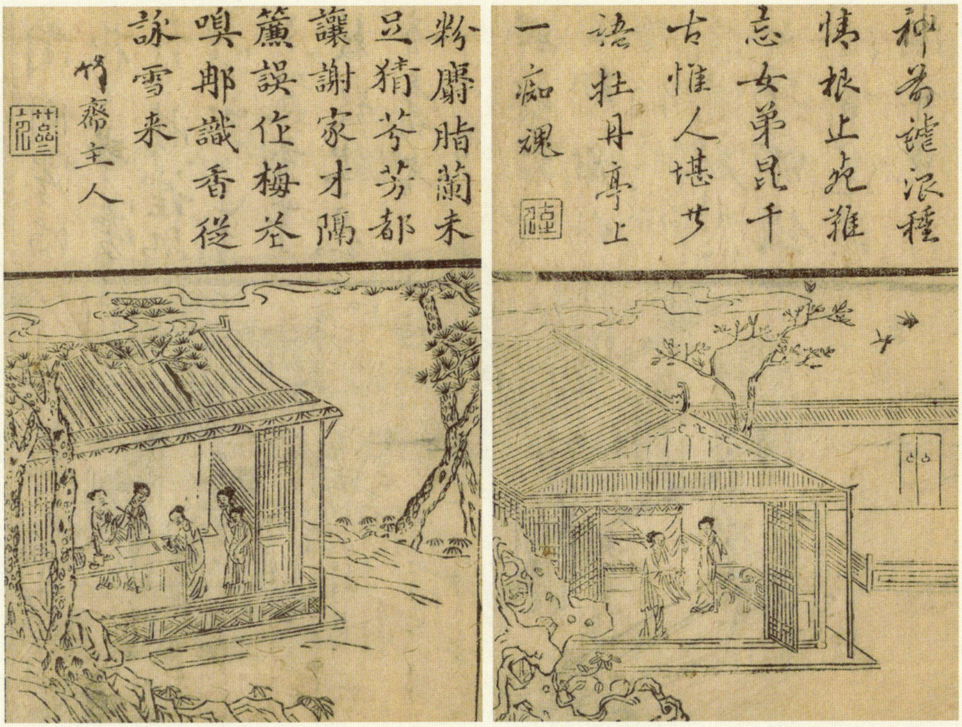

《笠翁十种曲》之《怜香伴》插图，清代李渔撰，清康熙年间刻本。

李渔（1611—1680），字谪凡，号笠翁，浙江金华兰溪人，明末清初文学家、戏曲家。《怜香伴》又名《美人香》，讲述了崔笺云与曹语花两名女子以诗文相会，互生倾慕，想方设法争取长相厮守的奇特姻缘。这部女同性恋题材的作品，在文学史上有特殊而重要的地位。

“粉麝脂兰未足猜，芬芳都让谢家才。隔帘误作梅花嗅，那知香从咏雪来。”在男权社会之中，崔笺云与曹语花相爱相知，历尽波折，最后也只能用“同嫁一夫”这样的方式实现长相厮守。另一方面，可想而知，她们二人之间是不会互相“呷醋”了。

指捣碎的姜、蒜或韭菜末儿制成的酸菜；兵部的军事大权都被枢密院所剥夺，穷得只好“咬姜呷醋”；刑部可就厉害了，因为军事开支巨大，赋敛日益沉重，刑狱也就多了起来，刑部趁机捞油水，甚至拿人肉包馄饨吃，这当然是艺术的夸张之辞；工部相当于今天的建设部、水利部、农业部等部门，不过凡是有油水的重大工程都被宫中的内府抢去了，工部变成了一个清水衙门，故曰“身生饿鬼”，人人都成了活着的饿死鬼。

姜和醋的味道都很辛辣，可想而知兵部的官员咬着姜呷着醋，两眼泪汪汪，眼巴巴地羡慕并妒忌吏部、户部和刑部的官员。“咬姜呷醋”之说就此流传了下来。清初著名戏剧家李渔在传奇《怜香伴》中写道：“下官自从选了这个穷教官，坐了这条冷板凳，终日熬姜呷醋，尚不能勾问舍求田，那里再经得进口添人。”可见这一俗语已成为清贫生活的代名词，妒忌豪富生活之意油然而生。再往后，岭南民间又将这一俗语移用于男女之间，遂生发出两性之间感情妒忌的含义。

“烟视媚行”不是形容女人风骚

今天的人们居然把女子风骚到极点、媚惑到骨子里的情态用“烟视媚行”来形容，网上也有许多自以为或者自盼望风骚媚惑的女子取名“烟视媚行”，天可怜见，这真是对“烟视媚行”一词的最大侮蔑！它根本与风骚、媚惑等风流女子的特征毫无干系，而是形容女子害羞的一个成语！

“烟视媚行”一词出自《吕氏春秋》。在《不屈》一节中，记载了战国时期魏惠王的两位大臣白圭和惠子初见面的情形：“白圭新与惠子相见也，惠子说之以强，白圭无以应。”两人初见，惠子就逞口舌之辩，对白圭宣讲国家如何使用强力的大道理，连珠炮一般，白圭根本插不上嘴。

“惠子出。白圭告人曰：‘人有新取妇者，妇至，宜安矜烟视媚行。’”惠子走后，白圭对别人说：“有一户人家娶新媳妇，新媳妇进门后，应该‘安矜烟视媚行’。”关于白圭口中冒出的“安矜烟视媚行”一语，尚秉和先生在《历代社会风俗事物考》一书中解释道：“安矜烟视媚行，形容新妇之状态，可谓入微矣。然可意会，难以言诠。安者，从容；矜者，谨慎；烟视者，眼波流动不直睨；媚行者，动止羞缩柔媚安徐也。是皆新妇初入门之状态，反是则失身份。”清代学者梁玉绳解释“烟视”曰：“谓若人在烟中，目不能张，其视甚微也。”东汉学者高诱解释“媚行”则曰：“媚行，徐行。”

如此一来，“烟视媚行”所描摹的女子的形态就非常清晰了：新媳妇微微眯着眼往前看，不东张西望，羞涩地缓步前行。这种形态多么符合古代社会对新媳妇的审美和礼仪要求啊！

紧接着，白圭继续往下说，对“安矜烟视媚行”的描述更加具体：“竖子操蕉火而钜，新妇曰：‘蕉火大钜。’入于门，门中有敛陷，新妇曰：‘塞之，将伤人之足。’此非不便之家氏也，然而有大甚者。”“竖子”，小孩子；“蕉”通“樵”，薪柴；“钜”通“巨”，大；“敛”当为“坎”之误，坑。

白圭这段话的意思是：假如新媳妇进门后，看到家里的小孩子拿着燃得很旺的火把玩，立刻就说：“小孩子不能玩这么大的火！”或者看到地上有个坑，立刻就说：“快垫上，别崴了脚！”这都不符合刚做新媳妇的礼仪，虽然这种举动对家庭有好处，但却操之过急。

由白圭的描述可知，“安矜”和“烟视媚行”都是对新媳妇的审美观，跟风骚、放荡、妖媚、媚惑扯不上半点干系。白圭其实是用这个举例来讥刺惠子跟自己刚认识就如此逞能，和那位不“安矜烟视媚行”的新媳妇一样，操之过急，违反了基本的礼仪。

明末清初著名文学家张岱所著《陶庵梦忆》卷五描写了一位杰出的女艺人朱楚生：“楚生色不甚美，虽绝世佳人，无其风韵，楚楚谡谡，其孤意在眉，其深情在睫，其解意在烟视媚行。”“楚楚”是形容鲜明出众之貌，“谡谡（sù）”是形容挺拔高迈之貌。朱楚生虽然没有绝世佳人的美貌，但是却清雅高迈，风韵无双。“孤意”是指孤峭不流俗之态，从双眉就可以看出来；而眼中则蕴含“深情”；“解意”则指聪明而善解人意，就表现在“烟视媚行”的举动之中。朱楚生“烟视媚行”的体态语言恰与新媳妇的体态语言一致。

大约“烟”和“媚”这两个字太过暧昧，太过香艳，因此不知道从什么时候起，“烟视媚行”这个美好的形容词从新媳妇的体态语言剥离开来，紧紧地嵌入现代人的浮躁生活，成了风骚、媚惑的同义词，甚至含有了色情勾引的意味，真是世风日下啊！

《歌撰恋之部 物思恋》，喜多川歌麿绘，约1793—1794年。

《歌撰恋之部》标志着歌麿独创的“大首绘”的成型。在歌麿之前，流行的是“清长美人”，即美人画名家鸟居清长笔下颀长、袅娜、优雅的九头身美人，专注于“媚行”。歌麿的“大首绘”则通过对女子头部和上半身的特写，突出女性细腻柔和的肌肤，刻画微妙动人的面部情态，捕捉这些恋爱或家居中的女性隐秘的喜悦和哀伤，生动表现人物的不同性格和气质类型。

《歌撰恋之部》细腻描绘了处于不同恋情中的女子的情态。这幅《物思恋》刻画了一位动人的女子，她右手撑腮，微抬脸庞，陷入烟一样的思绪。发型装饰与剃掉的眉毛表明了她的已婚身份。双目细细，微眯，目光略带迷茫，或可为“烟视”的注脚。她内心不知在为谁思量？或许正在回想曾经的一段无望的爱情吧。

“怨女”原来就是古代的“剩女”

“剩女”是中国教育部于2007年8月公布的汉语新词之一，指那些大龄未婚的女青年。这当然是网络时代汉语新词汇的丰富和发展，但是鲜为人知的是，古时也有专门的词汇来指称“剩女”，这个词汇就是大家耳熟能详的“怨女”。

“怨女”一词，出自《孟子·梁惠王下》篇中齐宣王和孟子的一段对话：

王曰：“寡人有疾，寡人好色。”对曰：“昔者太王好色，爱厥妃。《诗》云：‘古公亶甫，来朝走马，率西水浒，至于岐下，爰及姜女，聿来胥宇。’当是时也，内无怨女，外无旷夫。王如好色，与百姓同之，于王何有？”

齐宣王说：“我有一个毛病，我好色。”孟子回答道：“过去周太王好色，爱他的妃子。《诗经》中说：‘周太王古公亶甫，清晨纵马奔驰，沿着西边的河岸，到了岐山脚下，带着妻子姜氏，来察看新居。’那个时候，内无没出嫁的女子，外无娶不到妻的男子。大王如果好色，像周太王一样让百姓也能嫁娶，对大王有什么难的呢？”

北宋学者邢昺注解说：“皆男、女嫁娶过时者，谓之怨女、旷夫也。”所谓“嫁娶过时”，是指到了适婚年龄而没有成婚。从此之后，就把这样的男女称作“旷夫怨女”，也就是今天所说的“剩男剩女”。

不过，为什么女称“怨”，男称“旷”？邢昺没有给出解释。我们再来看《诗经·国风·雄雉》这首诗的汉代题解，也就是所谓的《毛诗序》:“《雄雉》，刺卫宣公也。淫乱不恤国事，军旅数起，大夫久役，男女怨旷，国人患之而作是诗。”这是妇人思念远行服兵役而久久不归的丈夫的诗篇。郑玄注解说：“国人久处军役之事，故男多旷，女多怨也。”孔颖达则注解说：“旷，空也，谓空无室家，故苦其事。”综合二人的注解，“怨旷”的意思就是：丈夫在外服役，空无家室，而妻子则在家中思念，怨恨不已。如此则“怨女”指怨恨的女子。

但这一解释很奇怪，“旷夫”和“怨女”形成对文关系，那么就绝不可能“旷”用作形容词“空”，而“怨”却用作动词“怨恨”。

我们再来看《韩非子·外储说右下》篇中管仲的一句话：“畜积有腐弃之财，则人饥饿；宫中有怨女，则民无妻。”如果“怨女”是指怨恨的女子，那么百姓没有妻子跟宫中有怨恨的女子又有什么逻辑关系呢?

由以上可知，“怨女”绝对不能解释为怨恨的女子。

原来，“怨女”之“怨”，不是怨恨的意思，而是指蕴积。《荀子·哀公》篇中记载了一段孔子对鲁哀公说的话：“所谓贤人者，行中规绳而不伤于本，言足法于天下而不伤于身，富有天下而无怨财，布施天下而不病贫：如此则谓贤人矣。”唐代学者杨倞注解说：“怨读为蕴，言虽富有天下，而无蕴蓄私财也。”

《晏子春秋·内篇杂下》中晏子的一段话也可为证：“凡有血气者，皆有争心，怨利生孽，维义可以为长存。”意思是人人都有争竞之心，但过多地蕴蓄私财就会产生灾祸，只有以“义”约束才可以长存。“怨利生孽”在《左传·昭公十年》中写作“蕴利生孽”，可见“怨”因为音近而成为“蕴”的假借字。

清末民初学者章太炎先生在《膏兰室札记》一书中总结道：“怨与积同

意。怨读为怨利生孽之怨，怨利，谓蕴利也。《荀子·哀公》云：‘富有天下而无怨财。’怨财，谓滞财也。惟女有蕴蓄于宫中者，而民乃无妻，不论女之情怨与不怨也。即使千人同御，女无怨情，民之无妻，何以异于不怨哉？故知怨非怨恨谊也。下云：‘内无怨女，外无旷夫。’旷者，虚也，与怨相对。内过实则外虚，理势必然。”

综上所述，“内无怨女，外无旷夫”的意思是：宫内没有蓄积多余的青年女子，宫外也就不会有空无家室的青年男子。这才是“旷夫怨女”的本义，同时，“怨女”指蓄积的女子，不正是今日“剩女”一词的形象写照吗？

从汉代开始，“怨女”之“怨”就被误解为怨恨，从而使“旷夫怨女”成为一个不可索解的词汇，同时又催生了“怨妇”的称谓，将未婚女子和已婚的“妇”等同起来，真是可怜了待嫁的“怨女”！

《天寒翠袖图》（又名《修竹仕女图》），宋代佚名绘，藏美国费城美术馆。

画面意境出自唐代大诗人杜甫的《佳人》：空旷寒冷的山谷，几竿高大的翠竹，一块太湖石，与盛放的梅花相掩映。一个衣衫单薄的女子，在倾斜的修竹下拢手而立。静默中，她目光向左凝视，若有所待。

在古代所有描写寂寞女性的诗歌中，杜甫的《佳人》以独特视角塑造了一位高洁美丽、拥有独立人格的女隐士。“绝代有佳人，幽居在空谷”，她容貌绝世，却身世悲苦，飘零无依，然而并不自弃，宁可在幽谷中与草木为伍，清贫自守。“天寒翠袖薄，日暮倚修竹”，这样的形象远远超越了一般的“怨女”“怨妇”，呈现出一种理想的人格之美。

“淑女”不是形容文静的女子

在今人的概念中，淑女是指那种气质优雅、性格文静的女子，殊不知在古代，淑女根本不具备今天赋予的这些特征。

《诗经·国风·关雎》中大家耳熟能详的名句“窈窕淑女，君子好逑”一直被误解。“窈窕”容易被误解为身材修长，三围符合标准，其实“窈窕”是形容文静而美好的样子，跟身材没有任何关系。“淑女”指善良的女子。古代诰封官员妻子，有“淑人”的封号，属三品，即是从道德上的肯定，心地善良，跟相貌同样没有任何关系。“好”读作三声（人们常常读作四声），意思就是它的本义，美好。“逑（qiú）”本来是动词，聚合之意，后来变化为名词，意思是配偶。“好逑”的意思是佳偶，而不是通常以为的“喜欢去追求美女”，那样就成了好色之徒，哪里还能称为君子呢。

因此，“窈窕淑女，君子好逑”的意思是：文静善良的女子是君子的佳偶。

在古代，“淑女”“美人”和“佳人”之间存在着巨大的区别，今天的人把这三种类型一概当作美女的代名词，误解可谓深矣！

如上所述，在古代，“淑女”是指道德善良的女子。君子是儒家学说中理想的人格典范，这种人格是儒家“仁”的观念的具体落实，是更富有道德的完美人格，所以淑女配君子，有道德的女子才是君子的佳偶。

“美人”是指形貌漂亮好看的女子，这类女子的最大特点就是美丽，至于道德是否高尚，心地是否善良，则没有硬性要求。英雄是体格健壮，人格力量强大，战功赫赫的外向型人物，他的力量强大到了不需要对偶物

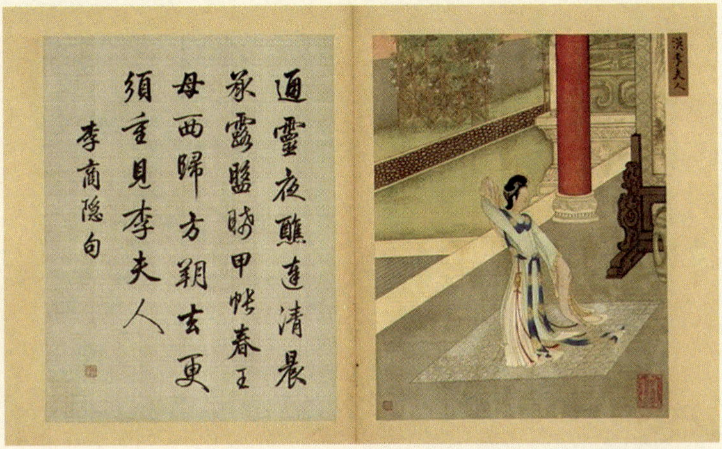

《丽珠萃秀》图册之『汉李夫人』，清代赫达资绘，藏台北故宫博物院。

此册十二开，描绘历代女性人物，左诗右图，画家题为赫达资，生平不详，左幅是梁诗正于乾隆三年（1738）抄录的古人诗句。李夫人图配的是李商隐诗句。

画面上的李夫人正在宫中大殿锦毡上跳舞，衣袖如流云。李夫人因容貌美丽，擅长歌舞音律被汉武帝宠幸，是“佳人”而非“淑女”。她去世时还十分年轻。她重病时，汉武帝亲往探问，她却以卧被蒙头，以形貌毁坏为由，婉拒与武帝见面。姊妹都责怪她，李夫人回答：“所以不欲见帝者，乃欲以深托兄弟也。我以容貌之好，得从微贱爱幸于上。夫以色事人者，色衰而爱弛，爱弛则恩绝。上所以挛挛顾念我者，乃以平生容貌也。今见我毁坏，颜色非故，必畏恶吐弃我，意尚肯复追思闵录其兄弟哉！”可见她是一位十分清醒自知之人，兼具美貌与智慧，不愧为“佳人难再得”之名。

的程度，因此美人配英雄，仅仅需要外貌漂亮就行，所谓“胸大无脑”即可。美人仅仅是英雄的附属物而已。

“佳人”虽然也是指美人，但和美人的最大区别在于，美人主要指容貌，佳人则主要指性情和体态，因为“佳”有“善”的含义。佳人既要体貌美丽端庄，又要道德高尚，因此佳人常常用来指怀念的女子或者理想中的女子。古代才子配佳人，是因为才子都是文人，文人总是好高骛远，将美人追到手后立马觉得索然无味，心意又转向了别的美人，觉得没有得到的美人才是佳人。美人是世俗化的美人，佳人是理想化的美人，所以李延年才会如此对汉武帝唱道：“北方有佳人，绝世而独立。一顾倾人城，再顾倾人国。宁不知倾城与倾国？佳人难再得。”超凡脱俗和再难得到是“佳人”的两大特征。

“花信年华”为何比喻女子二十四岁

“花信”或“花信年华”是对女子二十四岁的雅称，同时，“花信”也是“二十四番花信风”的省称。

“花信”即花信风。南宋学者程大昌所著《演繁露》载：“三月花开时风名花信风。初而泛观，则似谓此风来报花之消息耳。按《吕氏春秋》曰：‘春之得风，风不信则此花不成。’乃知花信风者，风应花期，其来有信也。”程大昌注明此条引自南唐学者徐锴的《岁时广记》。

南宋学者高似孙所著《纬略》“花信麦信”条中也说：“徐锴《岁时记》曰：‘三月花开，名花信风。’”可见所谓“花信风”，是指初春三月，与花期同步，应信而来的风。此即《吕氏春秋》所说：“春之德风，风不信，其华不盛，华不盛则果实不生。”应信而来的花信风因此被称作“德风”。

程大昌和高似孙都是南宋学者，但所引的徐锴的说法却出自南唐时期，因此南唐时期的“花信风”仅仅指三月花开时节的景象。

到了宋代，据南宋学者胡仔《苕溪渔隐丛话·后集》引北宋孙宗鉴《东皋杂录》云：“江南自初春至初夏，有二十四风信，梅花风最先，楝花风最后。唐人诗有‘楝花开后风光好，梅子黄时雨意浓’，晏元献有‘二十四番花信风’之句。”

这是第一次出现“二十四风信”之名，而且注明“梅花风最先，楝花风最后”，时间跨度已经从三月扩展到“自初春至初夏”。

到了明代，开始出现最完整的“二十四番花信风”的序列。王逵在《蠡海集·气候类》中写道："二十四番花信风者……一月二气六候，自小寒至谷雨，凡四月八气二十四候，每候五日，以一花之风信应之。世所异言，曰'始于梅花，终于楝花也'。详而言之：小寒之一候梅花，二候山茶，三候水仙；大寒之一候瑞香，二候兰花，三候山矾；立春之一候迎春，二候樱桃，三候望春；雨水一候菜花，二候杏花，三候李花；惊蛰一候桃花，二候棣棠，三候蔷薇；春分一候海棠，二候梨花，三候木兰；清明一候桐花，二候麦花，三候柳花；谷雨一候牡丹，二候酴醾，三候楝花。花竟则立夏矣。"

古人以五天为一候，一个月共有两个节气六候，从小寒到谷雨，一共是四个月八个节气二十四候，故称"二十四番花信风"。

小寒的三候分别是梅花、山茶、水仙。

大寒的三候分别是瑞香、兰花、山矾。

"瑞香"是中国传统名花，本名睡香，是一种常绿灌木，香味浓郁。北宋学者陶谷所著《清异录》有"睡香"一条："庐山瑞香花，始缘一比丘昼寝盘石上，梦中闻花香烈酷不可名，既觉，寻香求之，因名'睡香'。四方奇之，谓乃花中祥瑞，遂以'瑞'易'睡'。"

"山矾"也是一种常绿灌木，北宋诗人黄庭坚《戏咏高节亭边山矾花诗序》中说："江湖南野中，有一种小白花，本高数尺，春开极香，野人号之郑花。王荆公尝欲求此花栽，欲作诗，而陋其名，予请名曰山矾。野人采郑花叶以染黄，不借矾而成色，故名山矾。"

立春的三候分别是任春、樱桃、望春。"任春"，后人多以为乃"迎春"之误，即迎春花；"望春"即紫玉兰。

雨水的三候分别是菜花、杏花、李花。"菜花"即油菜花，"李花"即李树的花。

惊蛰的三候分别是桃花、棣棠、蔷薇。"棣（dì）棠"也是蔷薇科的一种。

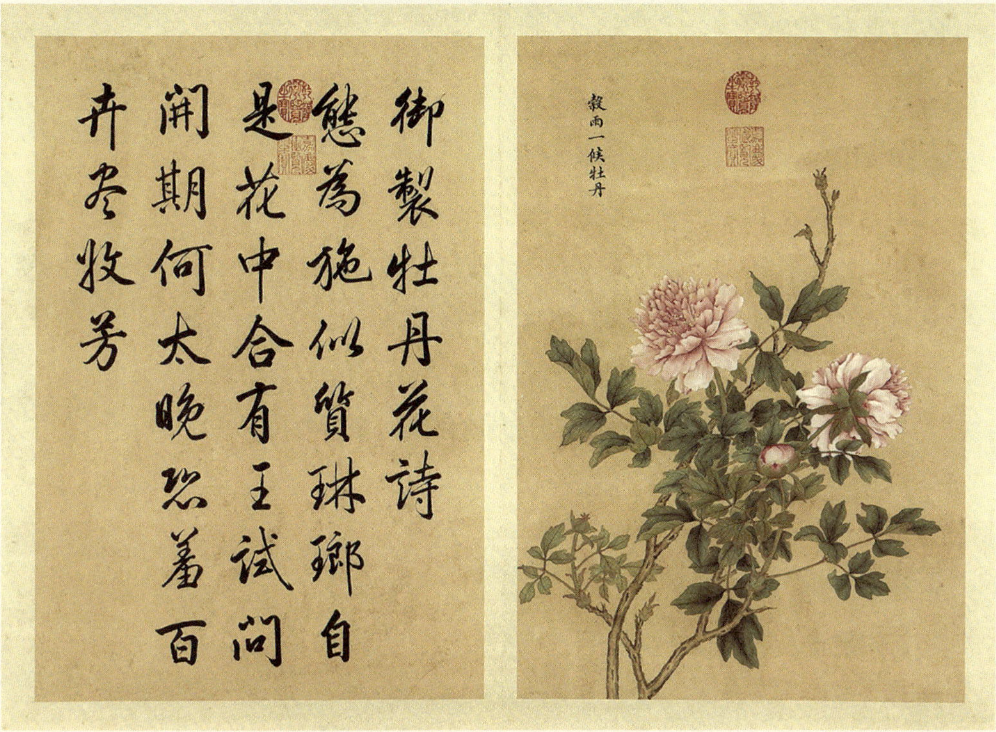

《墨妙珠林》子册『谷雨一侯牡丹』，清代余省绘，藏台北故宫博物院。

《墨妙珠林》一套十二册，编号从子到亥，每册二十四开，乾隆戊辰年（1748）制，每册各具一个主题，均右画左书。子册以“二十四番花信风”为主题，余省绘图，配以庄有恭行书所录乾隆御制咏花诗。

余省（活动于1741—1757年间）善花鸟虫鱼，参用西法写生，赋色妍丽。庄有恭（1713—1767）书法古雅平和，气息淡雅。谷雨是春季最后一个节气，源自古人“雨生百谷”之说，“清明断雪，谷雨断霜”，从此春去夏来。谷雨三朝看牡丹，尚是第一候，还没有“开到荼蘼”与“楝花风起”的惆怅，正是韶华胜极。

春分的三候分别是海棠、梨花、木兰。“木兰”是一种落叶乔木，这种植物的花有一个很好听的名字叫“辛夷”。

清明的三候分别是桐花、麦花、柳花。“桐花”即桐树的花，“麦花”指麦熟所开的花，“柳花”即柳树所开的鹅黄色的花。

谷雨的三候分别是牡丹、酴醾、楝花。“酴醾（tú mí）”，现在常写作“荼蘼”，是古代的名花，古人认为它“色黄如酒”，因此加了一个“酉”字旁。此花是夏季最后所开的花，苏轼有诗“酴醾不争春，寂寞开最晚”，宋人王淇也有“开到荼蘼花事了”的诗句，可见此花一开，夏季就结束了，秋天即将来临。“楝（liàn）花”即苦楝树所开的花。

这就是所谓“梅花风最先，楝花风最后”。虽然学者们多有指出，这一序列中有的花卉与节候不符，但“二十四番花信风”的称谓却传之久远。

从清代开始，人们将此称谓移用于形容青年男女二十四岁的青春年华，始有“年方花信”“花信年华”的比喻，当然更多地是用于女子，比如晚清女诗人阮恩滦二十四岁早逝，戴赓保写了一首词，其中有“谁念冰雪聪明，华年廿四，花信风吹断”的句子，即悼念她正值二十四岁的青春华年却早逝之意。

“梨涡”为什么指美女的酒涡

酒涡有个非常美丽的别称，即“梨涡”，不过酒涡和“梨涡”有一个重大的区别，即男女皆可称酒涡，而“梨涡”则只能称女人的酒涡，尤其是美女的酒涡。如果不辨雌雄，将男人的酒涡也想当然地称作“梨涡”，那就要贻笑大方了。

梨者，水果之名也。为什么可以拿来比附美女的酒涡呢？原来，这个美丽的称谓竟然还涉及一段关于天理、人欲之争的著名公案。

“梨涡”一语出自南宋学者朱熹所作《宿梅溪胡氏客馆观壁间题诗自警二绝》：“贪生莝豆不知羞，腼面重来蹑俊游。莫向清流浣衣袂，恐君衣袂涴清流。”“十年湖海一身轻，归对梨涡却有情。世上无如人欲险，几人到此误平生。”

胡氏指南宋名臣胡铨，号澹庵。绍兴八年（1138），时任宰相的秦桧主张与金国议和，胡铨上疏请求斩秦桧之头，秦桧大怒，以“狂妄凶悖，鼓众劫持”的罪名将胡铨贬谪岭南十年。据南宋学者罗大经所著《鹤林玉露》一书记载：“胡澹庵十年贬海外，北归之日，饮于湘潭胡氏园，题诗云：‘君恩许归此一醉，旁有梨颊生微涡。’谓侍妓黎倩也。”

胡铨在湘潭胡氏园与朋友饮酒，对侍妓黎倩一见钟情，因黎倩生有酒涡，而“黎”与“梨”谐音，遂有“梨颊生微涡”的比喻。

后来朱熹路过此园，看到胡铨的题壁诗，有感而发，遂写下这两首诗，并题名“自警”，以胡铨的行为警诫自己。想一想朱熹的名言“遏人欲而存天理”，就能够明白他为什么以此自警，也为什么会发出“世上无如人欲险”的感慨。

朱熹诗中的“莝（cuò）”指铡碎的草，与豆类混合在一起作为马的饲料，即“莝豆”；“腼（miǎn）”是惭愧之色；“涴（wò）”是弄脏之意，讽刺胡铨如果在清流中洗濯衣服，会将清流染脏。

但是，朱熹为什么指责胡铨“贪生莝豆不知羞”呢？有趣的是，这个故事竟然记录在十七世纪朝鲜学者宋时烈的《朱子大全札疑》一书中，在对朱熹这两首诗的注释中，宋时烈写道：“澹庵尝通黎倩。其夫执之，赐莝豆马食之曰：否者杀之。澹庵遂食之。”

在宋时烈的笔下，黎倩原来是一位有夫之妇，丈夫发现了二人的奸情，才逼食莝豆侮辱胡铨。但《鹤林玉露》明明称黎倩乃是“侍妓”，不知道宋时烈的故事出自何处。

针对朱熹对胡铨的批评，清代学者袁枚在《读胡忠简公传》一文中提出了尖锐的反驳：“公在广州恋黎倩，为朱子所讥。呜呼！即此可以见公之真也。从古忠臣孝子，但知有情，不知有名。为国家者，情之大者也；恋黎倩者，情之小者也。情，如雷如云，弥天塞地，迫不可遏，故不畏诛，不畏贬，不畏人訾议，一意孤行，然后可以犯天下之大难……彼其日星河岳之气，视此小节如浮云轻飚之过太虚，而腐儒矜矜然安坐而捉搦之，譬凤皇已翔云霄，而鸴鸠犹讥其毛羽有微尘，甚无谓也。”

“訾（zǐ）”，毁谤，非议；“搦（nuò）”，用力按压；“鸴（xué）鸠”，小鸠。显然，袁枚比朱熹更看重“情”，因此认为胡铨乃是具真性情之人。

此外，清代学者纪晓岚等人编著的大型工具书《四库全书总目提要》卷一百五十八集部“《澹庵文集》”条也为胡铨进行了辩护：“铨孤忠劲节，照映千秋，乃以偶遇歌筵，不能作陈烈逾墙之遁，遂坐以自误平生，其操

《宋代后半身像册》之『宋钦宗皇帝后』，旧藏南薰殿，现藏台北故宫博物院。

宋徽、钦二宗的皇后命运都很悲惨。宋钦宗皇后朱琏，武康军节度使之女，于二帝被俘后，不堪受辱自尽。这幅画像上的朱皇后，头戴九龙花钗冠，身着朱领蓝衫礼服，领上绣龙纹，衣上绣山雉图案，妆容清浅，面贴花钿，脸露淡淡愁容，神情很是动人。

唐代女子化妆流行点“面靥”，即用胭脂在左右酒窝处各点一点，如梨涡浅笑，大约追求一种娇俏感。宋代出现了以珠翠珍宝制成的花钿，称为“玉靥”，多为宫妃所戴。朱皇后在额头、两额角、两腮酒窝处，都贴了珍珠花钿，与其端庄淡净的妆容很相称。可惜她眉目含愁，空有玉靥，不见笑颜。

之为已蹙矣。平心而论，是固不足以为铨病也。”

文中提到的陈烈是北宋学者，以道德修养闻名。据《四库全书总目提要》卷一百五十三集部“《盱江集》”条记载，有一次参加宴会时，“烈闻官妓唱歌，才一发声，即越墙攀树遁去，讲学家以为美谈”。这就是“陈烈逾墙”的故事。朱熹曾对陈烈大加褒奖，就是因为陈烈符合他心目中道学先生的标准。

不过，十六世纪朝鲜李朝朱子学的代表人物李滉（号退溪）在和另一位学者奇高峰的论争中，全盘继承了朱熹对胡铨的批评，他耸人听闻地写道：“人欲之险，乃有以拄天地、贯日月之气节，一朝摧销陷没于一妖物颊上之微涡，取辱至此，为天下诟笑如胡公者，其可畏如此。”

这一评价相比袁枚、纪晓岚等人，可谓天壤之别。但值得欣慰的是，即使胡铨被李滉斥为“为天下诟笑”，胡铨所恋的黎倩被李滉斥为“妖物”，“梨涡”这一美丽的称谓仍然流传了下来，无情地嘲弄着腐儒们的道学气。

“戴绿帽”为何是男人的奇耻大辱

詈辞和骂人话里，大概再也没有比“戴绿帽”的语感更严重的了。哪个男人如果被别人骂作“戴了一顶绿帽子”，一定会勃然大怒而拼命。这是因为只有妻子跟别的男人通奸的丈夫才会被民间称为“戴绿帽”。

这个称谓非常奇怪，为什么戴的非得是绿帽子，而不是别的颜色的帽子呢？

首先必须得明白绿色在古代中国颜色谱系中的地位。《说文解字》：“绿，帛青黄色也。”绿色是指青中带黄的颜色。古代中国的颜色谱系分为正色和间色两类：正色指青、赤、黄、白、黑五种纯正的颜色，间色则为不纯正的杂色。

何为间色？说法不一，一种说法是指绿、红、碧、紫、流黄（褐黄色），另一种说法是指绀（红青色）、红（浅红色）、缥（淡青色）、紫、流黄。正色和间色是明贵贱、辨等级的工具，要求非常严格，丝毫不得混用。

作为间色的一种，绿色的地位之低下可想而知。《汉书·东方朔传》记载了一则趣事：汉武帝的姑妈馆陶公主死了丈夫，这时她已五十多岁，养了一位名叫董偃的十八岁小白脸，号曰董君。有一次汉武帝驾临公主府第，坐下就说：“愿谒主人翁。”馆陶公主吓得赶紧去掉簪子和耳环，脱掉鞋子，跪下顿首谢罪。汉武帝恕罪之后，公主“之东箱自引董君，董君绿帻傅韝，随主前，伏殿下”。

“韝（gōu）”本是皮革所制的臂套，射箭时将之套于两臂，方便拉弓。

"帻（zé）"是头巾，蔡邕《独断》中说："帻者，古之卑贱执事不冠者之所服也。"因此颜师古注解说："绿帻，贱人之服也。"董偃头上戴着绿色的头巾，两臂上套着青色的臂套，来向汉武帝谢罪，可见这都是代表低贱身份的装束。汉武帝很喜欢董偃，于是"赐衣冠"，董偃退下回房，换上所赐的品级高的衣冠，再来见汉武帝。

此后，绿色的低贱地位一直没有改变过，比如《旧唐书·舆服志》载："六品、七品服绿，八品、九品服以青。"

唐人封演所著《封氏闻见记》在"奇政"一条中记载道："李封为延陵令，吏人有罪，不加杖罚，但令裹碧头巾以辱之。随所犯轻重，以日数为等级，日满乃释。吴人着此服出入州乡，以为大耻，皆相劝励，无敢僭违。""碧"即青绿色，"碧头巾"即绿头巾。李封让有罪的吏人戴上碧头巾，显然是故意贬低吏人的身份。

明人郎瑛在《七修类稿·辩证类》"绿头巾"一条中解释了李封何以要用碧头巾来羞辱吏人："今吴人骂人妻有淫行者曰绿头巾，及乐人朝制以碧绿之巾裹头，皆此意从来。但又思当时李封何必欲用绿巾？及见春秋时有货妻女求食者，谓之娼夫，以绿巾裹头，以别贵贱。然后知从来已远，李封亦因是以辱之，今则深于乐人耳。"

郎瑛听到的"绿头巾"的源头更早，甚至可以追溯到春秋时期。用他的话说，春秋时期卖妻女求食的男人称为"娼夫"，必须戴上绿头巾来表明低贱的身份。

到了元明两代，娼妓的丈夫要戴绿帽子成为常例。《元典章》在"服色"一条中规定："娼妓之家多与官员士庶同着衣服，不分贵贱。今拟娼妓各分等第，穿着紫皂衫子，戴着冠儿，娼妓之家家长并亲属男子裹青头巾。"并规定娼妓的家人不得穿金服，戴笠子，骑坐马，被发现后要捉拿到官，把

《圣谕像解》卷十八插图『赋税常先』，清代梁延年编，清康熙二十年（1681）承宣堂刊本。

这幅图描绘的是李封不用刑杖，而赋税独先诸县报完的故事："李封为延陵令，吏人有罪，不加杖罚，但令裹碧头巾以辱之……赋税常先诸县，既去官，竟不捶一人。"

画面上，坐堂者便是李封，底下二人当堂相争，后面一衙役手持绿帽一顶，似只待县令发话，便替罪人戴上。再下面，是百姓在排队交税。《圣谕像解》录此事，聚焦点不在头巾，而在李封之善于"完钱粮而省催科"，不用刑杖，便令百姓纳足税赋。作者感叹：后世之催科者，严刑峻法，血肉狼藉，犹不能完税。绿帽之功乎？

马匹奖赏给举报者。

《明史·舆服志》中也有规定："教坊司伶人，常服绿色巾，以别士庶之服。"伶人和娼妓属于亲缘性非常接近的行业，因此这两个行业都必须戴绿头巾以作区别。不过对娼妓行业来说，"娼妓之家家长并亲属男子裹青头巾"，这才是民间把妻子有外遇的丈夫形容为"戴绿帽"或"戴绿头巾"的由来，并一直流传到了今天，"夺妻之恨"和"杀父之仇"同时成为中国男人最忍无可忍的两件事。

明人谢肇淛所著笔记《五杂组》中说："有不隶于官，家居而卖奸者，谓之土妓，俗谓之私窠子……今人以妻之外淫者，目其夫为乌龟。盖龟不能交，而纵牝者与蛇交也。隶于官者为乐户，又为水户。国初之制，绿其巾以示辱。"

"戴绿帽"者又称"龟"，引申而指妓院里的男仆，比如"龟奴""龟子"的称谓，今天也仍然还有"龟儿子"的骂人话。许慎在《说文解字》中说："天地之性，广肩无雄。龟鳖之类，以它为雄。""它"即蛇。许慎所处的东汉时期就已经有了这样的误解：龟有雌无雄，只能与蛇交配才能产子。这也就是谢肇淛所说的"龟不能交，而纵牝者与蛇交也"，用来比喻妻卖淫而夫不闻不问，因此卖淫女人的丈夫或者妓院的掌柜称为"龟"或"乌龟"。

“惨绿少年”为何形容风度翩翩的男子

“惨绿少年”这个词很奇怪，竟然用来形容风度翩翩的男子！惨者，凄惨也。既然凄惨，还有何翩翩风度可言？

我们先来看看这个词的出处。唐人张固所著《幽闲鼓吹》记载了一则有趣的故事：“子孟阳初为户部侍郎，夫人忧惕，谓曰：‘以尔人材而在丞郎之位，吾惧祸之必至也。’户部解喻再三，乃曰：‘不然，试会尔同列，吾观之。’因遍招深熟者。客至，夫人垂帘视之。既罢会，喜曰：‘皆尔之俦也，不足忧矣。末坐惨绿少年何人也？’答曰：‘补阙杜黄裳。’夫人曰：‘此人全别，必是有名卿相。’”

潘孟阳是礼部侍郎潘炎之子，他的母亲是宰相刘晏的女儿，极有见识。潘孟阳刚刚升为户部侍郎，俗话说知子莫若母，潘母非常害怕，对儿子说：“凭你的这一点微末本事，竟然当上了户部侍郎，我担心不久就会有祸事了。”潘孟阳再三解释，潘母于是说：“那就把你的同僚都叫来给我看看。”潘孟阳就把最熟悉的同僚都叫到家里做客，潘母躲在帘子后面一一打量。

宴会结束之后，潘母喜滋滋地告诉儿子：“这些人都是你的同类，我就不担心了。不过坐在最后面的那位惨绿少年是谁啊？”潘孟阳答道：“是任补阙的杜黄裳。”潘母说：“此人跟你们都不一样，以后一定会是有名的卿相。”

此处的“惨绿少年”，是形容杜黄裳风度翩翩，有卿相之才。为什么用“惨绿”来形容呢？原来，这里的“惨”不是凄惨之意，而是通“黪”，本义为浅青黑色。北宋学者沈括在《梦溪笔谈·故事二》中写道："近岁京师士人朝服乘马，以黪衣蒙之，谓之'凉衫'。""黪衣"即浅黑色的衣服。"黪"引申而指浅色，所谓"惨绿"即"黪绿"，即浅绿色。杜黄裳身着浅绿色的衣服，是因为他当时担任补阙一职，按照唐代官服制度，补阙属于从七品，应着浅绿色官服。潘母看人的眼光极准，杜黄裳这位"惨绿少年"后来果然做了唐宪宗的宰相，由"惨绿"一跃而为大红官服。

这就是"惨绿少年"一词的出处，原指地位低微、只能穿七品官服的杜黄裳这位少年。但这位少年虽"惨绿"却大有前途，因此"惨绿少年"引申用来形容风度翩翩的男子。

《虢国夫人游春图》（宋摹本）局部，唐代张萱绘，绢本设色，藏辽宁省博物馆。

张萱，生卒年不详，京兆（今陕西西安）人，开元天宝间画家，工人物，尤工仕女、鞍马，名冠当时。

一般认为此图描绘的是天宝年间杨贵妃的三姊虢国夫人及其眷从盛装出游的场景，可与杜甫《丽人行》参看。画面上一行人情态各异，疏密有致，骑马执鞭，徐徐前行。右起为首第一骑，马上人作男装打扮，头戴幞头，身着暗绿色（蟹青色）圆领窄袖袍衫，腰系蹀躞带，足登乌皮靴，乘浅黄色三花骏马，雕鞍障泥皆华丽锦绣，手拉缰绳，神色从容。此人性别身份历来众说纷纭，一说是男装打扮的虢国夫人。无论如何，大可作为参照，来设想当年“惨绿少年”杜黄裳的风仪吧。

博物

“马匹”为何用“匹”作计量单位

“马匹”就是马的总称，地球人都知道，但是为什么用“匹”来作为马的计量单位呢？相信大多数人都经不起这一问。

《说文解字》：“匹，四丈也。”张舜徽先生在《说文解字约注》一书中进一步解释说：“布帛两两对卷谓之匹，因引申为凡对偶之称。”也就是说，“匹”作为一个计量单位，最初仅限于计量布帛等纺织品，比如“匹练”指一匹白绢，“匹帛”和“匹段”都泛指纺织品。四丈为一匹，白居易《卖炭翁》中的名句“半匹红绡一丈绫，系向牛头充炭直”，“半匹红绡”就是指两丈生丝织成的红色薄绸。

用“匹”来计量马最早出自《尚书·文侯之命》：“马四匹。”《尚书》意为上代之书，是中国第一部上古历史文件和部分追述古代事迹著作的汇编，保存了商周特别是西周初期的一些重要史料，可见用“匹”来计量马的历史已经非常悠久了。稍后的《周易》中也出现过“马匹”一词：“月几望，马匹亡。”但在这里，“马匹”不是马的总称，“匹”是配偶的意思。这句话的意思是：月亮快要圆满了，马失去了配偶。

那么为什么把“马匹”作为马的总称呢？东汉学者王充在《论衡·书虚篇》中引述过儒书的一则传言：“传书或言：颜渊与孔子俱上鲁太山，孔子东南望，吴阊门外有系白马，引颜渊指以示之，曰：‘若见吴阊门乎？’颜渊曰：‘见之。’孔子曰：‘门外何有？’曰：‘有如系练之状。’孔子抚其目而正之，因与俱下。下而颜渊发白齿落，遂以病死。盖以精神不能若孔子，强力自极，精华竭尽，故早夭死。”阊门乃是苏州古城的西门，孔子和颜渊竟然能从泰山望见千里之外的阊门，因此王充指斥这则传言“殆虚言也”。不过由此也可知这个传说在汉代时就已经广为流传。孔子看见的白马，在颜渊眼中则“有如系练之状”，就像系着一匹白绢。于是孔子用手挡住了颜渊的眼睛，不让他再瞪大眼睛远眺。下山后，颜渊的头发都白了，牙齿也脱落了，不久就一病而死。原来孔子是圣人，精力强壮，颜渊当然比不上老师，勉强眺望那么远，时间长了精力就承担不了，因此才会力竭而亡。

唐代大型类书《艺文类聚》引西汉《韩诗外传》（佚文）载：“颜回望吴门马，见一匹练，孔子曰：‘马也，然则马之光景，一匹长耳，故后人号马为一匹。’”孔子的意思是说，在阳光下，马的影子有一匹那么长，也就是长达四丈，因此称马为“马匹”。

虽然出自一则“殆虚言也”的传说，但用“匹”来作为马的计量单位，并把“马匹”一词作为马的总称却早已约定俗成，也足够神奇了！

除了孔子的解释之外，东汉时期对“马匹”也有许多有趣的解释。《艺文类聚》引东汉应劭《风俗通》佚文，又提供了五种解释。其一：“马一匹，俗说相马及君子，与人相匹。”良马和君子都需要由具备慧眼的专业人士“相”后才能确定，可见良马能够和君子相匹敌，故称“马匹”。其二：“马夜行目明，照前四丈，故曰一匹。”马在深夜奔驰，能看到眼前四丈的距离，故称一匹。其三：“度马纵横，适得一匹。”度量马腾跃而前的长度，是四丈，故称一匹。其四：“马死，卖得一匹帛。”死马的价格和一匹帛等同，故称一匹。其五：“春秋左氏说，诸侯相赠，乘马束帛，帛为匹，与马之相匹耳。”春秋时期，诸侯之间相互馈赠的礼物通常都是“乘马”和“束帛”，“乘马”指四匹马，“束帛”指捆为一束的五匹帛，帛的计量单位是一匹四丈，正好跟“乘马”四匹马的数量相匹敌，于是也就用“匹”来计量马了。

《富士三十六景 下总小金原》(『富士三十六景 下総小金原』)，歌川广重绘，1858年，『名所绘』。

歌川广重（歌川広重，1797—1858），原名安藤广重，歌川派风景巨匠，最受欢迎的浮世绘画家之一，擅长以秀丽笔致及和谐色彩描绘典雅诗意的驿路风光。

小金原是江户幕府直辖的牧马场，所以也称为官牧。马放养在广阔的原野，风景是江户近郊，远处露出富士山山头。画面设色鲜润，显得水草丰美，惠风和畅。画家在前景大大地画了一匹红棕马，只露出二分之一马身，毛色顺滑。马头偏过来，欲饮溪水，似带着饶有兴味的神情，占据了视野左方一大块面积。这一视角使这匹马显得非常高大，确实有“一匹”的感觉。

“露马脚”露的为何是马脚

真相败露，俗语叫作“露马脚”，为什么偏偏露的是马脚而不是别的动物的脚呢？通常的解释非常可笑，说是朱元璋的老婆马氏出身平民之家，从小就要干活儿，因此没有缠足。朱元璋登基后，马氏为皇后，常常为自己的一双大脚害羞，总是穿上一袭曳地长裙，把两只脚遮掩起来。不料有一次出门，大风吹起了长裙，露出了马氏的一双大脚，一下子轰动全国，成为大明娱乐界最耸人听闻的新闻，因此演化出“露马脚”这个俗语，意为露出马氏的大脚。

关于“露马脚”的这个说法纯粹属于望文生义，如果朱元璋的老婆不姓马而姓牛，估计还会编派出“露牛脚”之类的说法。事实上，早于明代的元杂剧《包待制陈州粜米》中就已经出现了这个俗语：“兄弟，这老儿不好惹，动不动先斩后闻。这一来，则怕我们露出马脚来了。”

再往上追溯到唐代，可以发现真正的“马脚”“露”出来了。据北宋大型类书《太平广记》卷二百六十五引唐代文学家张鷟《朝野佥载》，讲述了“初唐四杰”之一杨炯的一则逸事：“唐衢州盈川县令杨炯，词学优长，恃才简倨，不容于时。每见朝官，目为麒麟楦。人问其故，杨曰：‘今铺乐假弄麒麟者，刻画头角，修饰皮毛，覆之驴上，巡场而走，及脱皮褐，还是驴马。无德而衣朱紫者，与驴覆麟皮何别矣？’”

杨炯恃才傲物，谁都看不起，见了当朝官员就把他们叫作“麒麟楦”。“楦（xuàn）”是制鞋帽所用的模型，称“楦子”。“麒麟楦”是唐代演戏时

《今昔画图续百鬼》（『今昔畫図続百鬼』）卷之下「貉」，鸟山石燕绘，1779年。

鸟山石燕（鳥山石燕，1712—1788）是江户时代著名的妖怪绘师，承袭“狩野派”画风，其高足包括喜多川歌麿。他从《和汉三才图会》和日本民间故事中搜集了大量素材，整理成系谱，一生描绘了二百零七种妖怪，至今仍是妖怪相关作品创作者的重要灵感源泉。

貉在日本传说中外表与狐、狸类相似，体肥短粗，四肢短而细，尾毛蓬松，擅长变化，比狐和狸手段高明。传说有一只貉化成小和尚的样子住进一座寺庙，在那里生活了好几年都没被人识破，最后还是因为他露出了尾巴才被识破真身。图中的貉妖戴着怪模怪样的帽子，着僧袍，饭后似打算生火烧茶喝。也许柴火的温暖令他困倦，他拨着火盹着了，毛茸茸的尾巴和后腿从僧袍下露出来，现了原形。貉露尾与中国的“露马脚”异曲同工，不过故事可爱多了。

假充麒麟的驴子或马。杨炯为什么把官员叫“麒麟楦”呢？当时的人也都很奇怪。杨炯回答道：当朝穿着朱紫服饰的高官都是无德之辈，就像演戏时假充麒麟的驴子或马一样，虽然惟妙惟肖，但是揭掉覆盖在驴子或马身上的皮制短衣，会发现原来不是麒麟，仍然是一头驴子或马！

这个故事，署名后唐冯贽编撰的《云仙杂记》一书中也有记载，文字大同小异：“唐杨炯，每呼朝士为麒麟楦。或问之，曰：‘今假弄麒麟者，必修饰其形，覆之驴上，宛然异物。及去其皮，还是驴耳，无德而朱紫，何以异是？’”

麒麟是传说中的仁兽，古人用驴或马来假充麒麟，是为“假弄麒麟”的游戏。假充麒麟的上半身好办，只需“刻画头角，修饬皮毛”即可，但因为做戏的驴或马披的乃是“皮褐”，即皮制的短衣，所以四条腿无法遮掩得尽善尽美，演戏时常常就露了出来，此之谓“露马脚”或“露驴脚”。

明代僧人居顶编撰的《续传灯录》中屡屡使用“驴脚”的比喻，比如“佛手难藏，驴脚自露”。由此可知“露马脚”和“露驴脚”都是通用的俗语，只是因为日常生活中马更为常见，性格更为温顺，于是“假弄麒麟”就更多地用马，因此才把这个俗语定型为“露马脚”，用来比喻徒有其表的人或物。因为徒有其表，所以总有败露的一天，败露的这一天就叫作“露马脚”，真相终于掩饰不住了。

“毛病”为何跟“毛”有关系

在日常生活中，“毛病”一词出现的频率非常高，比如出毛病、挑毛病、老毛病等等。“毛病”既可以当作疾病解，也可以比喻缺点错误。人们常常顺口说出这个俗语，如果仔细想一想，就会产生疑惑：为什么把缺点叫作“毛病”呢？“毛病”跟“毛”又有什么关系呢？

原来，“毛病”最早是指马身上的毛有缺陷，聚生作旋涡状。此语出自北宋许洞所著《虎钤经》一书，该书卷十《马毛利害第一百一十一》中列举了一批不祥之马，这些马的特点都是马毛有病，比如“目下有横毛者，名死泣”“旋毛在吻后者，名御祸”“腋下有回毛者，名挟尸”等，并得出这样的结论：“已上马毛病者，不利主也。”

明初学者陶宗仪编纂的《说郛》中收录有徐咸所著《相马书》，其中一段关于“旋毛图”的说明文字被广泛征引：“凡毛氄（rǒng）软温润有文理未易见，故此图善旋五，所谓若灭若没，若亡若失者也；恶者粗逆易见，故此图恶旋十四，所谓毛病最为害者是也。”将马的旋毛分为善旋五和恶旋十四，比许洞所记更为精细。徐咸极有可能是两唐书中撰写《相马经》的徐成之误，那么这就意味着“毛病”一词从唐代就开始使用了。

苏轼在《杂纂二续》一书中列举了八大“怕人知”，分别为：“配所人逃走归，经贩私商物，孝服内生孩儿，同居私房蓄财物，卖马有毛病，去亲戚家避罪，买得贼赃物，藏匿奸细人。”可见马毛之病早已是当时的忌讳。

此后“毛病”一语的含义渐渐扩大，从专指马毛之病扩展到泛指人或物的毛病。黄庭坚在《山谷刀笔》卷十六写给友人王君全的信中说 :“有一紫竹轿子未有竿，欲乞两枝饱风霜紧小桂竹，又须时月无毛病者，便得之佳。”这是指饱经风霜、竹龄较长，又没有破损的桂竹。又在卷十八写给马中玉的信中说自己晕船、失眠，白天只好拥炉假寐，不能外出，“翘叟亦择日出居，乃是荆南人毛病”，这是将“毛病”移用于人。朱熹和弟子的问答录《朱子语类》中同样有这个词 :“有才者又有些毛病，然亦上面人不能驾驭他。”说明宋代时已经习惯用“毛病”一词形容人的缺点。

明代时“毛病”又指人有疾病。一直到今天，“毛病”渐渐失去了原来的意思，人们使用这个词的时候，只知其然而不知其所以然了。

《街头各行业人物》插图『贩骡马之图』，现藏大英图书馆。

“贩骡马之图”描绘了在骡马店仔细相看挑选骡马的情景。图中二人，左边似顾客，右边似马贩或伙计，正在细看马齿。文字说明还记载了当时流行的相马俗语“远看一张皮，近瞧四个蹄”云云。有经验的买马人，要从皮毛、口齿、四蹄、快慢等种种细节一一相看，这样才能买到没有“毛病”的好马。

“高足”原来指驿传制度中的骏马

最优秀的弟子和学生被称为“高足”。这一称谓到今天还在使用。但何为“高足”，为何“高足”用来指代优秀学生，人们就语焉不详了。原来此中大有讲究。

《古诗十九首》之四：“何不策高足，先踞要路津。”这里的“高足”指骏马。“高足”一语源于汉代的驿传制度。“驿传”是历代政府供官员往来和递送公文用的交通机构，用马传送称“驿”，用车传送称“传”，步行传送称“邮”，这三种传送方式可统称为“置”。

据《汉书·高帝纪》载，汉高祖刘邦统一天下之后，占据齐地的田横不肯称臣，逃亡海上，刘邦派使者召他入朝，田横“乘传”前往洛阳，在途中自杀。什么叫“乘传”？颜师古引三国学者如淳的解释说：“律，四马高足为置传，四马中足为驰传，四马下足为乘传，一马二马为轺传。急者乘一乘传。”

驿传制度根据官职的高低、任务的轻重和时间的缓急将车分为不同的等级：四马高足称为“置传”，这是用四匹骏马所拉的驿车，乃大夫以上的等级所用，行走舒缓，但是速度较慢；四马中足称“驰传”，这是用四匹中等马所拉的驿车；四马下足称“乘传”，这是用四匹下等马所拉的驿车；一马二马称“轺传”，“轺（yáo）”指轻便的小马车，“轺传”即两匹马所拉的驿车；特别着急的公事不用驿车，乘一匹马飞驰。

在汉代，最着急的事情也仅仅使用“四乘传”，即四辆驿车。但是大大

彩绘『驿使图』砖，1972年嘉峪关魏晋墓出土。

这幅砖绘被认为是中国发现最早的古代邮驿的形象资料。二十世纪八十年代初，在世界万国邮政博览大会上，此画曾作为中国邮政的标志物。砖为米色底，画面上一个邮驿使骑在红鬃马上，头戴黑帻，身穿皂缘领袖右襟宽袖衣，足着筒靴，一手持缰，一手高擎文书，在驿道上纵马驰骋。驿骑四蹄腾空，显得十分迅捷；信使则稳坐马背，显得骑术精熟。图中驿使脸上五官独缺少嘴巴，传说是意在表明驿传的保密性。

这幅砖绘写实与写意相结合，生动再现了魏晋西北边疆驿使驰送文书的情景。驿使所骑的驿马虽然不是拉“置传”驿车的“高足”，但看上去也是十分神骏。

超出常规的规格仍然存在，有汉一代竟然出现了两例“六乘传”和一例“七乘传”！当年吕后死后，以周勃为首的大臣们发动了一场军事政变，拥立代王刘恒做皇帝。刘恒从代地赶往长安，乘坐的就是“六乘传”。汉景帝时吴楚“七国之乱”，汉景帝命周亚夫出兵平叛，后者乘坐的也是“六乘传”。汉昭帝刘弗陵驾崩后无子，在霍光的主持下，选立了昌邑王刘贺为帝，宣召刘贺进京，竟然使用了“七乘传”！这可从未有过先例，由此可见朝中事态紧急。所以，驿传制度的破格往往是朝廷政治斗争的晴雨表。

“高足”一语即出自四马高足的“置传”，从骏马引申为优秀的弟子或者学生。

“耗子”怎么变成了老鼠的别称

鼠就是鼠，为什么要在前面加上一个“老”，称之为“老鼠”呢？北宋学者陆佃在《埤雅》一书中解释说：“鼠类最寿，俗谓之老鼠是也，若老鹳、老鸱、老乌之类，以老称，亦如此。”明代医药学家李时珍也在《本草纲目》中写道：“其寿最长，故俗称老鼠。”东晋道教学者葛洪甚至在《抱朴子·对俗》篇中声称：“鼠寿三百岁，满百岁则色白，善凭人而卜，名曰仲，能知一年中吉凶及千里外事。”北宋大型类书《太平御览》引东晋郭璞《玄中记》云：“百岁鼠化为神。”“百岁之鼠，化为蝙蝠。”

这当然是古人的错误认识，鼠的平均寿命在两年左右，远远称不上长寿。古代中国人几乎将所有的动物都加以神化，鼠也不例外。

“老鼠”的称谓既明，那么鼠为何又俗称“耗子”呢？各种辞典都语焉不详，仅仅归结为某地方言。这是一个误解，其得名由来其实很清楚。

老鼠跟十二地支（子、丑、寅、卯、辰、巳、午、未、申、酉、戌、亥）配对为子鼠，这是“耗子”称谓中“子”的来源。

鼠是人类非常厌恶的动物，竟然排在十二生肖之首，原因说法不一。一种说法是鼠夜半时分出来活动，夜半象征着天地混沌，鼠咬天开，因此子属鼠。明人李长卿所著《松霞馆赘言》持这一观点：“然子何以属鼠也？曰：天开于子，不耗则其气不开。鼠，耗虫也，于是夜尚未央，正鼠得令之候，故子属鼠。”另一种说法是将十二种动物分为阴阳两类，阴阳按照动物脚趾头的奇偶数排定，动物前后左右脚趾头的数目都是相同的，只有鼠例外。明代学者郎瑛所著《七修类稿》有“十二生肖”一条，其中说：“子虽属阳，上四刻乃昨夜之阴，下四刻今日之阳，鼠前足四爪，象阴，后足五爪，象阳故也。”鼠前足四爪，偶数为阴；后足五爪，奇数为阳。子时前半部分是昨夜之阴，后半部分是今日之阳，所以正好用鼠来象征“子”。

相较而言，还是李长卿的说法更有说服力。

“耗子”之“子”即为“子鼠”之“子”；而“耗”则指古代征收钱粮时，官府以损耗为名，在应交的钱粮之外强行摊派的附加部分，即俗称的苛捐杂税。

据《梁书·张率传》载：“率嗜酒，事事宽恕，于家务尤忘怀。在新安，遣家僮载米三千石还吴宅，既至，遂耗太半。率问其故，答曰：‘雀鼠耗也。’率笑而言曰：‘壮哉雀鼠。’竟不研问。”

南朝梁的新安太守张率性情宽厚，有一次派遣家僮给吴郡家中送去三千石米，到了家一称，竟然少了一多半！张率询问家僮为什么少了这么多，家僮回答道：“雀鼠耗也。”张率闻言大笑道：“壮哉雀鼠！”这些鸟雀和老鼠也太厉害了，居然消耗了一千多石米！

两宋间学者叶梦得所著《石林燕语》卷三记载了一则后唐明宗的故事：“后唐明宗尝入仓观受纳，主吏惧责其多取，乃故为轻量。明宗曰：‘仓廪宿藏，动经数岁，若取之如此，后岂免销折乎？’吏因诉曰：‘自来主藏者，所以至破家竭产以偿欠，正为是。’明宗恻然，乃诏‘自今石取二升为雀鼠耗’，至今行之，所谓‘加耗者’是也。”

后唐皇帝李嗣源有一次进粮仓察看入粮的情况，主吏故意量重为轻。考虑到藏粮的损耗，李嗣源动了恻隐之心，遂下诏：每石（dàn，容量单位，十斗为一石）多收两升作为“雀鼠耗”。针对这通诏书，叶梦得评价道：“明宗知恤吏矣，不知反堕其计中，遂为民害。”李嗣源不知道主吏是在欺瞒，本为怜恤主管粮仓的官吏，没想到反而害了百姓，因为这两升“雀鼠耗”仍然要从百姓身上出。

叶梦得又记载了宋代的藏粮情形：“近世立‘盘量出剩法’，本防吏奸，而州县贪暴者因以敛民，至于倍蓰。以其正数上供及应监司之求，而留出剩以自给，监司知之亦不问，‘加耗’又不足言也。”

百姓向官府纳粮，超出规定多交一定的数量，称为“出剩”。名义上是为防备消耗，但州县却将“出剩”的部分留用，不上缴朝廷。五倍为“蓰（xǐ）”，州县竟至于强迫百姓多交五倍的“雀鼠耗”！李嗣源首创的每石加收两升的“加耗”之举遂成为祸害百姓的恶政。

“耗子”这个称谓中的“耗”即由“雀鼠耗”而来，也正是李长卿所谓的“耗虫”。大约从明清时期开始，民间出于对苛捐杂税的痛恨，而把“耗虫”之“耗”和“子鼠”之“子”组合在一起，称老鼠为“耗子”，希望它们嘴下留情，不要“耗”得太多，以免“雀鼠耗”全都转嫁到百姓头上。

可以作为佐证的是，道教中有一颗大耗星，主破财，因此古代民间在每年的正月二十五日都要祭祀大耗星君，祈求它不要使粮仓中的存粮损耗过多，这个节日叫“填仓节”。

大耗星君是仓神的配神，据清人韶公所著《燕京旧俗志·岁令篇》载：“相传仓神为西汉开国元勋韩信，俗称之曰韩王爷，不知何所根据而然。其神像系一青年英俊者，王盔龙袍，颇具一种雍容华贵之像。神前旗伞执事等类甚多，据传，非生封王爵者不能有此。尚有配享之神四尊：一老者，两壮者，据称为掌管升斗之神；另有一面目狞恶者，则系为流年星宿中之大耗星君，所以配享此君者，系传掌管仓中之耗子起见。”由此可知，大耗星君的职责是掌管粮仓中的耗子，因此人们才把它作为仓神的配神来祭祀。

貳壹

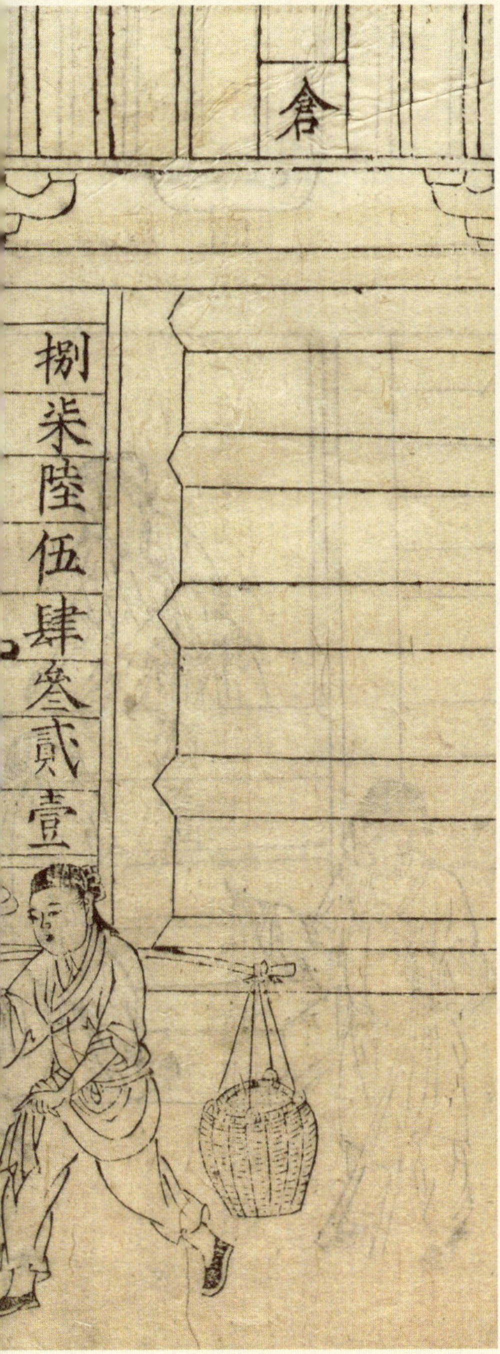

《农书》之《农器图谱》集之十插图『谷仓』，元代王祯编撰，明嘉靖九年（1530）山东布政司刊本。

《农书》是一部农学著作，内容涵盖传统农业各个方面，图文并重，开创了综合性农书附载农器图说的先河，对后世影响深远。

王祯（1271—1368），字伯善，元代东平（今山东东平）人，中国古代农学、农业机械学家，此书大约在公元1300年著成。上图描绘了当时谷仓（官仓）的建制，以及百姓挑担纳粮的情景。元在宋后，图示所依据的应是宋代形制。书中也提到了纳粮时之“加耗”。最左拄杖站立者应为仓官，正在指点监督粮食入仓。韩信当仓官时，也曾作此情状乎？

“弼马温”竟然是“避马瘟”的谐音

《西游记》第四回“官封弼马心何足　名注齐天意未宁”中，太白金星招安美猴王，到了天庭之上，玉皇大帝询问百官哪里有闲缺的官职，武曲星君启奏道：“天宫里各宫各殿，各方各处，都不少官，只是御马监缺个正堂管事。”玉帝传旨道：“就除他做个弼马温罢。”孙悟空就此上任，担任了“弼马温”这个御马监正堂管事之职。

紧接着：“一朝闲暇，众监官都安排酒席，一则与他接风，二则与他贺喜。正在欢饮之间，猴王忽停杯问曰：‘我这弼马温是个甚么官衔？’众曰：‘官名就是此了。’又问：‘此官是个几品？’众道：‘没有品从。’猴王道：‘没品，想是大之极也？’众道：‘不大，不大，只唤做未入流。’猴王道：‘怎么叫做未入流？’众道：‘末等。这样官儿最低最小，只可与他看马。’”这番话惹怒了美猴王，因此反出天宫。

养马、看马之官为什么叫“弼马温”？历朝历代都没有人考证清楚过。原来，古代中国有一个奇特的传说，认为猴子对消除马的瘟疫有特效。这个传说最早的文献记载出自北魏农学家贾思勰《齐民要术》卷六：“常系猕猴于马坊，令马不畏，辟恶、消百病也。”也就是说，孙悟空的“弼马温”一职，其实不过是“避马瘟”的谐音转写而已，玉皇大帝可真够幽默的！

宋、元、明时期，系猴子于马厩的习俗被广泛地传承下来。比如南宋洪迈所著《夷坚三志·辛卷》中有“孟广威猕猴”一条，其中写道：“孟本陕人，好养马，常蓄猕猴于外厩，俗云与马性相宜。”

那么，猴子为什么能够避马的瘟疫呢？李时珍在《本草纲目》中引用了一本失传的《马经》，书中记录了一个耸人听闻的观点："《马经》言：马厩畜母猴，辟马瘟疫。逐月有天癸流草上，马食之，永无疾病矣。"根据五行理论，"癸（guǐ）"属水，方位在北方，因此《黄帝内经》中称"肾气盛"而"天癸至"，将之视为一种能够促进生殖功能的物质，于是后人就用"天癸"或"癸水"专指女人的月经。《马经》声称母猴的月经流到草料上，马吃了之后就不会生病。

按照李时珍的说法，猴子不仅能避马的瘟疫，还能治疗人类的疾病，《本草纲目》在"猕猴"条下写道："（猕猴）肉：食之辟瘴疫。"

至于《西游记》中"弼马温"一职，其实明代人早就看穿了吴承恩所玩的文字游戏，谢肇淛在《五杂组·物部一》中写道："置狙于马厩，令马不疫。《西游记》谓天帝封孙行者为弼马温，盖戏词也。""狙（jū）"即猕猴。由此可知明代官制中并无"弼马温"一职，乃是"避马瘟"的戏谑谐音，明人早有会心。

马厩养猴实为古代中国的惯例，比如成都市郊曾家包汉墓出土的《纺织酿酒画像石》，画面左上侧有一匹膘肥体壮的骏马，对面马槽旁边的立柱上悬系着一只猴子，屈身向马。这幅画像石说明，早在汉代时马厩里就已经养猴子了。马厩养猴既为惯例，因此南北方言中很多对猴子的有趣称谓都跟马有关，比如北方管猴子叫"马流"，南方管猴子叫"马骝"或"马留"，这些称谓直到现在还在使用。

李时珍在《本草纲目》中解释说："养马者厩中畜之，能辟马病，胡俗称马留云。"根据这种说法，猴子留在马厩中避马瘟，故称"马留"。不过也有学者有不同意见，他们认为这三种称谓跟东汉开国功臣、曾经平定岭南的伏波将军马援有关。

唐代博物学家段成式《酉阳杂俎·境异》载："马伏波有余兵十家不返，居寿洽县，自相婚姻，有二百户，以其流寓，号马留。衣食与华同。山川移易，铜柱入海，以此民为识耳，亦曰马留。"《新唐书·南蛮列传》继承了这一记载，并进而写道："隋末孳衍至三百，皆姓马，俗以其寓，故号'马留人'，与林邑分唐南境。"林邑在今越南中部。北宋学者邵伯温所著《邵氏闻见后录》卷十据此写道："今世猴为马留，与其人形同耳。"南宋学者赵彦卫所著《云麓漫钞》也记载道："北人谚语，曰胡孙为马流……交州以其流寓，号曰马流，历年既长，人物与之俱化，语言嘲哳，故取譬云。"

也就是说，马援平定岭南之后，余下的兵卒在当地繁衍，渐被同化，长相与热带地区的人相同，而北方人歧视性地称当地人长相好似猢狲，故称"马留""马流"或"马骝"，"留""流""骝"同音异字。南北方都有对对方的歧视性称谓，不足为奇。

闲言少叙，书归正传。玉皇大帝封孙悟空为"弼马温"，其实是人尽其才，再合适不过了。孙悟空如果是只母猴，那就更加严丝合缝了。另外，吴承恩创造性地为孙悟空量身定做这个官职，还有大慈悲的劝谕之意。且看《西游记》第七回"八卦炉中逃大圣 五行山下定心猿"，孙悟空从太上老君的丹炉里跳出来后，大闹天宫之前，吴承恩意味深长地加进了三首诗，第三首诗曰："猿猴道体配人心，心即猿猴意思深。大圣齐天非假论，官封弼马是知音。马猿合作心和意，紧缚牢拴莫外寻。万相归真从一理，如来同契住双林。"

在这首如同参禅的诗中，不仅直言"官封弼马是知音"，而且吟诵的"马猿合作心和意"不就是"心猿意马"这个成语吗？"心猿"之所以能够跟"意马"组合在一起，当然是因为马厩里拴着猴子！果然，吴承恩最终让孙悟空抑制住了心猿意马，从而陪伴唐三藏西天取经，修成正果。

《通俗西游记 玄奘三藏 孙悟空》（『通俗西遊記 玄奘三蔵 孫悟空』），月冈芳年绘，1865年。

《西游记》在日本是《三国演义》之外流传最广的中国故事，孙悟空更是日本很多经典形象的源头。《西游记》于江户时代被译介到日本，浮世绘师为之绘制了许多精美插图，葛饰北斋、月冈芳年等名家都曾画过《西游记》。

月冈芳年生活于江户时代末期，他笔下的《通俗西游记》绘制较晚，人物造型与环境渲染都明显脱离了中国绣像本的影响，画风厚重，设色强烈，有浓郁日本风情。这一幅描绘的是跳脱不羁的孙悟空被戴上"紧箍儿"，不得不向唐三藏俯首称服的画面。从此，这只猴子再不能任性妄为，光抑制心猿意马还不算，要从肉体和行为上作有形的束缚，直到这规则内化为驯服的精神。

孙悟空形象可选的众多，之所以选这幅是这一幕实在令人感叹。

“乌贼”为何用“贼”来命名

乌贼又叫墨鱼，墨鱼的得名尽人皆知：此鱼体内的囊状物能分泌黑色液体，遇到危险时放出，以掩护逃避，故称墨鱼。古人认为此鱼分泌黑色液体是腹中有墨，“怀墨而知礼”，文墨可为法则，故又称“乌鲗”，“鲗（zéi）”通“则”。因此古人又附会它是河神河伯的度事小吏，类似于文书。

乌贼还有一个有趣的别名，叫“算袋鱼”。“算袋”是古时百官随身携带，放置笔砚等的袋子。宋人苏易简所著《文房四谱》中载：“陶隐居云：乌贼鱼腹中有墨，今作好墨用之。海人云：乌贼鱼，即秦王算袋鱼也。昔秦王东游，弃算袋于海，化为此鱼，形一如算袋，两带极长，墨犹在腹，人捕之，必喷墨昏人目也。”

那么，乌贼又为什么用“贼”来命名呢？据唐人徐坚《初学记》引南朝沈怀远所著《南越记》载：“乌贼鱼，常自浮水上，乌见以为死，便啄之，乃卷取乌，故谓乌贼鱼。”意思是“言为乌之贼害也”。

还有一种说法出自宋人周密所著《癸辛杂识续集》，其中“乌贼得名”一条说：“世号墨鱼为乌贼，何为独得贼名？盖其腹中之墨可写伪契券，宛然如新，过半年则淡然如无字。故狡者专以为骗诈之谋，故谥曰‘贼’云。”正因为乌贼腹中之墨过时则淡，易于用来行骗的这种特性，所以《文房四谱》说：“其墨人用写券。岁久其字磨灭，如空纸焉。无行者多用之。”

依周密之说，乌贼之得名就是人对乌贼的诬蔑，乌贼腹中之墨为人所用而作伪诈骗，乌贼何辜焉？人心之坏而移之于乌贼之名，呜呼！可发一叹！

《蛸海月乌贼类图卷》(『蛸海月烏賊類図巻』)之『乌贼』图，栗本丹洲绘，藏日本国立国会图书馆。

栗本丹洲（1756—1834）是江户时代幕府医官、本草学家，著有多部植物、动物图谱，如著名的《千虫谱》等。这幅乌贼图细腻、准确、优美，将乌贼“集足在口，缩喙在腹”，“状如箕，骨间有鬐，两带极长”的特点描摹毕现。古人谓乌贼怀墨而知礼，俗云是“海君白事小吏”，却又讥其“欲盖而章，图存而亡”，未免分裂。闽人名之为“花枝”，倒是与栗本丹洲笔下乌贼相称。

“鲍鱼之肆”为何奇臭

鲍鱼是今天餐桌上的名贵海鲜，大家吃得心满意足的时候常常会觉得奇怪：这么好吃的美味，古人为什么说它臭呢？说鲍鱼很臭，很多人都会举《颜氏家训》中的一段话为例：“与善人居，如入芝兰之室，久而自芳也；与恶人居，如入鲍鱼之肆，久而自臭也。”出自南北朝时期著名学者颜之推的这本《颜氏家训》实在是太有名了，加上这段话又流传久远，因此很多人都误以为“鲍鱼之肆”这个典故最早就出自《颜氏家训》。其实这是一种误解。

先说古今鲍鱼的不同。今天我们常吃的海鲜鲍鱼，在中国古代并不叫鲍鱼，而是叫鳆鱼。《后汉书·伏隆传》有“献鳆鱼”的记事，李贤作注，引述了三种古籍中的说法：“郭璞注《三苍》云：‘鳆似蛤，偏着石。’《广志》曰：‘鳆无鳞有壳，一面附石，细孔杂杂，或七或九。’《本草》云：‘石决明，一名鳆鱼。’”

“决明”是一年生草本豆科植物，种子称“决明子”，有清肝明目之功效。鳆鱼之所以别称“石决明”，是因为它附着在海中的大石上，壳可入药，同样有清肝明目之功效，故称“石决明”，又称“千里光”。这些别名都是从功效而来。

而古代的鲍鱼，则是指腌鱼。郑玄为《周礼》“鲍鱼”所作的注中解释说：“鲍者，于煏室中糗干之，出于江淮也。”“煏（bì）”是用火烘干的意思；“糗（qiǔ）”是将米、麦等谷物炒熟后磨成的粉，充作远行的干粮；“江淮”

是指江淮地区所靠近的东海，所产当然是用来腌制的海鱼，这证明这种鱼乃是海鱼。

郑玄的注解还不清楚，《说文解字》则解释说："鲍，饐鱼也。"段玉裁注解说："饐，饭伤湿也。故盐鱼湿者为饐鱼。""饐（yì）"指放得长久而变味的食物。东汉学者刘熙所著《释名・释饮食》中写道："鲍，腐也，埋藏淹使腐臭也。"

综上所述，张舜徽先生在《说文解字约注》一书中总结说："古人所谓鲍鱼，即今俗所称腌鱼。腌鱼之法，用盐不宜少，少则易臭；或久腌而不使之早干，则臭气大，鲍鱼之肆，终年秽臭。"

古人之所以将这种海鱼做成腌鱼，同"糗"一样，也是方便作为远行的干粮。

鲍鱼既是用盐腌过的咸鱼，味道当然腥臭。还记得秦始皇死后的那幕著名场景吗？据《史记・秦始皇本纪》载：秦始皇在巡游途中病死，李斯和赵高秘不发丧，"会暑，上辒车臭，乃诏从官令车载一石鲍鱼，以乱其臭"。"辒（wēn）车"是用作丧车的卧车。当时刚好是暑天，为了掩盖尸体的臭味，他们就在秦始皇的车旁再放置一辆车子，上面载满了鲍鱼，"以乱其臭"，分不清到底是尸臭还是鱼腥臭。

"鲍鱼之肆"的典故最早并非出自颜之推之口，远在汉代就已经成型了。据《孔子家语・六本》篇记载："孔子曰：'吾死之后，则商也日益，赐也日损。'""商"指孔子的弟子卜商，字子夏；"赐"指孔子的弟子端木赐，字子贡。孔子说："我死之后，子夏会天天进步，子贡会天天退步。"

"曾子曰：'何谓也？'"为什么这样说？

"子曰：'商也好与贤己者处，赐也好说不若己者。不知其子，视其父；不知其人，视其友；不知其君，视其所使；不知其地，视其草木。故曰：

与善人居，如入芝兰之室，久而不闻其香，即与之化矣；与不善人居，如入鲍鱼之肆，久而不闻其臭，亦与之化矣。'"

这段话很好理解，不再译为白话文。孔子的意思是说，子夏喜欢和比自己贤能的人相处，而子贡则喜欢不如自己的人。前者就有如"入芝兰之室"，后者就有如"入鲍鱼之肆"。

孔子最后得出结论："丹之所藏者赤，漆之所藏者黑，是以君子必慎其所与处者焉。"所谓"近朱者赤，近墨者黑"，就是这个道理。

据《大戴礼记》记载，曾子生了病，同样借用孔子的这番话教育两个儿子："与君子游，苾乎如入兰芷之室，久而不闻，则与之化矣；与小人游，贷乎如入鲍鱼之次，久而不闻，则与之化矣。是故，君子慎其所去就。"

"苾（bì）"是芳香之意；"贷"的本义是给予，曾子在这里的意思是说，与小人交游，就像把自己给予对方却最终会遭弃一样，双方无法共事；"鲍鱼之次"和"鲍鱼之肆"都是指卖鲍鱼的市场和店铺。

因为这两个比喻，后人就把君子比作"芝兰"或"兰芷"，这些都是香草，君子所处的地方即为"芝兰之室"或"兰芷之室"；相反，把小人和坏人扎堆的地方比作"鲍鱼之肆"。在"鲍鱼之肆"里待得时间长了，受小人和坏人的影响，不仅对小人和坏人的举动习以为常，自己也会变坏。因此孔子和曾子都告诫人们，如果想成为道德高尚的君子，就要远离"鲍鱼之肆"。

有趣的是，宋室南渡，犹以中原文化为正统，乃至将江浙口音贬斥为"鲍鱼音"。据南宋学者张端义所著《贵耳集》载："德寿、孝宗在御时，阁门多取北人充赞喝，声雄如钟，殿陛间颇有京洛气象。自嘉定以来，多是明、台、温、越人在阁门，其声皆鲍鱼音矣。"

"阁门"指负责官员朝参、宴饮、礼仪等事宜的机关。宋高宗、孝宗

《养正图解》卷一插图『膳斥鲍鱼』，明代焦竑撰，丁云鹏绘图，明万历二十二年（1594）吴怀让刊本。

万历年间，焦竑任皇子讲官时，为劝导皇长子朱常洛而编撰了此书，辑录周文王至宋代的传说典故，相当于一本蒙学绘本。画家丁云鹏亦是一时圣手。

这幅画描绘了太公望劝导太子发勿食鲍鱼的故事。周文王时，太公望为太子傅，一应饮食起居，有不妥处皆为纠正。太子发喜食鲍鱼，太公望便劝阻说：鲍鱼不登俎豆，为非礼之食，岂能用非礼之食养太子呢？这是借饮食小事规劝太子凡事遵循正道，勿亲近邪佞。画面下方，侍从正捧着一盘鱼，自然不是现代的海鲜鲍鱼，赫然是一大条腌鱼。

在位的时候，这些官员还都是从北方来的人，唱赞的时候声音洪亮；自宋宁宗以来，渐渐开始起用江浙人充任，他们的声音被称作“鲍鱼音”。这里的“鲍鱼”应该是指产自江浙、用来腌制腌鱼的海鱼，因为那时今天指称的鲍鱼仍然叫鳆鱼。可想而知，江浙口音在北方人听来十分难懂，因此才把这种口音贬称为海鱼发出的“呕哑嘲哳难为听”的声音。

“渴睡”原来是“貉睡”之误

欧阳修《六一诗话》记一趣事：“吕文穆公未第时，薄游一县，胡大监旦方随其父宰是邑，遇吕甚薄。客有誉吕曰：‘吕君工于诗，宜少加礼。’胡问诗之警句，客举一篇，其卒章云‘挑尽寒灯梦不成’，胡笑曰：‘乃是一渴睡汉耳。’吕闻之，甚恨而去。明年，首中甲科，使人寄声语胡曰：‘渴睡汉状元及第矣。’胡答曰：‘待我明年第二人及第，输君一筹。’既而次榜亦中首选。”

北宋名相吕蒙正谥文穆，故称“吕文穆公”；胡旦曾任将作监丞，故称“大监”。“薄游”指为薄薄的俸禄而宦游于外。两人的交往正发生在吕蒙正“薄游”的时期。吕蒙正头一年状元及第，胡旦紧接着第二年也状元及第，真可谓一时佳话。“渴睡汉”从此就成为吕蒙正的谑称。

先辨析一下同义词“瞌睡”。“瞌”从目从盍。“盍”表声兼表意，本义为覆，为合，合目当然就是睡觉了。明代字书《正字通》解释说：“人劳倦，合眼坐睡曰瞌睡。”

而“渴睡”一词，很容易被人误解成非常渴望睡觉，但其实“渴睡”应该写作“貉睡”，是“貉”这种动物要睡觉。“貉”是一种外形像狐狸的哺乳动物，穴居于河谷、山边和田野间，杂食鱼、鼠、蛙、虾、蟹和野果、杂草等，拔去硬毛的貉子皮质地轻软，是珍贵的毛皮。同一山丘上的“貉”叫作“一丘之貉”，比喻彼此同是丑类，没有什么差别。这当然是对“貉”这种动物的污蔑。

北宋彭乘所著《墨客挥犀》有一条专记貉的有趣特性："貉行十数步辄睡，以物击竹，警之乃起，既行复睡，性嗜纸，状如兔，毛质滑腻可爱。"彭乘还信誓旦旦地说："予元符中，于京师卖药翁处见之。"

李时珍则在《本草纲目》中辨析过"渴睡"这一俗语的误用："貉生山野间。状如狸，头锐鼻尖，斑色。其毛深厚温滑，可为裘服。与獾同穴而异处，日伏夜出，捕食虫物，出则獾随之。其性好睡，人或蓄之，以竹叩醒，已而复寐。故人好睡者谓之貉睡，俗作渴睡，谬矣。俚人又言其非好睡，乃耳聋也，故见人乃知趋走。"

《唐诗画谱》卷一插图『皮日休《闲夜酒醒》』，明代黄凤池辑，集雅斋藏板，日本唐本屋太兵卫宽文十二年（1672）刊本。

这幅图描绘的是皮日休一首五言绝句的诗意，诗曰："醒来山月高，孤枕群书里。酒渴漫思茶，山童呼不起。"

主人中夜酒醒，于榻上欠身作唤茶状。睡前看的书还摊在枕边。此时栏外山月在天，微有云影。屏风外是湖石美人蕉。榻旁案上有茶炉茶壶茶盏之属。一个童儿在榻下垂头而睡，扇茶炉的芭蕉扇子丢在身旁。诗境画境同样清寂，闲适中略带孤独。童子渴睡，呼唤不起。月在青天水在壶，醒者自醒，睡者自睡。

“虎威”竟然是老虎身上的骨头

俗话说“冒犯虎威”，“虎威”当然指老虎的威风，后来才用到人身上，比喻英雄气概。不过，鲜为人知的是，“虎威”本来是老虎身上的一块骨头！

唐代博物学家段成式在《酉阳杂俎》一书中记载：“虎威如乙字，长一寸，在胁两旁皮内，尾端亦有之。佩之临官佳，无官，人所媢嫉。”

根据段成式的说法，“虎威”这块骨头的形状像一个“乙”字，在腋下至肋骨尽头的虎皮内藏着，尾巴的末端也有，当官的人佩戴着这块骨头，老虎的威风就会附在他身上，没当官的人如果得到这块骨头也佩戴上，大家伙儿就会嫉妒他。可见，“虎威”好像是专门为官员量身打造，以显示官威一样。清人文康所著《儿女英雄传》第三十一回“新娘子悄惊鼠窃魂 戆老翁醉索鱼鳞瓦”中的描述更接近白话，意思也因而更清楚：“大凡是个虎，胸前便有一块骨头，形如乙字，叫作虎威，佩在身上，专能避一切邪物。”

段成式还有更加邪门的记载，据他说，荆州陟屺寺有位叫那照的僧人，最擅长的本领是夜间能够根据野兽眼睛发出的光判断这是一头什么野兽。那照说：如果夜间遇到老虎，会看到三只老虎一起向你扑过来，这其实不是三只老虎，仍然是一只，只不过因为距离太近，老虎纵跃而造成了幻觉。此时不要害怕，瞄准中间的那只老虎狠狠刺去，方才能够刺中。老虎被刺死后，那块叫作“虎威”的骨头就潜入了地下，把它挖出来，佩戴在身上，可以避百邪。老虎刚死时，要牢牢记住虎头所枕的位置，等到没有月亮的夜晚去挖掘，挖到二尺左右，可以发现一块像琥珀一样的东西，是老虎的目光掉进地下所形成的，佩戴它也可以把老虎的能量聚集在自己身上，即显示出“虎威”。

这种说法如此神奇，怪不得当官的都千方百计寻找这块骨头，好在官场上树立起自己的“虎威”呢！

《宋人卞庄子刺虎图卷》局部，无款，清宫归于宋代李公麟名下，藏台北故宫博物院。

卷上画一牛已毙，蹈于草上，卷前两虎争牛而斗，卞庄子持剑将往刺虎，人物及虎均极生动。此段表现两虎相争，狰狞惨烈。

“卞庄刺虎”是春秋故事，《史记·张仪列传》：“（卞）庄子欲刺虎，馆竖子止之，曰：‘两虎方且食牛，食甘必争，争则必斗，斗则大者伤，小者死，若从伤而刺之，一举必有双虎之名。’卞庄子以为然，立须之。有顷，两虎果斗，大者伤，小者死。庄子从伤者而刺之，一举果有双虎之功。”老虎再威猛，终不及人类狡猾，又何必假虎之“威”呢？

“漫画”原来是一种鸟的名字

在中国，“漫画”这个称谓到底是谁最先使用的，说法不一。有的说是1904年上海《警钟日报》以“时事漫画”为题，陆续连载漫画；有的说是1925年上海《文学周报》主编郑振铎以“子恺漫画”为题，陆续发表丰子恺的画。

日本漫画家片寄贡在《日本近代漫画史》中则认为“漫画”一词是从《漫画随笔》一书中得来的。铃木焕乡所著《漫画随笔》出版于1771年，该书的《捞海一得自叙》中提到一种名为“漫画”的鸟，片寄贡据此认为日本的“漫画”一词即由此而来。

其实“漫画”一词古代中国早就有了，可以远远上溯到宋代，而且正如铃木焕乡所说，确实是一种鸟的名字，不过绝非出自日本人的命名。

两宋间学者朱翌有《信天缘堂记》一文，开头就写道：“朱子北游于瀛、莫之境，徘徊于塘泺之上，睹二禽有感焉。一类鹄，色正苍而喙长，凝立水际不动，鱼过其下则取之，终日无鱼，终不易地，其名曰信天缘。一类鹜，奔走水上，不问草腐泥沙，唼唼然必尽索乃已，无一息少休，其曰漫画。信天缘若无能者，乃与谩画均度一日，无饥色，视谩画加壮大。”铃木焕乡所引的正是这一记载。

宋代的瀛州和莫州都位于今日的河北境内，“信天缘”和“谩画”这两种鸟就生活在二州的“塘泺之上”。“塘泺（pō）”是北宋时期在河北地区修建的大型水利工程，利用地势低洼的自然条件，开沟筑堤，引水截流，建成密密麻麻的水网系统，目的是阻止契丹人的入侵，同时又能发展种植业。

“信天缘”还有一个更为人熟知的名字叫“信天翁”，信天翁属于大型海鸟，因此朱翌才说它像“鹄（hú）”，即天鹅。信天翁的觅食活动都在水面上进行，常常安静地伫立不动，古人因此误解这种鸟不能捕鱼。

“谩”通“漫”，“漫画”即今天所说的“琵鹭”，是朱鹭科的长脚大型水鸟，嘴巴长直、扁阔，极似琵琶；而且在浅水处觅食，张开嘴巴在水中不停地划动，就像弹琵琶一样，故称“琵鹭”。中国境内有白琵鹭和黑脸琵鹭两种，二者区别在于：白琵鹭的体型稍大，而黑脸琵鹭面部的黑色裸露皮肤一直延伸到眼睛后方。朱翌说这种鸟像“鹜（wù）”，即野鸭。为什么叫“谩画”呢？朱翌说得并不清楚。

朱翌的这段话被稍晚的学者洪迈收录进了著名的《容斋随笔》的“五笔”之中，后者将“谩画”更名为“漫画”，因此人们误以为“漫画”一词最早就是出自洪迈的记载。其实“漫画”一词最早也不是出自朱翌笔下，而是出自北宋学者晁说之。

晁说之有《嵩山文集》二十卷，卷四的诗题写道：“黄河多淘河之属，有曰漫画者，常以嘴画水求鱼；有曰信天缘者，常开口待鱼。感之赋三诗。”其中一首诗即题为《漫画》，开篇即吟咏道：“漫画复漫画。”原来，“漫画”其名是因为这种鸟“以嘴画水求鱼”而来。“漫”者，无拘束，“漫画”即无拘束地、散漫地“画水”。

李时珍在《本草纲目》中称这种鸟就是“鹈鹕（tí hú）”，古时俗称“淘河”或“逃河”。北宋高承所著《事物纪原》中说：“《本草》曰：身是水沫，唯胸前两块肉如拳。云昔为人窃肉，入河化为此身，今犹有肉，因名逃河。”也有人说这种鸟捕鱼就像在河中淘洗一般。

这才是“漫画”一词的最早出处。“扬州八怪”之一的清代画家金农在

《冬心先生杂画题记》中两次使用“漫画”一词：“回汀曲渚暖生烟，风柳风蒲绿涨天。我是钓师人识否，白鸥前导在春船。此余二十年前泛萧家湖之作。今追忆昔游风景，漫画小幅，并录前诗。”“予家曲江之滨，五月间，时果以萧然山下湘湖杨梅为第一。入市数钱，则连笼得之。甘浆沁齿，饱啖不厌，视洞庭枇杷不堪恣人嚼也。时已至矣，辄思乡味，漫画折枝数颗，何异乎望梅止渴也。”金农所说的“漫画”乃是漫笔而画，随意而画，虽然不同于今天“漫画”的含义，但已经非常接近了。

日本人使用“漫画”一词，以铃木焕乡为最早，但他的记载仍然来自古代中国的漫画鸟；一般而言，学界认为风俗画家英一蝶于1769年出版的《漫画图考群蝶画英》一书才是作为绘画种类的“漫画”一词的真正出处。其后，江户时代后期的小说家、风俗画家山东京传（绘画作品用名北尾政演）在1798年出版的绘本《四时交加》的自序中写道：“观贵贱混驳，士女老少绵绵络绎而交加也，平常在铺中凭梧偶漫画。”

十六年之后，1814年，日本历史上最著名的浮世绘画家葛饰北斋首次出版《北斋漫画》，共十五编，约四千幅图，为彩色折绘本，“漫画”之称遂大行其道。

这就是“漫画”一词的来龙去脉。今人但知作为绘画种类的“漫画”，而早已不知道这一称谓竟然出自古代中国的一种鸟儿！

上：《北斋漫画》初编封面书影。

下：约1840年出版的《北斋漫画》扉页。

《北斋漫画》是江户时代浮世绘大师葛饰北斋（1760—1849）的绘本画集，全十五编，约四千幅图，由三种颜色（黑色、灰色、肉色）印刷。文化十一年（1814），时北斋五十五岁（画号为戴斗），由名古屋永乐屋东四郎首版，作为学习绘画的典范教材，一面世即大受好评。初编包括二十九张折绘，描绘了市井人物、神佛精怪、鸟兽虫鱼、花草山水等，题材极为丰富多样。此后，直到明治十一年（1878）北斋去世以后，全部十五编才陆续出版完毕。这套画集对后世影响很大，很多人将《北斋漫画》视为日本现代漫画创作的鼻祖。

“狗血喷头”为何不使用别的动物的血

“狗血喷头”这句俗语，用来比喻骂人骂得很厉害。为什么用狗血而不是别的动物的血来喷头呢？很多人大概都知道狗血起辟邪或祛妖的作用，但狗血为什么能够辟邪或祛妖？又是怎样辟邪或祛妖的？相信很多人都不清楚。

《史记·秦本纪》载：“（秦德公）二年，初伏，以狗御蛊。”张守节《史记正义》：“蛊者，热毒恶气为伤害人，故磔狗以御之。”《史记·封禅书》载：“秦德公既立……磔狗邑四门，以御蛊灾。”“磔（zhé）”是指将用于祭祀的牲畜肢体分裂以祭神。

东汉学者应劭所著《风俗通义》如此解说：“俗说狗别宾主，善守御，故著四门，以辟盗贼也。”这种祭祀又称作“磔禳”，“禳”是祛除之意。应劭接着说：“犬者，金畜；禳者，却也。抑金使不害春之时所生，令万物遂成其性。”按照五行理论，犬属金，用犬祭祀，意思是将金抑制住，不伤害春天的万木生长。应劭又说：“今人杀白犬以血题门户，正月白犬血辟除不祥，取法于此也。”汉代的风俗是正月时把白犬的血涂在门户上以辟邪，正是从“磔狗邑四门”的祭祀仪式而来。

李时珍《本草纲目》中则有这样的记载：“术家以犬为地厌，能禳辟一切邪魅妖术。”因此狗血能够“治伤寒热病发狂见鬼及鬼击病，辟诸邪魅”。

这就是狗血之所以能够辟邪的由来及其辟邪的细节。但这时的习俗还是或者涂到门户上，或者直接饮用，还没有以狗血喷头的记载。

《水浒传》第五十三回“戴宗智取公孙胜 李逵斧劈罗真人”，描写李逵和戴宗去请公孙胜出山，公孙胜的师父罗真人不许，李逵于是趁夜斧劈罗真人，没想到罗真人法力无边，只劈碎了两只葫芦。第二天罗真人报复李逵，让李逵踏在白手帕上，一阵恶风将他吹到了蓟州府，正值府尹坐衙，李逵跌将下来，府尹道：“必然是个妖人，教去取些法物来。”“一个虞候掇一盆狗血，劈头一淋，又一个提一桶尿粪来，望李逵头上直浇到脚底下。李逵口里、耳朵里都是尿屎。”可见狗血正是祛妖的“法物”。这是“狗血”用来“喷头”的最早记载，而且第一次喷的就是倒霉的黑旋风李逵。

狗血喷头，对付的乃是妖人，但人世间哪来那么多妖人，于是后人遂用来作比喻，骂人的时候唾沫星子直喷，恰似用狗血来喷头，真是形象！

通俗水滸傳豪傑百八人之一個
黒旋風李逵 一名李鉄牛
一勇斎國芳画
沂州沂縣百丈村の産
江州白龍神の廟門を
二斧を以て撃毀り

《通俗水浒传豪杰百八人之一个 黑旋风李逵 一名李铁牛》（『通俗水滸伝豪傑百八人之一個 黒施（旋）風李逵 一名李鉄牛』），歌川国芳绘，约1827年，『武者绘』。

歌川国芳笔下的水浒人物，画面繁复，色彩浓烈，气势动人，在当时大受追捧。画上李逵，面貌粗豪，黝黑魁伟，肌肉虬结凸起到不成比例，双手持一柄巨大刻花板斧，斧身闪着金属光泽，凶猛不可逼视。

这幅画像依据《水浒传》第四十回“梁山泊好汉劫法场　白龙庙英雄小聚义”，李逵两斧砍开白龙神庙大门救出宋江一幕。写黑旋风现身：“一个虎形黑大汉，脱得赤条条的，两只手握两把板斧，大吼一声，却似半天起个霹雳，从半空中跳将下来。”其情其景，与画中杀气丝丝入扣。可以想见，这么一条莽汉被“狗血淋头”之时，会是怎样的画面。

“水性杨花”的“杨花”原来是柳絮

“水性杨花”是一个歧视性的成语，比喻女人作风轻浮浪荡，用情不专一。“水性”容易理解，即水性随势而流；“杨花”到底是什么花？如果仅仅按照字面意思释为杨树之花，则不可解。杨树多生于北方，主要种植在大道两旁，起防风、遮阳、绿化作用，或者种植在墓地里，杨树叶大，无风自动，甚至声如涛涌，可以陪伴寂寞的逝者，兼以招魂。而且杨树挺拔，富有阳刚之气，跟“水性”搭配在一起，殊为不伦不类。

再者，“杨柳”是古代诗文中常见的意象，比如《诗经·小雅·采薇》中的名句：“昔我往矣，杨柳依依。今我来思，雨雪霏霏。”很多人望文生义，以为“杨柳”就是杨树和柳树的合称，其实大谬不然。如上所述，杨树树形高大，枝干挺拔，何来“依依”的娇弱之态？南朝诗人费昶也有诗：“杨柳何时归，袅袅复依依。”杨树同样也没有“袅袅”的娇弱之态。

原来，“杨花”之“杨”指水杨，也就是蒲柳，“杨花”即柳絮。

《说文解字》：“柳，小杨也。”北宋学者陆佃在《埤雅》一书中解释说：“柳柔脆易生之木，与杨同类，虽纵横颠倒植之皆生。”段玉裁则注解说：“杨之细茎小叶者曰柳。”这种种说法都是把杨和柳视为两种不同的树种，其实都是错误的。《尔雅·释木》：“杨，蒲柳。”北宋韵书《广韵》：“杨，赤茎柳。”可见最早的时候杨和柳是一个树种，杨是柳的一种，即蒲柳。

《战国策·西周策》中讲了一个故事：“楚有养由基者，善射，去柳叶者百步而射之，百发百中。”后来被总结为“百步穿杨”这个成语。养由基射的明明是柳叶，为何称为“穿杨”？这就是因为杨和柳是同一树种的缘故。

唐代还有一个很好玩的故事，也能够很好地说明杨柳一体。据唐代名臣李泌的儿子李繁为父亲所作的传记《邺侯家传》记载，李泌写诗讽刺杨国忠道：“青青东门柳，岁晏复憔悴。”杨国忠拿着诗去向唐玄宗李隆基告状，唐玄宗笑着说：“赋柳为讥卿，则赋李为讥朕可乎？”杨国忠明明姓杨，唐玄宗却说“赋柳为讥卿”，同样是杨柳一体的明证。

唐人传奇《炀帝开河记》中提供了一个生动有趣的传说。汴梁（今开封）的大渠修成后，为了避暑，隋炀帝亲自动手，和群臣及百姓将两岸都栽满了垂柳，当时的歌谣唱道：“天子先栽，然后百姓栽。”栽毕，隋炀帝御笔写赐垂柳姓杨，曰“杨柳”也。虽然是民间传说，但也间接证明了杨柳一体。

《说文解字》：“蒲，水草也。”因此称“蒲柳”或“水杨”。生长在水边的蒲柳，一到春天，柳絮漫天飞舞，落入水中，随水流而俱去，此之谓“水性杨花”。需要说明的是，柳絮并非“柳花”，李时珍所著《本草纲目》引述唐代医家陈藏器的话说：“花即初发时黄蕊，其子乃飞絮也。”柳絮原来是柳树的种子，被一层絮状的绵毛所包裹，故称“柳絮”。

“水性杨花”本来是一种自然现象，明代之后却被粗俗的市民文化比附到女人身上，真是对女性的污辱！

《画闲看儿童捉柳花句意》局部图，明代周臣绘，绢本设色，约1368—1644年绘制，藏台北故宫博物院。

周臣（约1460—1535），吴郡（今苏州）人，擅长山水，兼工人物，门下弟子包括明四家之唐寅和仇英。

杨万里《闲居初夏午睡起》中“日长睡起无情思，闲看儿童捉柳花”两句为该画意所本。杨万里句意则出自白居易《别柳枝》：“谁能更学孩童戏，寻逐春风捉柳花。”画面中，一白衣中年文士在看三个孩童扑捉风中的柳絮为戏。看衣着，为暮春初夏，午后熏风，暖意盈盈，右边小童仅着肚兜。放大图中隐隐可见空中飘飞的几点淡淡白絮。一说，杨为直柳，柳为垂柳。总之，杨花柳花皆柳絮是也。

“楷模”本来是两棵树

“楷模”就是榜样的意思，值得学习的人或事被称为“楷模”。鲜为人知的是，“楷”和“模”原本是两种树的名字。

唐代博物学家段成式的《酉阳杂俎续集·支植下》载：“蜀中有木类柞，众木荣时枯枿（niè），隆冬方萌芽布阴，蜀人呼为楷木。”这种很像柞（zuò）树的楷树的特点是：别的树茂盛的时候它反而像一个枯树桩子，到了隆冬时节，别的树都落光了叶子，它反而发芽长出了茂盛的枝条。

《说文解字》：“楷，木也。孔子冢盖树之者。”《太平广记》引《述异记》：“鲁曲阜孔子墓上，时多楷木。”清代《广群芳谱》引《淮南草木谱》：“楷木生孔子冢上，其干枝疏而不屈，以质得其直也。”楷树的这种特性很容易让人联想起“众人皆醉我独醒”的境界，不同流俗，众树茂盛它隐退，众树蔫了它茂盛，直道而行，这不正是圣人的写照吗？怪不得孔子的墓上都种满了楷树呢。其实楷树就是黄连木，是原产中国的一种落叶乔木，因其木材色黄而味苦，故名“黄连木”或“黄连树”。

明人叶盛所著《水东日记》载，元代学者吴澄请教另一位学者吴正道：“模、楷二字，假借乎？”吴正道说是取木为义：“昔模木生周公冢上，其叶春青、夏赤、秋白、冬墨，以色得其正也；楷木生孔子冢上，其余枝疏而不屈，以质得其直也。若正与直可为法则，况在周、孔之冢乎？”

模木生长在周公坟上，叶子春天是青色的，夏天是红色的，秋天是白色的，冬天是黑色的，这四种颜色加上黄色都是古代的正色，称“五色”。

石刻本《孔子胜迹图》之一〇三『三垄植楷』。

《孔子圣迹图》主要取材自《史记·孔子世家》，兼采《孔子家语》《论语》和《孟子》等，以时间为经，事件为纬，因事绘图，缘图配文，图文并茂，反映了孔子一生的行迹，版本众多。

孔子去世后埋葬在鲁国都城以北的泗河边上，众弟子守坟三年，并在墓地附近栽植各种珍木，以寄托哀思。三年服满，众人挥泪惜别，唯独子贡不忍离去，又多守了三年。子贡种植的楷树在墓前甬道的左边，非常高大，直到今天，主干犹在。传说守墓期间，子贡采林地之楷木，精心雕刻了孔子和师母亓官氏坐像，现藏于曲阜孔庙。

叶盛接着说：模木和楷木的正和直可作为法则，况且这两种树还生长在周公和孔子的冢上呢，更是万世之“楷模”了！

从此之后，就以楷树和模树喻人，把人的模范行为、榜样作用以及为人师表的风范称为“楷模”了。

“寿比南山”为何用“南山”来作比

人们在为老人祝寿时常常说“福如东海，寿比南山”，还有一种说法是“福如东海长流水，寿比南山不老松”。这都是吉庆用语。古时的“东海”指渤海，渤海的海水一望无际，呈青苍色，因此也叫“沧海”。“沧海桑田”的“沧海”就是渤海。曹操《观沧海》中的名句“东临碣石，以观沧海”，就是登上渤海岸边的碣石山（在今河北省昌黎县）眺望渤海。

“东海”的含义明白了，可是“南山”是什么山呢？很多辞典都把“南山”解释成终南山，这是不对的。“寿比南山”出自《诗经·小雅·天保》，最后一段是：“如月之恒，如日之升。如南山之寿，不骞不崩。如松柏之茂，无不尔或承。”

“恒”指月到上弦；“骞”是损坏。这段诗的意思是：像上弦月那样渐渐圆满，像太阳一样东升。像南山之寿，不因风雨而剥蚀，也不会崩塌。像松柏那样茂盛，子子孙孙传承。

这里的“南山”应该解释为山的南面。中国位于北半球，南面比北面受阳光照射更多，因此房子的朝向都是面南背北。南面也是尊位，皇帝统治天下也称“南面”，即皇帝要面南背北而坐。山南水北叫“阳”，山北水南叫“阴”。山的南面阳光充足，降水也丰富，因此松柏长势旺盛，“南山之寿”“松柏之茂”正是用山南的松柏来比喻长寿，所谓“寿比南山不老松”是也。

“南山”指山的南面还有一个证据，就是俗语所说“马放南山”。“马放南山”比喻天下太平，最早写作“马入华山”，出自《尚书·武成》：“乃偃武修文，归马于华山之阳，放牛于桃林之野，示天下弗服。”周武王灭商后，把马放到华山的南面，把牛放到华山东边的桃林，表示不再乘用。孔安国注解说：“山南曰阳，桃林在华山东，皆非长养牛马之地，欲使自生自死，示天下不复乘用。”

因为“归马于华山之阳”，后人就把“马入华山”也叫作“马放南山”。北周文学家庾信在《贺平邺都表》中写道：“当今鹿台已散，离宫已遣，兵藏武库，马入华山。”“鹿台”是殷纣王贮藏珠玉钱帛的地方；“离宫”是正宫之外供帝王出巡时居住的宫室；“武库”是未央宫中藏放兵器的地方。“兵藏武库，马入华山”被后人改造成“刀枪入库，马放南山”，这么一改，“南山”的词义就不明了。

“寿比南山”作为祝寿语，至迟在南北朝时期就已经为官方和民间所用了。《南史·豫章文献王嶷传》：“嶷谓上曰：‘古来言愿陛下寿比南山，或称万岁，此殆近貌言。如臣所怀，实愿陛下极寿百年亦足矣。’”

“貌言”即假话。王嶷堪称拍马屁的高手：皇帝能活一万岁，人人都知道是假话，但还是照说不误，唯独王嶷说只希望皇帝活一百岁，于愿足矣，这是从反面来拍皇帝的马屁。王嶷说“寿比南山”是“古来言”，可见这一俗语早就在民间流传了。

《南山为寿图》，清代石涛绘，水墨立轴。

石涛（1642—1708），清初画家，原名朱若极，广西桂林人，明靖江王、南明元宗皇帝朱亨嘉之子，国破家亡后为僧，与弘仁、髡残、朱耷合称“清初四僧”。他一生云游四方，山水画是从写生得来，“搜尽奇峰打草稿”，生气盎然，画境灵活，又有抑郁沈雄之韵，别具一格。

这幅画为贺寿之作，水墨淋漓，极富纵深感。远山既深且高，令人仰止。近景处，一男子正对着一株华盖松揖拜，点出“寿比南山”主题，同时与题诗中“吾将一语遥为祝，寿若须弥不记春”形成呼应。“须弥”指须弥山，佛教宇宙中心的大山，由八山八海环绕，诸神住于其中，这里与南山互文，更加深了祝福之意。

“吝啬”原来是对大地母亲的赞美

谁都明白“吝啬”这个词是什么意思，而且在日常口语中，这个词的语感很重，如果被别人评论为“吝啬”，那是极大的羞辱。但是，鲜为人知的是，这个词最早却是一个地地道道的褒义词！

“吝啬”一词出自《周易·说卦》。古人认为乾为天，坤为地，所谓天父地母。在论述乾和坤的特性时，有这样一段对比：“乾为天，为圜，为君，为父，为玉，为金，为寒，为冰，为大赤，为良马，为老马，为瘠马，为驳马，为木果；坤为地，为母，为布，为釜，为吝啬，为均，为子母牛，为大舆，为文，为众，为柄。”

孔颖达如此解释“乾”的这段话：“乾既为天，天动运转，故为圜（huán）也；为君为父，取其尊道而为万物之始也；为玉为金，取其刚之清明也；为寒为冰，取其西北寒冰之地也；为大赤，取其盛阳之色也；为良马，取其行健之善也；为老马，取其行健之久也；为瘠马，取其行健之甚，瘠马，骨多也；为驳马，言此马有牙如倨，能食虎豹……为木果，取其果实著木，有似星之著天也。”

然后又解释“坤”的这段话：“坤既为地，地受任生育，故谓之为母也；为布，取其地广载也；为釜，取其化生成熟也；为吝啬，取其地生物不转移也；为均，取其地道平均也；为子母牛，取其多蕃育而顺之也；为大舆，取其能载万物也；为文，取其万物之色杂也；为众，取其地载物非一也；为柄，取其生物之本也。”

这两段解释意思非常明白，不再详述。其中孔颖达注解“吝啬”一词说：“为吝啬，取其地生物不转移也。”这句话仍嫌含糊，高亨先生则解说得更加清晰：“地生养草木，草木固植于一处，不能自移，且离地即死，是地保守其财物也。”原来,《周易》所说的“吝啬”是大地（坤）的美德之一，即保养大地上的一切生物，不使一切生物因为转移而死去。所谓大地母亲（坤为母），正是这个意思。

要理解“吝啬”为什么是对大地母亲的赞美，就要明白“吝”和“啬”这两个字的本义。“吝”是一个会意字，从口从文，会意为顾惜之意表现在脸色上；“啬”也是一个会意字，是“穑”的本字，本义为将谷物收获入仓。因此“吝啬”的本义就是顾惜收获的谷物，引申为保守、保养大地上的万物，后来这个本义渐渐失去，这个词移用到了人的身上，才变成一个贬义词，形容过分爱惜自己的财物，该用的时候也不舍得用，小气得很。

“吝啬”一词，是汉语词汇中褒义词变成贬义词的典型例子。

紺

《人间万事爱妇美八卦意（坤）绀 吹绵之暮雪》（「人間万事愛婦美八卦意（坤）紺 吹綿の暮雪」），歌川国芳绘，约1849—1850年。

此为“近江八景”组画之一，以八景解释八种卦意，这一幅释“绀”（坤）卦，意为暮雪吹绵。冬天傍晚，飘起如绵的雪，很美的意境，依托近江八景之“比良暮雪”。在日语中，雪的种类分得很细，“绵雪”“暮雪”都是有特定含义的名词。女子裙摆上也印着雪景图案。将要飘起大雪，寒意加深，画中女子已脱掉外袍，解开衣带，两手拢着衣襟，似乎打算早点安歇了。冬夜岑寂，雪落无声，这一卦显得宁静安详。

“招摇”原来是北斗七星的第七星

《史记·孔子世家》载：“居卫月馀，灵公与夫人同车，宦者雍渠参乘，出，使孔子为次乘，招摇市过之。”古人乘车，尊者在左，御者在中，另有一人在右陪坐，称“参乘”或“车右”。孔子五十六岁的时候到了卫国，居住一月有余，卫灵公与夫人南子同坐一辆车，宦官雍渠陪侍车右，让孔子坐在第二辆车上跟随，一行人大摇大摆地从街市上招摇走过。面对这样的场景，孔子自言自语地感叹出了一句名言：“吾未见好德如好色者也。”遂引以为丑，离开了卫国。

“招摇过市”这个成语指在街市上故意招摇，虚张声势，炫耀自己，以期引起别人的注意。不过，鲜为人知的是，“招摇”本来是一颗星星的名字。一颗星星的名字怎么会演变为炫耀、张扬的意思呢？

“招摇”是北斗七星的第七星，又叫“摇光”“瑶光”或“招遥”。北斗是由天枢、天璇、天玑、天权、玉衡、开阳、招摇七星组成的，其中第七星“招摇”又被附会为破军星。既为破军，就跟军事扯上了关系。《礼记·曲礼上》中有这样的规定：“行，前朱鸟而后玄武，左青龙而右白虎，招摇在上。”这是指的军队出征时的仪仗。

“朱鸟”又称“朱雀”，是二十八宿的南方七星构成的鸟形，象征南方；“玄武”是二十八宿的北方七宿构成的龟蛇相缠之形，象征北方；“青龙”是二十八宿的东方七星构成的龙形，象征东方；“白虎”是二十八宿的西方七星构成的虎形，象征西方。这四面旗帜要按照前、后、左、右的次序竖立起来，居中的则为最重要的“招摇”旗。

所谓“招摇在上”，郑玄注解说：“招摇星在北斗杓端，主指者。”招摇星在北斗杓的尖端，是最明显的指示方向之星，因此用它来代指北斗。行军时要在居中的这面旗帜上画出北斗七星，同其他四面旗帜一起使用，为的是确定行军的方向和布阵的方位。

“招摇”旗居中而又高高在上，可以想见在这面旗帜的指引之下，千军万马浩浩荡荡开赴前线的盛况，因此“招摇”被附会为破军星，又引申出张扬的意思，“招摇过市”自然就成了一种恢弘气势的象征。在漫长的语言演变中，“招摇”和“招摇过市”渐渐变成了一个贬义词，“招摇”的本义也就彻底被人们忘记了。

關崩地裂將軍英氣觸天高

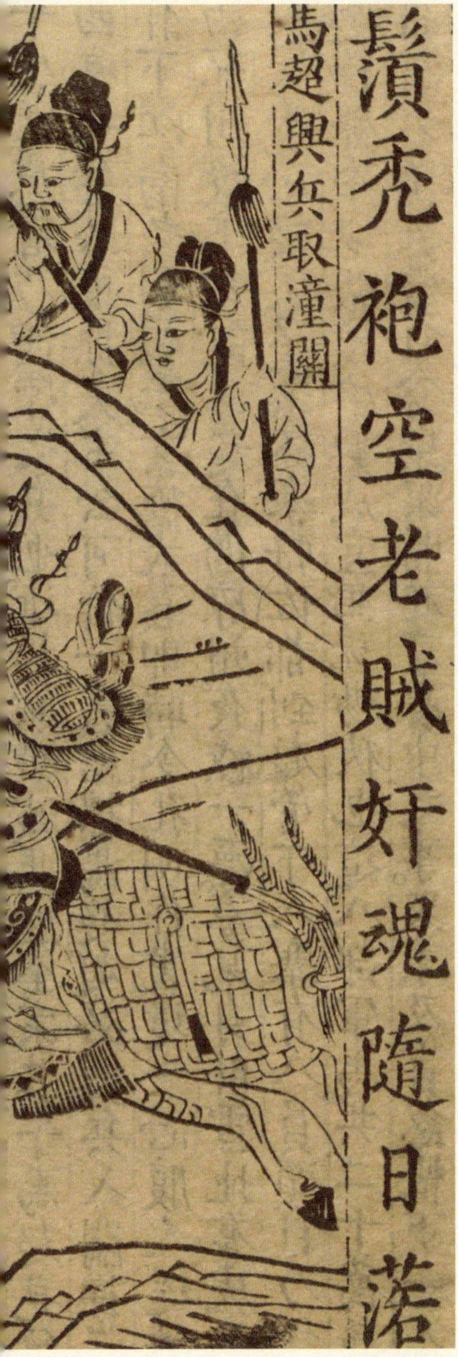

《新刊校正古本大字音释三国志通俗演义》插图『马超兴兵取潼关』，明万历十九年（1591）书林周日校刊本。

史书记载从宋代开始，皇帝卤簿（出巡仪仗）里，北斗七星旗即占一席之地。出于皇帝的喜好，明朝最崇“北斗”。《三才图会》里有“北斗旗”，明代绣像小说里也多次出现北斗旗。这幅插图描绘了著名的“潼关之战”，马超兴兵反曹一幕。其中马超盔甲鲜明，骑着装备精良的战马，枪尖直指潼关，颇有人马如龙的气势。在他马前，一个旗手举着一面大旗，其上清清楚楚绣着北斗七星图案，这是一面将军旗。骁勇善战的马超在演义中一向白袍银甲，被称为“锦马超”，又有这样一面大旗在前面迎风飞舞，确实够“招摇”的了。

“拇指”竟然是脚的第一趾

人的五指各有专名，“食指”得名的由来请参见本书《“食指大动”为何形容口福》，本文将一一讲解其他四指的名称。

大拇指又称“巨指”。《仪礼·大射仪》载：“右巨指钩弦。”郑玄注解说：“右巨指，右手大擘，以钩弦，弦在旁，挟由便也。”又称“擘指”，“擘（bò）”是裂开、分开的意思，段玉裁《说文解字注》说：“巨擘，谓手大指也。凡大指主开，余四指主合，故谓之巨擘。”说得非常清楚。有趣的是，“巨擘”其实是“巨指”和“擘指”这两个大拇指称谓的合写。《孟子·滕文公下》篇中写道：“于齐国之士，吾必以仲子为巨擘焉。”在齐国的士人中，我肯定地认为陈仲子是杰出人物。这是由大拇指引申而为最为杰出的人物。

今天人们称呼的“拇指”或“大拇指”，均指手的拇指，但最初的时候，“拇指”却是特指脚的第一趾。《黄帝内经·素问·骨空论》篇中写道：“膝痛，痛及拇指，治其膕。”“膕（guó）”指腿弯儿。膝盖疼痛，一直痛到脚的大趾，这种情况要从腿弯儿治起。可见“拇指”乃是脚的大趾。《周易·咸卦》中说：“初六：咸其拇。”孔颖达解释说：“拇是足大指也，体之最末……今初六所感浅末，则譬如拇指，指虽小动，未移其足，以喻人心初感，始有其志。”又如《庄子·骈拇》篇的第一句话就是：“骈拇枝指，出乎性哉！”“骈（pián）”是连接的意思，“骈拇”即指脚的大趾和第二趾连在了一起。“枝指”即六指。这句话的意思是：畸形的脚趾和畸形的六指是天生的。

《燕寝怡情》图册之一，清代佚名绘，清内府设色库绢本，藏美国波士顿美术馆。

这套图册描绘了亲王贵族家居生活场景，这一幅是花园小饮图。男主人与妻妾围坐于花毡上，四周有湖石、栏杆，芍药盛开，风光明丽。人物皆着淡雅服饰，与环境相宜。案上设酒，略备菜肴，意在行乐。两个女眷正在“拇战”，玉指纤纤，行令正酣，另二人观战，连侍女也忍不住扭头关注。《红楼梦》里红香圃宝玉庆生，也是芍药栏边，大家行令划拳，叮叮当当只听得腕上镯子响，风光之活泼明媚更甚于此了。

从东汉时期开始，“拇指”的称谓从脚移到了手，但仍然不是指大拇指，而是指中指。手的中指和脚的大趾都称“将指”，《左传·宣公四年》有“子公之食指动”之语，孔颖达注中有这样的解说：“谓大指为将指者，将者，言其将领诸指也。足之用力，大指为多；手之取物，中指最长。故足以大指为将指，手以中指为将指。”因此，《说文解字》说：“拇，将指也。”当时，拇指即指手的中指。

“拇战”一词是划拳的雅称。今天很多地方喝酒划拳时禁止出中指，就像竖中指一样，这被认为是不礼貌的表示，但其实正如“拇指”本来指手的中指，“拇战”出中指恰恰符合“拇指”的本义。

至于从什么时候起“拇指”演变为手的大指的称谓，早已无法考证了；而“拇指”专指大指之后，“将指”就顺理成章地成为中指的称谓。

手的第四指称“无名指”。《孟子·告子上》篇中讲过这个手指的故事：“今有无名之指，屈而不信，非疾痛害事也，如有能信之者，则不远秦楚之路，为指之不若人也。指不若人，则知恶之；心不若人，则不知恶，此之谓不知类也。”

这段话的意思是：假如有个人的无名指伸不直，虽然不痛苦，也不妨碍工作，但如果有人能够把它治好让它伸直，那就是到秦国、楚国去他也不嫌远，那是因为这根指头不如别人。手指不如别人还知道嫌恶，心性不如别人却不知道嫌恶，这就叫不知道轻重。

东汉学者赵岐注解说：“无名之指，手之第四指也，盖以其余指皆有名。无名指者，非手之用指也。”因为没有用处就将它命名为“无名指”，古人可真够势利的！

手的第五指称“小指”，又称“季指”，“季”是伯、仲、叔、季排行的最后一位，故有此称。

“鼻祖”为啥跟鼻子有关系

“鼻”是一个后起字，最早的时候并没有“鼻”这个字，那么当时用什么来表示“鼻子”呢？原来最初造出来指代鼻子的是“自”这个字。《说文解字》：“自，鼻也，像鼻形。”“自”的甲骨文字形就是一只鼻子的形状。段玉裁进一步解释说：“今义从也、己也、自然也皆引伸之义。”

也就是说，当“自”引申为自从、自己、自然这些义项之后，为了加以区别，战国时期的人又在“自”的下面添加了一个声符“畀”来表示鼻子。“畀（bì）”是给予、付与的意思。“自”和“畀”合在一起表示一呼一吸，自相给予，于是用来指称鼻子。这就是《说文解字》的释义：“鼻，引气自畀也。从自畀。”

“自”和“鼻”的变迁，清末学者俞樾辨析得非常清楚：“口、耳、目，皆象形字，何以鼻独为形声字？盖古文止作自，或作白，皆象形，与口、耳、目字一例……乃因经传自字，或训由也，或训始也，而无作鼻字用者，遂不敢质言为鼻之古文，于是相沿至今，声义俱别，不可复合矣。”

俞樾的意思是说：其实“鼻”这个字跟口、耳、目等指称五官的字一样，都是象形字，即最初所造的“自”；只是因为经传中所使用的“自”字都是由、始的义项，人们才不敢把“自”当作“鼻”的初文。不过甲骨中有“疾自”的卜辞，指的就是鼻子有病，俞樾没有见过甲骨文，才有这样的推测。

张舜徽先生在《说文解字约注》一书中认同俞樾的观点，并且进一步解释说：“鼻在五官百体最为准直，故古人亦称鼻为准头。”相应地，高高的鼻梁就称作“隆准”，比如《史记·高祖本纪》载汉高祖刘邦“隆准而龙颜”。

从此之后，“自”和“鼻”就开始分道扬镳，各有各的分工。

《说文解字》在解释“皇”这个字的时候写道：“自，读若鼻，今俗以始生子为鼻子。”按照许慎的说法，“鼻子”的古义是指始生子、第一个孩子。其实，这并不是“鼻子”最早的古义，西汉学者扬雄在《方言》中有这样的记载：“鼻，始也。兽之初生谓之鼻，人之初生谓之首。梁、益之间谓鼻为初，或谓之祖，祖，居也。”也就是说，“鼻”这个字最早的时候专用于称呼始生的头一胎野兽，后来才引申用于始生子。

不过，即使在“自”和“鼻”的义项分道扬镳之后，人们也仍然没有忘记“自”的本义。清代学者王筠在《文字蒙求》中写道：“今人言我，自指其鼻，盖古意也。”当人们说到自己的时候，总是指着自己的鼻子，表示最早时候的“自己”是用鼻子来指代的。

“鼻”和“祖”都是“始”的意思，而“鼻”又是始生子，因此，顺理成章地，先祖、最早的祖师或创始人就称为“鼻祖”。明人张自烈在《正字通》一书中的解释则更为有趣：“人之胚胎，鼻先受形，故谓始祖为鼻祖。”

“鼻祖”这个称谓，至迟汉代时就已经开始使用了。在《反离骚》这篇赋中，扬雄叙述自己的家世时吟咏道：“有周氏之蝉嫣兮，或鼻祖于汾隅。”“蝉嫣”是连续不断的意思，这句话的意思是：和周氏有族亲，始祖在汾水之滨。

这就是“鼻祖”一词为何跟鼻子有关系的来龙去脉。

《月宫殿》（『月宫殿』），喜多川歌麿绘，约1780年。

这是一幅双联画，明显取材自白居易《长恨歌》："忽闻海上有仙山，山在虚无缥渺间。楼阁玲珑五云起，其中绰约多仙子。中有一人字太真，雪肤花貌参差是……风吹仙袂飘飖举，犹似霓裳羽衣舞。"不过画中将海上仙山改成了月宫，将派道士前往改成亲自相寻。

多才多艺的唐玄宗精通各种乐器，亲自为杨贵妃创作了著名的《霓裳羽衣舞》，常指导伶人在禁院梨园中歌舞，"声有误者，帝必觉而正之"。后遂称戏班为"梨园"，唐玄宗也被奉为"梨园鼻祖"（因为唐玄宗常常上台扮演丑角，所以在梨园中，戏班通常以丑角为班主）。但此时已是安史之乱以后，"梨园弟子白发新，椒房阿监青娥老"，画面上的明皇神情憔悴，他只是一个苦苦思念恋人的落寞老人。

图书在版编目(CIP)数据

100个汉语词汇中的古代风俗史/许晖著.—桂林:广西师范大学出版社,2019.4(2022.10重印)
ISBN 978-7-5598-1163-9

Ⅰ.①1… Ⅱ.①许… Ⅲ.①汉语-词语-通俗读物 Ⅳ.①H13-49

中国版本图书馆CIP数据核字(2018)第203104号

100个汉语词汇中的古代风俗史
100 GE HANYU CIHUI ZHONG DE GUDAI FENGSU SHI

出 品 人:刘广汉
策划编辑:尹晓冬　宋书晔
责任编辑:魏　东
助理编辑:宋书晔
选图、解说:芸　窗
装帧设计:王鸣豪

广西师范大学出版社出版发行
(广西桂林市五里店路9号　邮政编码:541004
网址:http://www.bbtpress.com)
出版人:黄轩庄
全国新华书店经销
销售热线:021-65200318　021-31260822-898
山东临沂新华印刷物流集团有限责任公司印刷
(临沂高新技术产业开发区新华路1号　邮政编码:276017)
开本:720 mm×1 000 mm　1/16
印张:24.75　字数:302千字
2019年4月第1版　2022年10月第6次印刷
定价:88.00元
